3・11後の日本とアジア
震災から見えてきたもの

早稲田大学アジア研究機構 編

めこん

はじめに――この国の新しいかたちを求めて

早稲田大学アジア研究機構長　小口彦太

3・11東日本大震災は、日本社会が抱えてきたさまざまな問題点をはしなくも露呈させることとなりました。けっして天災に還元することは許されないにもかかわらず、責任ある人々が誰一人として責任を取ろうとしない無責任の体系、情報を公開して民意に基づいて事を決するという民主主義の完全なる欠如、ものごとを科学的、客観的に見ようとせず、ひたすら主観的、希望的に判断しようとする為政者・経営者そして科学者の思考様式。本来なら、一九四五年の時点で剔抉《てっけつ》し、処置しておくべきであった日本社会の宿痾《しゅくあ》が手付かずのまま頑強に生きながらえてきたことを今回の大震災は我々に対して突きつけました。そして、こうした問題から我々個々の国民もけっして免責されるものではありません。今度こそ、日本社会は根本的に生まれ変わらなければならないのです。このことは、国際社会の一員として世界から信頼を勝ち得る上でも大事なことであります。今回のシンポジウムにおいて、田中秀征氏（福山大学客員教授）に特別講演「統治構造の欠陥が招いた福島原発事故」をお願いした理由の一端はこの点にあります。

今回の震災は、アジアの近隣諸国民にも被害を及ぼすものでありました。しかし、そのことについての外へ向けての日本政府から、または日本国民からのメッセージは発せられることはありませんでした。あったのは、パワーポリティックスに基づき、周到な計算のもとに行なわ

小口彦太

小口彦太（コグチ・ヒコタ）
◉早稲田大学法学学術院教授、早稲田大学アジア研究機構長。
◉1971年、早稲田大学法学部助手。1985年より同学部教授。2010年より現職。1981年～82年ハーバードロースクール東アジア法研究プログラム客員研究員。
◉中国刑事法および中国民法（契約法、不法行為法、物権法）
◉『中国法入門』（共著、三省堂、1991年）、『中国の経済発展と法』（編著、早稲田大学比較法研究所、1998年）、『現代中国の裁判と法』（成文堂、2003年）など。

れたアメリカ軍の「トモダチ作戦*」に対する外務官僚、防衛官僚等為政者とマスコミの歓迎ぶりだけでありました。何が、日本人のアジア諸国民への連帯感を阻んでいるのか。この問題は、突き詰めていくと、明治以来醸成されてきた脱亜入欧*という日本人の思想・意識の問題に突き当たるかもしれません。しかし、今回のシンポジウムでは、残念ながら、この点に関する報告者を立てることができませんでした。ただ、今回の震災に対して多くのアジア諸国民から支援の申し出がなされ、多くの日本人がアジアの知人から励ましの言葉を受け取ったことは事実であります。日本が、アジア諸国民の側からの支援の申し出にほとんど対応できなかったことの中には、日本人のアジア認識とは別の、そうした支援受け入れを困難にするさまざまな客観的、技術的要因があったはずです。そうした諸要因を明確化しておくことは、今後のアジア地域での震災復興支援のあり方を考える上で重要であります。こうした問題について、第1セッションでは議論を展開します。

今回の震災は「原子力の平和利用*」という政策の虚偽性を白日のもとに曝すことになりました。平和利用といっても、いったん被害が生ずると、その被害の程度は軍事利用された場合と同様であり、またその被害を事前に防ぐ科学的方法はいまだないのが現状です。使用済み核燃料廃棄物の処理方法も見つかっていません。また、日本で「原子力の平和利用」を唱道した政治家が軍事への転用の道筋を描いていなかったわけでもないでしょう。しかし、現実には、アジアの多くの国々で原発が推進されようとしています。その背景には、経済成長目覚ましいアジア地域が使用するエネルギーの量が世界全体の三〇%を占めるという冷厳な事実があります。この経済の成長・発展・効率という論理にどのような別の説得力ある論理を提示できるのか。第2セッションはこの難問に答えるべく設定されたものであります。

* Operation Tomodachi。二〇一一年三月一一日に発生した東日本大震災に対して米軍が採用した作戦名の一つ。活動内容は災害救助・救援および復興支援。

*欧米列強が植民地戦争を繰り広げていた明治時代初期に政策の根幹となった思想。「後進世界であるアジアを脱し、ヨーロッパ列強の一員となる」ことを目的とする。

*一九五三年、東西冷戦下の核兵器開発競争が激化する中、アイゼンハワー大統領が国連総会において「平和のための原子力(Atoms for Peace)」を提唱した。これを受け、国際社会は医療や発電の分野で原子力を利用する方向へと向かい、日本においても原発の建設が推進された。

今回の震災において、津波が来るや、身を挺して中国人労働者を安全な場所に引率した日本人経営者の話が伝えられました。この美談は、しかし、他面で、日本の産業が、農業・漁業といった第一次産業分野においても「研修生」という名の外国人労働者に依存している産業構造のあり方を示すことになりました。この外国人労働者の置かれている状況がいかなるものであるのか、また外国人労働者の受け入れ政策はいかにあるべきか。そして、この種の「研修生」とは別の、日本のアジア侵略に起因する「在日」の人々が数多く存在し、これまで筆舌に尽くしがたい差別的待遇を日本社会において受けてきたという事実があります。こうした人々との「共生」の道が探し求められなければなりません。第3セッションはこうした趣旨に基づくものです。

なお、本書公刊にあたって、シンポジウム当日の企画に加えて、以下の部分を追補することにしました。その第一は、第2セッション「アジアにおける原発問題——『協力』の背後にあるもの」の部について、田辺有輝氏に紙上参加して頂いたことであります。第2セッションの村上朋子、坪井善明、李泌烈三氏の各報告はいずれもよく準備された素晴らしい内容のものでありましたが、前述しましたように、第2セッションの課題の一つは、世界のエネルギーの三〇%を占めるアジアの経済の成長とエネルギーの効率の論理に対抗し得る説得力ある論理をいかに提示できるかという点にあり、当日のシンポジウムではその点が十分深められなかったように思われます。この点に鑑み、JACSES（「環境・持続社会」研究センター）の理事・田辺有輝氏に紙上参加を願った次第であります。

追補の第二は、本書の末尾に、総合討論の部を加えたことです。3・11東日本大震災をどのように受け止めるかは、すべての日本人に問われている切実な課題であり、アジア地域の研究に日常的に従事しているアジア研究機構所属の研究者も例外ではありません。本シンポジウムで設定された各セッションのテーマについて、自分ならばどのように考えるか、各人が忌憚なく議論してみることが必要であると考えました。3・11大震災は、複眼的、多面的、重層的考察を私たちに迫るものであります。ただ、すべてのアジア研究機構所属研究員に加わってもらうことは物理的に不可能であるため、各セッションのコメンテーター各氏および報告者の中から坪井善明氏、本シンポジウムの企画段階から積極的に加わって頂いた李成市、松谷基和の両氏と私の七人で総合討論を試みた次第であります。

本書が、3・11東日本大震災で「見えてきたもの」をどこまで検証し得ているか、そして、アジアをはじめ世界の人々との「連帯」・「協力」・「共生」をめざして、この国のあり様を変える方策をどこまで提示し得ているか、その判断は読者の皆様に委ねたいと思います。

【もくじ】

はじめに――この国の新しいかたちを求めて　○小口彦太◆早稲田大学アジア研究機構長……3

特別講演
統治機構の欠陥が招いた福島原発事故……11
○田中秀征◆福山大学客員教授

第1セッション
アジアからの支援――「連帯」を拒むもの……29
○張　麗玲◆株式会社大富代表取締役社長
○吉岡達也◆国際交流NGO「ピースボート」共同代表
○立谷秀清◆福島県相馬市長
○戸崎　肇【司会】◆早稲田大学アジア研究機構上級研究員・教授
○天児　慧【コメンテーター】◆早稲田大学大学院アジア太平洋研究科教授

第2セッション
アジアにおける原発問題
——「協力」の背後にあるもの
……67

◎村上朋子◆(財)日本エネルギー経済研究所 戦略研究ユニット・原子力グループ・マネージャー
◎坪井善明◆早稲田大学政治経済学術院教授
◎李 泌烈◆韓国放送通信大学教授
◎重村智計【司会】◆早稲田大学国際学術院教授
◎山田満【コメンテーター】◆早稲田大学社会科学総合学術院教授

紙上参加
加速する原発輸出推進の動きとその問題点
……109

◎田辺有輝◆「環境・持続社会」研究センター(JACSES)プログラムコーディネーター

第3セッション……127
震災と在日アジア人
――「共生」への道筋は見えるか
◎安藤光義◆東京大学大学院農学生命科学研究科准教授
◎鳥井一平◆全統一労働組合副中央執行委員長
◎辛 淑玉◆(株)香科舎代表
◎李 成市◆早稲田大学文学学術院教授【司会】
◎村井吉敬◆早稲田大学アジア研究機構上級研究員・教授【コメンテーター】

総合討論……183
3・11後の日本とアジア
――震災から見えてきたもの
◎小口彦太
◎天児慧
◎山田満
◎村井吉敬
◎李成市
◎坪井善明
◎松谷基和◆早稲田大学アジア研究機構研究助手【司会】

編集後記に代えて◎松谷基和……243

◉本書は2011年10月8日(土)に早稲田大学国際会議場井深大記念ホールにて開催された、早稲田大学アジア研究機構主催第9回国際シンポジウム「3・11後の日本とアジア――震災から見えてきたもの」の内容を基に加筆・編集したものです。

特別講演

統治機構の欠陥が招いた福島原発事故

◎田中秀征

▶田中秀征（タナカ・シュウセイ）

◉福山大学客員教授、学習院大学特別客員教授、北海道大学公共政策大学院客員教授、「民権塾」塾長。

◉東京大学文学部、北海道大学法学部卒業。1983年、衆議院議員初当選。1993年6月、新党さきがけ結成、代表代行。細川政権発足時、首相特別補佐。第一次橋本内閣、経済企画庁長官。学習院大学や福山大学で教鞭を執る傍ら、1999年9月から一般を対象にした「民権塾」を主宰。現在に至る。

◉政治・経済・社会問題。

◉『舵を切れ 質実国家への展望』（朝日新聞社、2000年）、『日本リベラルと石橋湛山 いま政治が必要としていること』（講談社、2004年）、『落日の戦後体制――新しい時代の突破口をひらく（上）（下）』（株式会社太陽「くま文庫」、2010年）など。

経済性優先という底流

人の対応、それも困難な対応ではなくて、常識的な対応があれば防ぐことができた災害を「人災」と呼ぶならば、今回の福島第一原発事故は明確な人災だと私は思っております。その人災がどうして起きたのか、またこういう種類の人災を果たして防ぐことができるのかということに絞って、きょうはお話をさせていただきたいと思います。

人災の底流ということをずっと私は考えていました。基本的な人災の底流というのは、やはり原子力の平和利用というのが始まって以来、常に経済性が安全性に優先されてきたということだと思います。これは底流として、昭和二〇年代から流れてきたものだと思っています。

経済性が安全性より優先されてきたというのを簡単に言うと、命よりお金のほうが大事という考え方です。それに、未来よりも現在が大事、ほかの国や世界よりも我が国が大事であるという考え方が加わってできた流れが、この人災の最も基本的なものだと思っています。

昭和二〇年に戦争が終わった時、私は五歳ぐらいでした。新しい爆弾が落ちて町がそっくりだめになってしまったという話を親がしているのを聞いて、これでもう防空壕に入る必要はなくなったな、戦争は終わるなと感じたのを覚えています。

小学生時代には、第五福竜丸事件*が起きました。ビキニ環礁で被爆された久保山さんに、私は非常にショックを受けました。その後、いろんな形の報道で原爆の悲惨さに接してきて、やはり原子力というのは非常に危ないものであるということを肌で感じています。私の年代はみんなそうだと思います。

ところで、私が小学校三年生の時、昭和二四年（一九四九年）の秋でしたが、湯川秀樹博士*

田中秀征

＊一九五四年三月一日、米国が南太平洋マーシャル諸島のビキニ環礁で行った水爆実験で、爆心から約一六〇キロ地点にいたマグロ漁船「第五福竜丸」の全乗組員二三人が「死の灰」（放射性降下物）を浴びて被曝した事件。半年後、無線長の久保山愛吉さんが急性放射能症で死去。原水爆禁止運動が広がったが、日米両政府の政治決着によって責任問題はあいまいなままにされた。

＊一九〇七年（明治四〇年）～一九八一年（昭和五六年）。理論物理学者。京都府京都市出身。原子核内部において、陽子や中性子を互いに結合させる強い相互作用の媒介となる中間子の存在を理論的に予言したことにより、一九四九年（昭和二四年）、日本人として初めてノーベル賞（物理学賞）を受賞した。

が日本で初めてノーベル賞を受賞されました。

今もノーベル賞受賞ということになると、それなりの騒ぎになるのですが、この時の騒ぎはすさまじかったです。日本列島が揺れるばかりですね。同じ年に「フジヤマのトビウオ」と言われた古橋廣之進という水泳の選手が世界の舞台で大活躍したということもあって、昭和二四年は日本人が終戦後初めて自信を持って前を向くようになったという年ではないかと思います。

私は、湯川博士の受賞のお祝いをうちでもやろうということを親に「陳情」して、これははっきり覚えているのですが、サバの水煮の缶詰を切ってもらって、おろしを入れて醤油をかけ、どんぶりに二杯食べました。貧しい時代ですし、連続ドラマの「おひさま」にあるあの時代の小学校に行っていた人間ですから、よく覚えています。

そのうちに、「原子力の平和利用」という見慣れない言葉が出てきて、その平和利用の流れがどんどん進んでいく中で、私にとって非常に存在感の大きかった湯川秀樹先生が初めての原子力委員になられました。

そして、それをおやめになるときのショックというのが非常に大きかったのです。その時におっしゃった言葉が「急がばまわれ」という言葉。そして、その次に「慎重の上に慎重」という言葉を何度もおっしゃいました。要するに、経済性が優先されているという受け止め方を湯川秀樹博士はしていたのです。五年後に原発を建設するという段取りに納得ができなかったのです。

非常に温厚な誠実な人ですから、面と向かって政府に文句を言うことはしないのですが、とにかくこの時に、最終処理施設*の話をされたことも私は覚えています。そういうきちっとした

＊原子力発電においては様々なレベルの放射性を帯びた廃棄物が生じる。わが国では、その大半が原子力関連施設に保管されている。いずれは最終的な処分が必要であるが、放射性廃棄物の中には半減期が数万年に及ぶものもあり一般的には長期間の監視体制が必要なこと、放射線のもたらす環境への影響、それに伴う処分場建設地の問題など、放射性廃棄物の最終処理には多くの問題がある。

準備をしなければいけないということです。

今回の人災の底流というのは、原発本体の安全性云々という技術的なことよりも、経済事情、生活事情というほかの事情が優先されたということです。そして、そういうほかの事情に歩調を合わせるように原発を開発、推進していくという流れがこの時、始まったのですが、私は、原子物理学の最高権威者である湯川博士が安全だと言わない限り安全ではないと思いました。私は科学技術に非常に疎いので、あの先生が安全だと言ったことは安全だろう、しかしあの先生より劣った人が安全だと言っても信用しないことにしようという気持ちになったのです。

その後、私は原発について非常に深い関心はあったのですが、公の場で論じたことはありません。国会にいた時も、政府にいた時も一切原発については語っていません。しかし、結果的には、これは消極的な容認派ということになってしまうのです。最近同世代の人に会うたびに言うのは、我々の世代の責任ということです。特に今度の事故が起きて、我々の世代が見過ごしてきた責任というのは非常に大きいと感じています。

昭和四〇年代――一九六〇年代に入ってから、高度成長のあと、今の中国のように年間GDP一〇%成長が続いていくという、佐藤内閣*時代の「いざなぎ景気」*というのがありました。六〇年代の終わりには「未来学」というのがはやって、「二一世紀は日本の世紀」だというような言葉も出てきました。その未来学の中で自然エネルギーの開発ということが非常に大きなテーマになってきました。私も非常に関心があって、いろいろなところを見たり、読んだりしたのですが、その中に石油の「可採年数」という、採掘可能な埋蔵の原油を消費量で割った数字があって、三〇年経ったら石油は終わると言われていました。

もっとも、四〇年以上経った今でも、可採年数は三〇年とまだ同じです。採掘技術や探索技

*一九六〇年代半ばから一九七〇年代初めにかけ、佐藤栄作を内閣総理大臣として三次にわたり組閣された。一九六四年一一月九日から一九七二年七月七日までの長期政権であった。

*一九六五年一〇月〜一九七〇年七月まで五七ヵ月続いた超長期の好景気時期。これに先立つ「神武景気」や「岩戸景気」を上回る長期の好景気であった。

術が発展し、海底油田まで採掘可能になった。当時の技術力で考えられる以上に発見もされたし、採掘可能になったということもあります。

しかし、当時、石油は三〇年経ったら終わると言われ、これは原発の導入に対して非常に説得力がありました。このほかに、自然エネルギー、代替エネルギーの開発が必要だということで、風力や太陽光など、全く今と同じように盛り上がったわけです。

ここに加わったのが、「いざなぎ景気」が終わったあとの一九七三年の石油ショック*です。原油価格が四倍に高騰して、しかも産油国が戦略的に使いますから、安定供給もおぼつかないという事態になりました。

結局、その流れの中で原発に対する慎重論の声はだんだん細くなって、かき消されてしまった。一言で言うと、経済性が安全性に優先されてきたという流れがあるわけです。

「人災」の構造

加えて、今回のことは人災的な要因が強い。監督する側が、監督される側に従っていたということです。私の友人で、前の福島県知事、佐藤栄作久さんは、最近非常に強い口調でこの点を責めています。

佐藤さんは安全保安院*と東京電力の関係を警察と泥棒にたとえているのです。ちょっときついから私は猫とネズミにたとえていますが、要するに、ネズミが猫に世話になっているから、猫が怖くないのです。

二、三日前に、四〇〇〇人規模の非常に強い独立性と強制力を持っているアメリカの「原子力規制委員会」の委員長がテレビに出てきて、一つは原発の立地の問題がある、もう一つは

*一九七三年の第四次中東戦争と一九七九年のイラン革命の際、アラブ産油国が原油輸出価格を大幅に引き上げたことから起こった経済の混乱。オイル・ショックともいう。

*原子力その他のエネルギーに係る安全及び産業保安の確保を図ることを目的とした経済産業省の一機関。

やはり監督の問題だと言っていました。そして、ＩＡＥＡ＊（国際原子力機関）の調査結果にも、監督する側の責任ということがありました。

これは人災の根本的な問題です。佐藤栄作久前知事は、東京電力も悪いが、もっと悪いのは関係官僚である、特に安全保安院であると言っています。私も実はそう思います。

要するに、薬害の問題も、金融不祥事の問題も、耐震偽装の問題もみんな同じなのです。監督する側が監督するふりをしているだけで、そこに一番大きな理由があります。具体的にいうと、その間の人事交流とか接待をしている、要するに、猫とネズミが、我々の知らないところでしょっちゅう宴会をやっているという話なのです。これでは全然怖くないですよね。こういうことが通ってきたというのを見ると、日本の民主主義というのは、本当に民主主義の名を与えていいものなのかと思います。

もちろん、九〇年代までの拡大経済、右肩上がりの経済の中での協調路線として必要な場合もあったかもしれませんが、バブルが弾けてからは、協調が癒着に転嫁していったので、プラスは何もない、マイナスしかないという流れになっていったと言ってもいいと思います。これは人災の最も基本的な問題です。

私は佐藤前知事に何度か会って具体的にいろいろ話をしてきました。彼は、大震災が起きる前の何年間、福島第一原発は危ない、危ないと必死の警告を発していました。これは彼だけではなくて、研究者の中にもありましたし、国会の中でも論戦の中にあったのです。

彼がそれを警告しなければいけない、とんでもないことになると思ったきっかけは、原発の点検記録の偽りなどについて出された東京電力内部からの命がけの内部告発だったのです。しかし、安全保安院は、東京電力は安全性に当然気をつけているはずだからということで、なん

＊国際原子力機関（International Atomic Energy Agency）。一九五七年七月に国際連合の下に設立された国際機関。原子力の平和利用促進および軍事転用されないための保障措置の実施を主な任務とする。

と内部告発を東京電力に知らせていたということなのです。

これは、お巡りさんが、あんたあそこで取り締まりやっているから気をつけたほうがいいよと教えるのと同じですよ。こんな国は世界にはありません。監督する側が監督するふりをしているというだけだなんて。我々自身も、安全性についてはきちっとした機関がやってくれていると思っているから、監視を緩めているのです。

想定の津波は五・七メートルです。あとの証言では、前に原子力安全性委員長をやっていた人が、大きな津波が三陸に今まであったということを知らなかった。最近知ったということなのです。

いいですか。海岸に作るのであれば、まず津波を調べるだろうと思うじゃないですか。それを知らなかったと言っているのです。

私はその後、いろいろな形ででき得る限り調べてみました。第一原発の立地のところは崖が三五メートルあったらしいのですが、砂岩とか泥岩というのを削っていって岩盤に至ったら一〇メートルになってしまった。そこへ原発を作ったわけです。津波を一〇メートル以上と想定したら廃炉にしなければいけないので、一〇メートル以下の津波しかなかったという話になってくるわけです。

しかし、昭和一三年にあった。一九三八年のことです。明治三陸津波*だけでも、一説には三〇メートルあったと言われています。そして、平安時代の貞観の津波*も、正確にはわからないですが、その程度はあっただろうと言われているわけです。

それなのに、一〇メートル以下しかなかったということで、これを想定数値にしようとしたのですが、何の科学性もないじゃないですか。

＊一八九六年（明治二九年）六月一五日、岩手県上閉伊郡釜石町（現在の釜石市）沖を震源とする大地震（明治三陸地震）により引き起こされた大津波。到達範囲は北海道から宮城県に及び、犠牲者二万人以上、全半壊家屋一万戸以上の甚大なる被害をもたらした。

＊平安時代前期の貞観一一年五月二六日に、日本の陸奥国東方沖を震源域として発生したと推定されている貞観地震によって引き起こされた大津波。三陸沖で周期的に発生する地震の一つとして捉えられる。

それで、非常用電源を隣に置いた。なぜ隣に置いたのか。津波が来ないから大丈夫なのだという話です。

大統領と副大統領を同じ飛行機に乗せたと言っているのです。「死なばもろともじゃないか。意味がないじゃないか。なぜ一緒に乗せたのか」、「いや、この飛行機は落ちないから」ということなのです。そんなばかな話はないですよ。

想定数字そのものがきわめて非科学的な要因で、それは、新しく作ればお金がかかり、改造すればお金がかかるからなのです。これを人災と言わないで何ですか。

「原子力村*」と最近言われているのは、非常に閉鎖的、固定的な原子力関係者の共同体です。この間、原子力学会*が開かれたとニュースでやっていました。会員が七〇〇〇人いるらしい。ほとんどまじめな人たちですので、反省の声がしきりだったということです。そういう方々は当然、変に政治的に発言したりしないので、コメントを求めると、「そんなことをしたら、非常にお金がかかるから」と正直に言うのです。

お金がかかるから五・七メートルにした――これを人災と言わずして何と言うのでしょうか。

調査検証は可能なのか

問題は、こういう監督者がいるということが世界に明らかになったのですから、今後、きちんとした監督ができるような制度を生み出し得るか否かということです。

その試金石になっているのが、既に立ち上げられて作業を精力的にやっている、「原発事故調査検証委員会*」です。ただ、ずっとオープンでやると委員長になった東大名誉教授の畑村さんが言うものだから、それなりの期待感で見ていたのですが、この間の三回目の会合は非公開

*日本において原子力関連産業、とりわけ原子力発電に関係する企業、監督官庁、大学研究者、マスコミなどの特定の関係者の集団あるいは関係性を揶揄する言葉。

*日本原子力学会。一九五九年設立。原子力の平和利用に関する学術および技術の進歩をはかり、原子力の開発発展に寄与することを目的とする我が国で唯一の総合的な学会。

*東京電力福島原子力発電所における事故調査・検証委員会。「東京電力福島第一・第二原子力発電所における事故の原因及び当該事故による被害の原因を究明するための調査・検証を行い、当該事故による被害の拡大防止及び同種事故の再発防止等に関する政策提言を行うことを目的」とする。二〇一一年五月二四日、開催が閣議決定された。

でしたね。

年内に中間報告、来年の夏に最終報告をするということですが、これは日本人だけではないです。海外の人もみんな見ているのですよ。

佐藤栄作久さんのインタビューについては、日本のメディアでは不思議なほど報道されないのです。しかし、私が会って話をしている時に、ホテルのロビーで外国の女性の方が来て、あちらで待っていますからというので、「あの人たちは何だ」と聞いたら、『ニューヨークタイムス』で、これからインタビューだ」ということでした。海外で彼は非常に大きい声でしゃべっていますから、どういうことでそうなったかという実態はみんな知っているのです。

監督する側が、監督される側にお世話になっているなんて、そんな国はないです。唖然とさせられますよ。それなら、ないほうがまだましなんです。なぜかと言うと、ないということになるとみんなが、一人一人が監視しますから。

しかし、きちっと監督、監視する機関があるとなると、それに任せようという気持ちになりますから、一人一人の目は緩みます。

事故調査、検証をごまかすことはできないので、徹底的に検証しなければいけないのです。技術的な面はもちろんですが、そのほかなぜこうなったのかということも大事です。
二、三日前に、アメリカの原子力規制委員会の委員長が監督するということに問題があったということを言ったから、もうこの筋は揺るがないですよね。だから、そこのところを徹底的に調査、検証してほしいです。
いいですか、まず考えつくのは天下りです。これからお世話になるつもりの会社に対して厳しいことが言えますか。言えませんよね。

その反対に「天上がり」というのがあるのです。これは、電力会社から役所に来るというものので、佐藤さんのたとえの延長で言うと、泥棒が警察に来てお手伝いをしているという話じゃないですか。どうやって取り締まるのか全部わかってしまいますよ。これは、「人事交流」という美名の中で、そういうことが行なわれているということです。

身を正して、緊張感のある関係を維持していくということは、監督や規制のイロハですよ。ですから、事故調査検証委員会がどこまでそこを正直に明らかにするか。

来年の四月からの新しい安全庁*は、我々の期待するものができるかどうかということの試金石ですよね。

事故調査検証というものに横やりが入るかどうかという問題があります。もう内外にごまかしが効かないから、横やりが入ったらすぐにわかります。

最初に菅さんが、この事故調査検証をやると言った時に、第三者委員会で強制力を持って、捜査権を持った独立性のあるものを作るというようなことを言っていたのに、最後にできてきたのは、内閣官房に付属するようなものでした。

組織の形態はともかくとして、内容がよければそれでいいのですが、調査結果に介入され、妨害されることなく、年末に中間報告が出ることを私は願っています。立派で信頼できる学者も何人か見受けられるので、チェック機能がしっかりと備わる安全庁ができるかどうか。

もしも安全庁が、今までの原子力安全行政に参加した人たちが中心になっているとしたら、これまでと同じです。今までの安全委員会と安全保安院を統合して強力なものを作った。今度は経産省のもとではなくて、環境省の外局として作るんだなどと強いことを言ったとしても、中でそこにみんなが移動していくという話になれば、これはどうしようもありません。

*従来、原発を推進する立場の経産省の中に規制機関である原子力安全・保安院があった体制への反省から、政府は原発の推進と規制の組織を明確に分離する方針を打ち出している。その流れにあるのが独立した規制機関である「原子力安全庁」（仮称）の設置である。

いわゆる「原子力村」の人は入れないで、大学でも教授にもならずに一生助教授で終わるというような形で必死になって原発の慎重論を唱えてきた学者はたくさんいるわけですから、そういう人たちを中心にして人選すべきだと思っています。私は、佐藤栄作久さんを安全庁の長官にすればいいと思っています。

菅さんも、「このまま終わるのは嫌だ」と言ったら、そこの局長かなんかになってもらって、とにかく責任を取ってもらう。お遍路さんなんかやっていないで、言ったことの責任をきちんと取ってもらいたいです。

これは、皆さん、見守りましょう。人選、それから設置法に書かれる権限。非常に強い強制力を持った形で作っていかないといけないということです。

アジア諸国との協調を

原発事故というのは、幾つかの際立った特殊性があります。災害が将来の人間の命や生活まで支配する、影響を与えるということです。もう一つは、災害が一国にとどまらないということです。風に乗り波に乗って他国に影響を与えるということで、原子力事故災害というのは全く異質な災害なのです。

だから、みんなで気をつけないといけない、国内で気をつけないといけないというのはもちろんですが、国際的な協調、特に近隣関係での協調というのは不可欠です。

IAEAは今日本で事務局長を引き受けているわけですが、かなり大胆な提案をしたけれども、なかなかうまくいかなかったですね。

要するに、それぞれが主権国家という意識がありますし、もう一つは、原発の安全技術を共有するとか、相互の監督をするというような話になると、主権を侵害されるということのほかに、原発の技術を盗まれるという変な感情がお互いにあるのです。ですから、なかなか折り合いがつかない状態になっているのですが、この協調は不可欠です。日本で言えば、アジア諸国との安全技術を協調していく、あるいは相互監督制というものが必要だと思います。

今度のヨーロッパのストレステスト*は、第一回の事業側からの報告が終わったのですが、そのあと自国の監督機関がもう一度調査をして、そのあとは公益の機関でもう一度やるという、多重チェックをやっていくということです。多重チェックしなければだめですね。日本の安全保安院、安全庁だけという話ではなくて、国際機関も含めて多重チェックの機構を、たとえばアジアで原発を持っている国、あるいは持とうとしている国との間で作り、そういう関係を強めていく必要があります。これは将来に対する我々の責任で、そういう方向で行かなければいけないと思います。

もちろん、今すぐにアジアの原発を全部やめるという話にはなりません。しかし、どこの国とは言いませんが、たとえば日本の一〇倍の大きさがある国だと、日本は五四基ありますから、同じ成熟度なら五〇〇基の原発があるわけです。そういう国が二つありますので、それだけで一〇〇〇基です。

世界には三〇〇〇基、五〇〇〇基の原発があるとすると、三〇〇〇年に一度とか五〇〇〇年に一度は大事故が起きるというぐらいの安全性だといっても、これだけの数があったら、世界で毎年大事故が起きるということです。確率的にそうなりますよね。

そういうことであれば、やはり日本がこういう災害にあったということを機会にして、整備

＊一般的にストレステストとは、過剰なストレスが加わった場合に対象の商品や組織が耐えられるかどうかテストするものである。EU・ヨーロッパ連合が、東京電力福島第一原子力発電所の事故を受け、原発の安全性を再評価するために導入した。原子力安全・保安院によると、ストレステストでは地震や津波の規模を段階的に大きくしていった時に原発の設備や機能にどのレベルでどんな影響が出るかをシミュレーションする。

した監督制度――模範となるようなものを作り出す。安全技術を作り出すとともに、原発から脱していくための省エネ、蓄電技術、あるいは自然エネルギーの開発について、本気で取り組んでいかないとだめだと思います。

しかも、私はそれができてから脱原発に変わっていくという話ではないと思います。区切ったほうがいい、いつまでになくすときちっと区切って、その間に大急ぎで開発するべきだと思っています。

だから、私が一番、世代の反省としているのですが、六〇年代まであれだけ自然エネルギーが盛り上がったのに、こうなってしまったのは、やはり自然エネルギー、代替エネルギーの開発をこの三〇～四〇年間怠ってきたからです。

六〇年代末の勢いでやっていたら、どんどん速く進んだはずです。怠ってきてしまった、怠けてしまったという反省が一番大きいです。

世界で、と言いたいのですが、少なくともアジアの先頭を切ってそういう流れを作っていきたいと思います。ただ、脱原発にしようという思想、潮流云々という話ではありません。

省エネ、蓄電技術をどんどん開発していく、厳しい監督の模範的な行政制度を作り上げていく、あるいは原発に取って代わるエネルギーの開発に先頭を切っていく。そういう具体的な役割を通じて貢献していくことが、私は大事だと思います。

細川内閣*の時、覚えていらっしゃる方もいると思いますが、新党さきがけ*を作った時に、五項目しか綱領がありませんでした。それでも綱領の一つもない民主党よりまだましなのですが、その五項目の一つとして、私はどうしてもということで、「美しい環境と簡素な生活」と書きました。細川さんがそれを気に入って、「質実国家」という言葉を所信表明で使っています。

*細川護熙を内閣総理大臣に、一九九三年（平成五年）八月九日から一九九四年（平成六年）四月二八日まで続いた内閣。新生党・社会党・公明党・民社党・社会民主連合・民主改革連合・日本新党・さきがけの八党・会派による連立政権。

*一九九三年、宮沢内閣不信任決議可決をきっかけに、武村正義、田中秀征、鳩山由紀夫らが自民党を離党して結成した政党。

これは、質の高い内容本意で生きていこうということで、つま先立ちして走っていくようなことはしないということです。

私の気持ちの陰には、エネルギー消費の拡大と経済成長が連動していくという相関関係を持つのはおかしいではないか。エネルギー消費が拡大していくことなしに経済も成長するという、非常に困難な問題に立ち向かっていってもいいじゃないかという思いがありました。そういうところに立ち返る時が来たのではないかと思います。

原発をほかの国に売るのは、日本よりも安全性に問題があるような原発を売るよりもまだいいのだからという意見もあります。それはそうかもしれないのですが、こういうことを隠していないで、お互いに共有していくというところから始めるべきだと思います。

鳩山さんは「東アジア共同体*」と言いましたが、そういう具体的なところからつながっていくということが必要だし、そういう機会とすれば、「災い転じて福となす」ということができるのではないかと思います。

無償経済

最後に、「有償経済と無償経済」というのは私が作った言葉ですが、有償経済というのは、貨幣の流通を伴う経済活動のことを言っています。そして、無償経済というのは、貨幣の流通を伴わない経済活動を言っています。

子供を車で幼稚園に送っていけば、ガソリン代もかかるし、車のお金もかかるということになりますが、子供が歩いていく、親も一緒になって歩いていくということになると、これはGDPに計算されません。車で送っていけばGDPを本当に少しふくらますということになる

＊鳩山由紀夫元首相の提唱する「東アジア共同体」構想。その特徴は、東アジアにとどまらずインド・オセアニアをも含む地域を対象にする一方、アメリカを排除しようとする。また、EUを手本とし、経済一体化のみならず欧州連合のような共同体を構築しようとするものである。

のです。

ただ、そういう手足を動かしてやっていく、あるいはボランティアも含めての無償労働が重要だと思います。

昔の日本でやった「入会《いりあい》権*」みたいなものはみんなそうですが、いわゆる発展途上の国では、豊かでないように見えても、貨幣の流通を伴わない経済活動のほうが大きいのです。逆に言うと、そういう国のほうが豊かかもしれないのです。

ですから、私は、経済企画庁が何周年かの記念講演をやった時に、「貨幣の流通を伴わない経済活動にこれから注目しろ」という話をしたのですが、そういう無償の経済活動の分野をどんどん広げていくということも、こういう時代の一つの指針として考えてもいいことだと思います。

興味をお持ちの方は、今は絶版になっていますが、朝日新聞社から『舵を切れ*』という本を一〇何年か前に出しました。そこに詳しく書いております。図書館へ行くとあると思いますので、読んでいただければ幸いです。

付け加えて申しますと、原子力安全庁ができたので、そこの人を各原発にかかわるがわる常駐させるといいと思います。一年も二年もいれば癒着するかもわかりませんから、しょっちゅう入れかえて、電力会社も替えたりして、安全庁の人たちが常駐するということが必要だと思います。

また、こういう学科のある大学がどこかにあるかどうか、私は知らないのですが、原子力科のほかに「安全科」みたいなものを作って、全く違う形で人材を養成するということも必要だと思います。

*住民が個人としての所有権をもたない代わり、村落共同体等が慣習的に山林原野において土地を総有して共同利用する権利。

*田中 秀征『舵を切れ――質実国家への展望（朝日文庫）』朝日新聞社（二〇〇〇年八月）

原発をなくすといっても、すぐ明日なくすというわけではないのですが、なくすまでの安全というものを確保するため、あるいは廃炉にするためには、相当な金と人、技術を用意していかなければいけないし、また、今まで蓄積されてきた使用済みの核燃料をどこへ持っていくかということだけでも、相当のお金と人材、知恵、技術が必要だということがあります。

ですから、そういうことに特化したような大学教育というのも必要になってきているのではないかと思います。

第1セッション

アジアからの支援

――「連帯」を拒むもの

◎張　麗玲
◎吉岡達也
◎立谷秀清
◎戸崎　肇【司会】
◎天児　慧【コメンテーター】

▶張 麗玲（チョウ・レイレイ）

◉株式会社大富 代表取締役社長。

◉中国・浙江省生まれ。1989年来日。1995年、東京学芸大学・大学院修了。同年、大倉商事株式会社入社。1998年2月、中国国家テレビ放送を通じての日中交流事業立ち上げのため、大倉商事とフジテレビを説得し、CS放送会社「株式会社大富」を設立し社長に就任、現在に至る。

◉株式会社大富の企業理念として「日本人の中国および中国人への理解をより一層深めて、日中友好関係構築の一翼を担うことを目指す」。

◉1999年〜2000年、大型ドキュメンタリーシリーズ「私たちの留学生活〜日本での日々〜」を企画・制作、中国全土のテレビ局のゴールデンタイムで放送。2000年〜2001年、大型ドキュメンタリーシリーズ「私たちの留学生活」の「小さな留学生」「若者たち」「私の太陽」をフジテレビのゴールデンタイムで放送。2002年、日中国交30周年記念番組として、張自身がドキュメンタリーを撮影する姿を7年間追い続けた記録「中国からの贈りもの」を放送。2006年、10年にわたり、撮影し続けたドキュメンタリー「泣きながら生きて」が「芸術祭参加作品」として、フジテレビのゴールデンタイムで放送。2011年、軽部潤子原作・講談社出版の漫画『君の手がささやいている』の中国語版ドラマ『大愛無声』（中国版）の企画・総合プロデュースを手がけ、中国中央電視台での放送を実現。

◉企画・制作したドキュメンタリー「小さな留学生」が、2001年6月「第27回放送文化基金賞」において「テレビドキュメンタリー賞」を受賞。併せて、監督・プロデューサーとして、「個人企画賞」も受賞。「JPPA賞ドキュメンタリー部門エディティング金賞」「日本映画撮影監督協会 特別賞」なども連続受賞。2010年12月、2010年中華文化人物賞受賞。

▶吉岡達也（ヨシオカ・タツヤ）

◉NGOピースボート共同代表、一般社団法人ピースボート災害ボランティアセンター（PBV）専務理事、GPPAC（武力紛争予防のためのグローバルパートナーシップ）国際運営委員。

◉1960年大阪生まれ。早稲田大学第二文学部卒業。国際交流NGOピースボートの創設メンバーで、カンボジア、スリランカ、コソボ、イラク、アフガニスタン、ベネズエラなど紛争地域、自然災害被災地を含む世界80カ国以上を訪問。人道支援や平和活動に携わると同時に、阪神淡路大震災以降、国内外の災害救援にも積極的に関わり、東日本大震災ではピースボート災害ボランティアセンター（PBV）を設立。災害ボランティア派遣を中心に被災者支援活動を展開している。

◉『北方四島貸します』（第三書館、1992年）、『殺しあう市民たち——旧ユーゴ内戦・決死体験ルポ』（第三書館、1993年）、『9条を輸出せよ!』（大月書店、2008年）など。

▶立谷秀清（タチヤ・ヒデキヨ）

◉福島県相馬市長。

◉1977年福島県立医科大学医学部卒業、1979年東北大学医学部附属病院勤務、1980年公立相馬病院（現：公立相馬総合病院）勤務、1983年立谷内科医院開設、1985年立谷病院長就任、1986年医療法人社団茶畑会立谷病院（現：相馬中央病院）理事長就任、1995年福島県議会議員1期、2001年より相馬市長（現在3期目）。

▶戸崎 肇（トザキ・ハジメ）……【司会】

◉早稲田大学アジア研究機構上級研究員・教授。

◉1995年京都大学大学院経済学研究科博士課程満期退学。博士（経済学）。1986年日本航空株式会社入社。1995年帝京大学経済学部講師。1999年明治大学商学部助教授を経て、2009年より現職。

◉公共経済学、交通政策。

◉『航空の規制緩和』（勁草書房、1995年）、『情報化時代の航空産業』（学文社、2000年）、『タクシーに未来はあるか』（学文社、2008年）など。

▶天児 慧（アマコ・サトシ）……【コメンテーター】

◉早稲田大学大学院アジア太平洋研究科教授。

◉1971年早稲田大学教育学部卒業、1974年東京都立大学大学院修士修了、1975年一橋大学大学院社会学研究科入学後、1986年同大学院にて博士号取得（社会学）。琉球大学助教授、共立女子大学国際文化学部教授、青山学院大学国際政治経済学部教授をへて、2002年4月より現職。2007年7月より文部科学省グローバルCOEプログラム「アジア地域統合のための世界的人材育成拠点」拠点リーダー、2010年4月より「現代中国研究所（NIHUプログラム幹事拠点）」所長を務める。

◉現代中国論、アジア国際関係論。

◉『中国の歴史11 巨龍の胎動——毛沢東VS鄧小平』（講談社、2004年）、『中国・アジア・日本——大国化する「巨龍」は脅威か』（筑摩書房、2006年）、『アジア連合への道——理論と人材育成の構想』（筑摩書房、2010年）など。

戸崎◉本セッションの目的は、現在進行形の問題ではありますが、震災によって明らかになってきた大きな問題の一つとして、アジアの方々からさまざまな御支援をいただいたにもかかわらず、なかなかそれがうまく機能していないことがあります。

後ほどコメンテーターの天児先生からもお話があると思いますが、こうしたアジアからの支援を通した国際連帯というものを強化する格好の機会であるにもかかわらず、なかなかそれがうまくいかないのはどういった要因であるかということを明らかにしていきたいと考えております。

登壇されている方は実際に支援を行なっていただいている方、それを受けて地方で活動をされている方、そしてそれをさらに取り次がれてコーディネーターとして活躍されている方。そういった三者の視点からそれぞれの問題を抽出していただくというのが、パネルディスカッションの目的です。

これだけの論客が揃って、一〇〇分というのは、非常にきつい状況ですが、進め方としては、各スピーカーの方にまず一五分ずつお話をいただきます。そのあと、皆様から質問を承って、それに基づいて再度スピーカーの方にお話を伺いたいと思っております。

善意を伝える手段が見つからない

張◉皆さんこんにちは、株式会社大富の張麗玲と申します。私の会社は中国中央電視台という日本のNHKにあたる国家テレビ局の放送を「スカパー!」や「ひかりTV」を経由して、日本全国に向けて放送しています。この会社は日中友好、日本国民と中国国民の相互理解が少しでも深まり、かけ橋として少しでも力になれれば、という趣旨で設立したものです。

戸崎肇

張麗玲

今回の地震の時、私は中国に出張していました。後からいろいろな人に、地震のために避難したのですかと聞かれましたが、実際には九日の夜に北京に着いていました。三月一一日に友人から「日本は大変だ、張さんは大丈夫？」と電話がありまして、「私は北京にいますよ」と答えたら、「今すぐにテレビをつけて」と言うのです。私は外で仕事をしていたので、急いで家に戻ってテレビをつけました。中国中央電視台*のニュースチャンネルは地震が発生してから、ほぼ二四時間報道をしていました。

私は、会社が大丈夫か、日本にいる家族や親戚は大丈夫か確認をするために、一生懸命電話をしましたが、全然つながらず、五時間経って初めて妹と連絡が取れました。銀座の一番古いビルに入っている会社とはメールで連絡をして、ようやく無事との確認が取れ、安心しました。

すぐに日本に戻る予定でしたが、被災された方々に私たちの会社はどういうことができるのか、どういう協力ができるのか、日本にいたほうがいいのか、中国にいたほうがいいのかを考えました。そして、中国国内で大勢の人に応援してもらうよう呼びかけることにしました。

日本に留学したことのある友達から、ぜひ義援金を送りたいけれども、どうすればいいのかという電話がかかってきました。しかし、私の会社は日本法人ですので、中国で口座の開設ができません。中国の赤十字会*にも尋ねてみましたが、きちんとした返事を得ることはできませんでした。

国内で自分で口座を開設すると違法になりますので、私はすぐに日本の会社に連絡をして、銀行に募金口座を開設しました。中国の友達や関係者にはぜひその口座に振り込んでくださいと伝えました。このようにして、一週間の間に二〇〇〇万円以上の義援金を集めました。

しかし、次に、そのお金をどこに持っていけばいいかということで困りました。まわりの人

*中華人民共和国の国営テレビ局。日本語名は「中国中央テレビ」。中国共産党の指導のもと運営されているが、現在、受信料と国庫援助はなく一〇〇％広告収入で運営される。

*中華人民共和国における赤十字組織。「中国紅十字会」と称する。二〇〇四年現在、国家主席胡錦涛を名誉会長、彭珮雲を会長とし、総会（本部）を北京に置く。

からは赤十字会を勧められましたが、赤十字会では手数料を取られるという話を聞いていました。親友や関係者という大切な人から心をこめて送られてきた義援金でしたので、私は全額被災地に持っていきたいと思っていました。

どうすればいいかと、政府や自治体など色々なところに電話をしてみたのですが、返事がいまひとつで、冷たく対応されてしまいました。私は在日中国人の有識者を集めて、どこに持っていけばいいか話し合いました。

中国国内のニュースや新聞では、女川町の水産加工会社の専務の佐藤さんという方が、在日中国人の研修生二〇名を高台に避難させた後、津波で自分の命を落とされてしまったということが、大きく報道されていて、日本人を見直したとか、こんなすばらしい日本人がいるのか、中国人を救うために自分の命を落としてまで、ということにみんながすごく感動していました。

私もこの情報をＣＣＴＶを通じて知っていたので、女川町へ持っていったらどうかと考えました。中国人を救ってくれたからそこへ持っていくのではなく、被災地であり、中国の人もよく知っている。私の会社の視点から見ると、やはり日中友好、理解を深めることに生かせたらと思い、そちらに持っていこうと思いました。

次に、振り込んだほうがいいのか、現金で持って行ったほうがいい

写真１　津波で崩壊した佐藤水産株式会社

のか。とにかく現場の人に一番必要とされている形で持っていきたいと思い、電話をしてみました。

その日は四月二〇日でしたので、震災から一ヵ月が経過していました。女川町の町役場に電話をしてみたところ、一ヵ月で皆三万円しかもらっておらず、現金は大変有難いので、ぜひ現金で持ってきてほしいと言われました。しかし、日本人の社員は、「社長、それはすごく危ない。大金を持っていくなんて考えられないです」と言いました。私は被災地がそれを希望しているのであれば、二〇〇〇万でなく一億円だとしても全然怖くはありませんので、本気で現金を持っていくつもりでした。

ところが、電話がかかってきて、やはり振り込んでほしいと言われました。郵便局か銀行かどこに振り込めばいいのかというのも大変でした。最終的に郵便局と決めたところ、また、やっぱり現金を持ってきてほしいと電話がかかってきました。私たちは出発する直前まで、郵便振り込みか現金かと迷いましたが、町役場に金庫がないため、結局、郵便振り込みにしました。

女川町までは何人かの在日中国人と一緒に行きましたが、現場を見て本当に心が痛みました。人類は大災害の前では本当に弱い。人と人が手を組んで、お互い助け合っていかないといけない。いつもそう思ってはいますが、実際に現場を見て何十倍も強く感じました。

中国と日本は歴史を含めいろいろな問題があります。何かあった時には私どもの会社の営業まで影響を受ける、という難しいところがありますが、震災以降の時期は、中国が日本に対して日中国交正常化*以来、最も友好的であったとも言われます。

災難の前では人類は皆一緒だと思います。今後いざという時には、まず隣国の中国やアジアの国々と日本がどうやって手をつないで、お互い助け合って一緒に歩んでいくか、これから本

写真3　女川町の安住宣孝町長と張麗玲さん（女川町対策本部にて）

写真2　女川町の張麗玲さん

当に検討すべきではないかと思います。

戸崎◉善意がありながらも、それをうまく現地に伝えられない。その手段というのが多様にありながら、それを模索する中で逆に消耗してしまうということがあり、善意で始まったものが、本当にどうしたらわからないということで、その善意がしぼんでしまうという危険性もあろうかと思います。

それでは、まさに情報の伝え手である、あるいは取り次ぎ役であるという、仲介者の立場から、吉岡さんのお話をいただきたいと思います。

ボランティアをコーディネートするシステムがない

吉岡◉ピースボート*共同代表の吉岡と申します。

今回の東日本大震災の被災者支援活動をやってきた中で、忸怩《じくじ》たる思いがありまして、それはまさに今日話題になっているアジアの方々の支援に対して、政府も民間も含めて日本の社会はいったいどう応えられたのかという問題につながっています。

私の実感から言いますと、この震災で日本は対外的に、特にアジアの国々に対して大きく信頼を失ったのではないかという、深刻な危機感を持っています。その辺を含めて、私たちの活動も紹介しながらご報告したいと思います。

ピースボートというのは、一九八三年以来、平和、人権、持続可能な地球社会をテーマに一年に三回から四回、毎回約一〇〇〇人の市民とともに世界を回りながら約三〇年近く国際交流を行ない、今までに四万人以上の方々に参加していただきました。当初から、かつての日本のアジアへの侵略など歴史認識問題にもきちんと焦点を当てて、特に、アジアの隣国の人々との

＊一九七二年二月、ニクソン大統領が中国を訪問するなど、七〇年代初頭アメリカは中国をパートナーとした新しい東アジア秩序の形成を模索していた。日本抜きの東アジア新秩序構想の動きに対し、日本政府および田中角栄は、アメリカに先手を取る形で日中国交正常化に向け動いた。そうして、一九七二年九月二九日、中華人民共和国の北京で行われた「日本国政府と中華人民共和国政府の共同声明」（日中共同声明）の調印式において、田中角栄、周恩来両首相の署名により日本と中華人民共和国との国交が成立した。

＊一九八三年に設立された日本の非政府組織（NGO）。国際交流を目的としてアジアをはじめ地球の各地を訪れる船旅を主催している。

吉岡達也

平和で友好な関係の構築に努力してきました。

その一方で、神戸の大震災以来、世界各地で地震を含めた自然災害への救援活動や支援活動を行なってきました。その体験の中で自然災害における国際協力というものが非常に重要だということを体感してきました。

そして今では自然災害時の国際協力を通じて、国境を超えた相互の信頼関係を築くことが一つの平和構築への道だということを強く確信しています。

たとえば中国の四川大震災*の時にもピースボートで小規模の支援を行なったのですが、対日感情があまりよくない時期だったにもかかわらず、大変感謝され、やってよかったと実感した

写真１　泥かき

写真２　漁業支援

写真３　炊き出し

＊二〇〇八年五月一二日に中華人民共和国中西部に位置する四川省アバ・チベット族チャン族自治州汶川県で起こったマグニチュード八級の直下型地震。この地震による揺れは、北京、上海、香港など、北部の黒竜江省、吉林省、新疆ウイグル自治区を除く中国本土のほぼ全域および台北、バンコク、ハノイなど広範囲に及んだ。

ことがあります。

今回の震災救援活動で、ピースボートは宮城県の女川と石巻を中心に、のべ四万人以上（二〇一一年一二月現在のべ約五万人）の災害ボランティアを派遣してきましたが、そのボランティア派遣のシステムも神戸での震災救援活動時に芽生えたものでした。そのシステムは、東京でいったんボランティア希望の方々に集まっていただき、五、六人ずつのチームをつくり、現地での活動内容と安全上の注意をレクチャーした後、それらのチームを順次被災地に派遣するというものです。

三月、四月の時点で「ボランティアは時期尚早」とか「ボランティアに行っても逆に迷惑になる」といった報道が一部にあったことを覚えておられるかと思います。しかし、実は現地では一人でも多くの人手が必要な状況でした。

たとえば今回の震災では神戸の時とは違い、巨大津波のために町は瓦礫と泥に埋まってしまい、瓦礫撤去と泥かき作業にはどれだけ人手があっても足りないという状況だったのです。では、なぜ「時期尚早」というような話になってしまったかというと、人手は必要、ボランティアは必要だけれども、それをちゃんとコーディネートしてくれる人がいなかったということなのです。もっと簡単に言えば、ちゃんと現場を仕切る訓練を受けたボランティアがいなかったわけです。

やる気満々のボランティアが「じゃあ私は何しましょう？」と大勢押し寄せて来られても、それを受け入れる側の市の職員の方とか、社会福祉協議会の方は被災されていて、極度に疲弊されていたのですから、ボランティアの人たちをさばくのは大変だったわけです。この災害ボランティアをコーディネートするというシステムが残念ながら日本には確立していません。

写真４　国際ボランティア

アメリカ以外の援助を拒否する日本

東京で大震災があれば、東北で起こったことと同じことが必ず起こります。三ヵ月経っても温かい食事を食べることができない。半年経ってもまだまだ瓦礫が山のように残っているし、避難所から通勤しなければならない。仮設住宅ではケアがなくて孤独な状況で高齢者の方々が苦しんでおられる。そういった、今も東北の被災地で続いている状況は全く私たちの近未来そのものです。

東海・南海沖地震が起こってもそうです。今回と同様の大地震に対応できるシステムができていないのです。

そしてもう一つの大きな問題が、海外からの救援、支援を受け入れる体制が本当にゼロに等しいという現状です。

日本政府および日本社会が非常にシステマティックに受け入れられたと言える海外からの支援があるとすれば「トモダチ作戦」の米軍だけだったと思います。

そんな中、国際交流を長年掲げてきたピースボートとしては、今こそ海外からの支援を最大限受け入れるべき時と考え、これまでに培ってきたネットワークでボランティア通訳の方々の協力を得て、多国籍の「国際ボランティア派遣」に力を注ぎました。その結果、今までに総計で一〇〇〇人近くの外国人ボランティアを被災地に送ることができました。

そのうちの一例に、スリランカ大使館からの要請があって受け入れたグループがあります。この方たちは災害救援活動の経験がある軍人で、最初は日本政府に対して受け入れ要請を行なったそうです。

写真5　スリランカの救援部隊

スリランカはご存じのように、二〇〇四年に巨大な津波*に襲われていますから、津波被害を非常によく理解している国です。その国が災害救援のエキスパートを送りたいと言ってきたわけですが、外務省はこの申し出をにべもなく断ったそうです。スリランカ政府はそれでもあきらめず、震災直後から約一ヵ月にわたって何度も受け入れ要請を行なったようです。移動や食事を含め自前で準備して救援活動を行なうから、受け入れだけでもと日本政府に頼んだそうですが、結局回答はノーだったそうです。

そのため、この話がスリランカ大使館からピースボートに来たのです。ピースボートは毎年一回ほどスリランカを船で訪問しているので、スタッフの個人的な大使館とのつながりを通じてでした。初めは一〇〇人ぐらい受け入れてほしいとのことでしたが、それは難しかったので小規模なら可能とお答えすると、十数人でもいいので、とにかく非常に有能なチームがあるから送りたい、と要請を受けました。

正直、受け入れ態勢を整えるのは大変でした。というのも、たとえば隊員は英語ができるのかという心配もありましたし、「ピースボート」としては「軍人」を受け入れるわけにはいかないので、せめて軍服は脱いで民間人として来てもらうとか、いろいろな交渉をしながら準備しました。スリランカの人の口に合う食材をどう用意するかとか、通訳の手配などさまざまな問題がありましたが、ピースボートに対してもスリランカ大使館に対しても、日本政府からの支援は一切ありませんでした。あくまで「民間の受け入れ」であるから政府は関知しないとの姿勢です。

しかし、いったん、スリランカから救援部隊が来日すると、外務省から担当官が現地に同行し、救援活動には参加されないのですが、約三週間にわたりスリランカの部隊の

＊二〇〇四年一二月二六日、インドネシア西部、スマトラ島北西沖のインド洋でスマトラ島沖地震が発生した。マグニチュード九・一の巨大地震であった。この地震により、平均で高さ一〇メートルに達する津波が数回、インド洋沿岸に押し寄せた。また、アフリカ大陸・アメリカ大陸でも津波が観測されている。インド洋各国における津波早期警報システムの不備が甚大な被害をもたらす一因となったとされる。死者は二〇万人を超え、観測史上最悪の惨事となった。

写真６　スリランカの救援部隊

救援活動に「立ち会われ」ました。客観的に見て「お世話役」というよりは「監視役」という感じでした。

私たちはNGOですから政府の助けなしに救援活動を行なっていくことは当たり前だと思っています。しかし、この大地震の状況下で、かつて巨大津波の被害を受けた経験のある国から、正式に、しかも熱烈に支援活動の申し入れがあったにもかかわらず、それに対して全く対応しないというのは、米軍の「トモダチ作戦」に対する手厚いケアとの比較で考えると、一種の差別意識が背景にあると思われてもしかたがないのではないかと思います。

実際、一五人のスリランカの部隊は本当によくやってくれました。一般の日本人ボランティアの数倍の活躍でした。三週間頑張ってくれたのですが、帰国する前日に彼らのリーダーと話をして、言葉も違うし、食事の問題もあったし、大変じゃなかったですか、と聞いたらこんな答えが返ってきました。

「確かにつらい時はありました。故郷を離れて、言葉も通じない。しかし、あのスマトラ沖地震での津波の時、自分たちは死に物狂いで父、母を助けました。今、日本にいる人たちを日本人ではなくて、あの時の自分の父であり母であると思えば、この作業も苦しくない。そう思ってがんばろうと励まし合いました」

それを聞いて、私は大変感動をしました。

当時スリランカの津波被害では一〇万人ぐらい亡くなっていますから、ほとんどの兵士は死体がごろごろしているという状況の中で、手袋もなく、素手でその死体を処理するという作業を何日間もやったそうです。それは本当に辛い体験で、そのことを思えば、今の作業は比較にならない。今回自分たちが少しでも役に立てばという気持ちで頑張りましたと付け加えてくれました。

同じ人間として、当たり前のことをやったという彼らの深い意識を感じました。そして同時に、そのような国境の向こうの人々の思いを、断り続けざるを得ない社会のシステム、もしくはそういう政府、また、そういう政治状況の中に私たちがいるということを、再度真剣に考え直す必要を痛感しました。

小国からの援助は無視して、大国からの援助には丁重に対応するということは、裏を返せば「あなた方の国は小国だから、日本にとって大事な国ではない」と表明していることと同じです。非常に残念なことですが、今回の震災で多くの国の在日大使館関係者からそういった失望感を聞きました。

四月の中旬にはアラブ、アフリカ、中南米、約一五ヵ国の大使や大使館関係者をピースボートのコーディネートで石巻にお連れするという機会がありました。現地では津波の被害状況視察や泥かきボランティアの活動、また避難所での被災者の方々との交流などを行ないました。ほとんどの方が、一日も早く被災地を訪れ被災者の方々のお見舞いがしたかったが、公式ルートでは回答をもらえなかったとのことでした。

もちろん、皆さん外交官なので、あからさまな批判はされませんが、いわゆる欧米の先進国に対する日本政府の対応と比較して明らかな「格差」が存在していたことは誰の目にも明らかだったと思います。

ピースボートは一民間団体ですが、このような十数ヵ国の大使の被災地訪問をその民間団体が担わざるを得ないというのが、四月の段階の日本の外交の現状だったわけです。

ちなみに各国政府からの援助物資に関しては、外務省に申し入れたが断られたというケース

写真7　15ヵ国の大使と大使館関係者

は枚挙にいとまがありません。物資に関してはとにかく持ってきてくれるなというのが日本政府の対応だったのです。

そういった現実を私たちはちゃんと検証して、市民の側からでも失礼な対応をしてしまった国々に対して、「支援の申し出に対して対応できず申しわけなかった」と意思表示すべきだと思います。そして、「皆さんのお気持ちはありがたく受け取りました。私たちは将来、皆さんのご支援を受け入れる体制を作るよう努力します。そして逆にそちらに何かあった時には、今度は私たちが支援に伺いたいと思います」といった気持ちを伝えなければいけないと思います。

そういうことをしなければ、今回の大震災で、アジアだけでなく、少数の大国を除く、ほとんど全世界の国々との間に生じた信頼関係への亀裂を修復することは困難だと私は思っています。

スリランカとの縁で言うと、この夏、放射能汚染からの避難も兼ねて、南相馬市の中学生五九人にピースボートで現地に行ってもらいました。スリランカの救援隊を私たちが受け入れたということもあって南相馬の中学生たちをスリランカ政府が直々に受け入れ、大統領も公邸に彼らを招いてくれました。

現地での交流会では、巨大津波が襲った二〇〇四年当時、同じ中学生だったスリランカの若者たちが来てくれました。今は二〇歳ぐらいなのですが、その若者たちと出会った南相馬の中学生の一人が交流会の後、「津波の被害を受けたスリランカのお兄さん、お姉さんに会えてよかった。僕たちも数年したら、ああいう風に笑えるかなって思いました」と言ってくれました。このプロジェクトをやってよかったと心底思えた瞬間でした。

スリランカから救援部隊が来てくれたことと、南相馬の子供たちがスリランカに行って、かつての被災者の人たちと出会ったということ。そういう人と人のつながりの中で、私たちは自然災害にどうやって向き合わねばならないのか、どうやって国際的な協力関係をつくっていくのかということを考える必要があると思います。

災害における国際協力が最大の安全保障

先ほどの四川大地震の話にもつながりますが、私は自然災害における国際協力こそが最大の平和構築であり、安全保障のための具体的行動だと思っています。

それは、国際社会の過去の出来事を見ていただいたらわかります。たとえばギリシャとトルコでもそういうことがありました。

一九九九年にトルコで大地震*があって、その時、犬猿の仲だったギリシャの人々が献身的に支援を行なったのです。この時、両国の友好関係は急速に進んで、両国のいがみ合いが原因だったキプロス島での紛争が解決に向かって大きく前進した事実があります。

四川大地震が起こった時に、日本から多くの支援が送られたことで、「日本人もいいことをしてくれるじゃないか」と多くの中国の人たちが感じ、感謝もされました。

一方で、今回の大震災では温家宝首相含め、多くの中国の人々から女川の人たちに、心温まる有形無形の支援が届いたことに対して、やはり女川の人たちは心から感謝されています。

日本は複数の隣国と様々な問題を抱えています。いろいろな歴史的政治的問題があります。それをどうやって乗り越えるのかということを考えた時に、最終的には私たちは同じ人間じゃないかということを体験的に認識できるかどうかが大事なのだと思います。では同じ人間だということを一番感じることができる瞬間は、といえば、お互いが本当に困っている時です。

＊一九九九年八月一七日、トルコ北西部で発生したマグニチュード七・六の地震。トルコ政府の推定では、死者一万七一一七名、負傷者四万三九五九名。震源のコジャエリ県イズミット市を中心に甚大な損害をもたらした。

自然災害が起こった時に、手を差し伸べられる方が差し伸べる。受け取る必要のある側は、それを快く感謝の気持ちを込めて受け取る。そういう当たり前の関係を築くことが平和共存につながるのだと思います。

非常に残念ですが、日本の政府を含めた今の体制、状況というのはそうなっていなかったということです。私たちは今回の震災救援活動の中で、そういう実態が露わになったのだという認識を持って、そこからものを考える必要が今あると思います。

戸崎◉先ほどの張さんの発表と共通する点として、いかにコーディネーターをきちんと作っていくのか。たとえば国内の支援においても物資は届くけれども、それを本当に必要とする人に、どのように届けるかという意味でプロフェッショナルがいない。こういった組織的な対応をする中核としてのコーディネーターの問題です。さらに、国際性豊かなバラエティに富んでいる人材群の中で、言語の問題、文化の習慣、そういった違いを乗り越えたコーディネートをどのように確立していくのかという問題が提出されました。

それでは、実際に受け手側の地方自治体のほうから、相馬市長の立谷さんにお願いしたいと思います。

相馬市の被災状況

立谷◉さて実際に被災地はどうだったのかという問題です。ただし、被災地によって温度差がありますから、相馬市の場合はこうだったということでお話しさせていただきます。

本日のテーマである「アジアからの支援」を私どもは若干いただきましたが、実は、そのように考えていらっしゃる皆さんたちの存在を私はあまり知りませんでした。それが一つの問題

立谷秀清

です。知っていたとしたら、我々はどうやって支援を受けるべきだろうかと考えたはずです。

相馬市の震災の内容を説明します。相馬市は四〇〇年の城下町ですが、地震が起きた直後、私は内陸部の消防団員に、倒壊家屋の下敷きになっている人を全部チェックし、いたら救出しなさい、それから海岸部に二つの大きな漁村集落があるのですが、ここの消防団員には、津波が来るからとにかく一生懸命逃がしてくれと言いました。

結果的に、倒壊による下敷きで亡くなった方は一人でしたが、海岸部で避難誘導をしてくれた消防団員が合計一〇人帰ってきませんでした。

相馬市は五〇〇〇人が家を流されましたが、五〇〇〇人のうち亡くなられたのは約一割です。つまり九割の方は消防団員が助けてくれましたが、その消防団員が一〇人も帰ってこなかったのです。

写真1は津波の実際の映像です。ここは漁業組合の魚市場です。ここに沖に逃れようとする漁船が一隻ありますが、これが波に呑まれてしまいます。組合の事務所も、この小屋も粉々になって流されていきます。これが津波が襲ってくる実際のスピードです。想像するのと実際の現場というのは全く違います。

私の本職は医者ですので法医解剖の現場に行って調べたのですが、亡くなられた方の九割は溺死ではなくて圧迫死でした。つまり、この波の圧力、瓦礫の圧力でもって人間がつぶされるという津波でした。

次の死者を出さない

我々は津波という現実に対してどう対応するかということで、災害対策の鉄則ですが「次の

写真1　漁港を襲う津波

死者を出さない」ということを目標にしてきました。ですから、地震のあとは倒壊家屋の下で生きている人がいたら助けなさい、津波が来るとしたら津波から助けなさい、また津波が来てしまったら、今度は津波の中で孤立している人を助けなさい、というのが当面の目標でした。

図1は被災した翌朝三時の災害対策本部の資料です。短期的には、まず孤立者を助けなさい、今にも死にかけている人を助けなさい。それから、朝になったら相馬市内の空きアパートを全部確保しなさい。仮設住宅の建設は奪い合いになるから、夜の間に仮設住宅を作れる場所を全部チェックして、何棟建てられるか、それを申し込みなさい。長期的には避難されている方々の健康管理をしていこう。そのようなことを、後手に回って後悔しないようにいろいろ考えて書き出しました。

不遜な話かもしれませんが、棺桶を発注することも指示しました。「市長、幾つでしょうか」と聞くので、五〇〇と指示しました。だいたい当たりました。四五九人でした。ただ、骨壺を発注するのを忘れていました。

そのようなことで、考えられることを全部考えて、とに

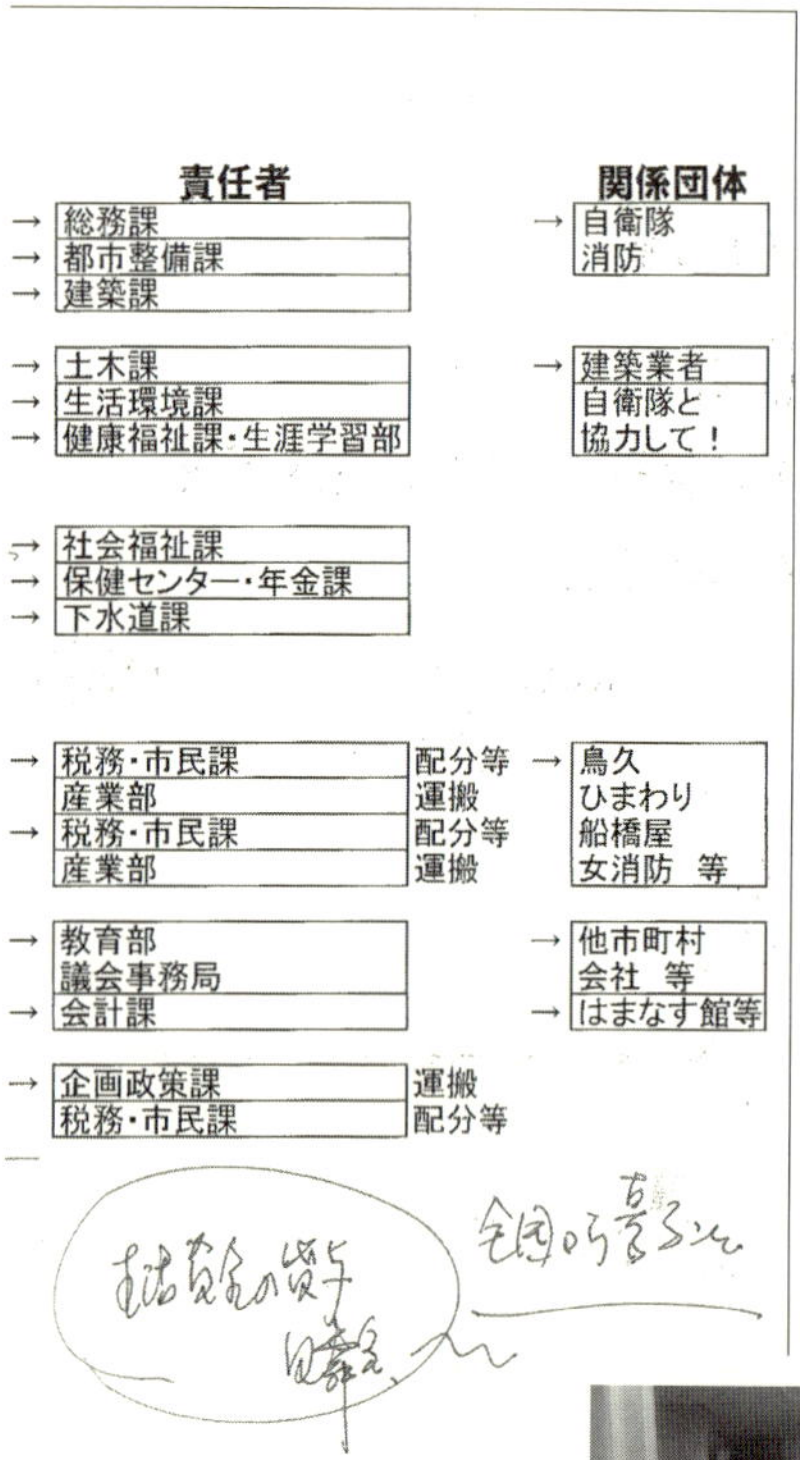

責任者		関係団体
→ 総務課 → 都市整備課 → 建築課		→ 自衛隊 消防
→ 土木課 → 生活環境課 → 健康福祉課・生涯学習部		→ 建築業者 自衛隊と協力して！
→ 社会福祉課 → 保健センター・年金課 → 下水道課		
→ 税務・市民課 産業部	配分等 運搬	→ 鳥久 ひまわり 船橋屋 女消防　等
→ 税務・市民課 産業部	配分等 運搬	
→ 教育部 議会事務局 会計課		→ 他市町村 会社　等 はまなす館等
→ 企画政策課 税務・市民課	運搬 配分等	

第四回本部会議の様子

かくやれることをどんどん先にやっていこうとしたわけです。

写真2は翌日一〇時に私が現場に行って撮った写真です。先ほど消防団に逃がしなさいと言った集落の写真です。写真3は道路の上に船が乗っている写真です。

避難所には三〇〇〇～四〇〇〇人の市民が避難していました。ありがたいことに、直後から市民ボランティアが集まって自衛隊の炊き出しでおにぎりを握ってくれました。

ボランティアは市町村ごとにコーディネートする必要があります。相馬市としては家に上がったヘドロの撤去はボ

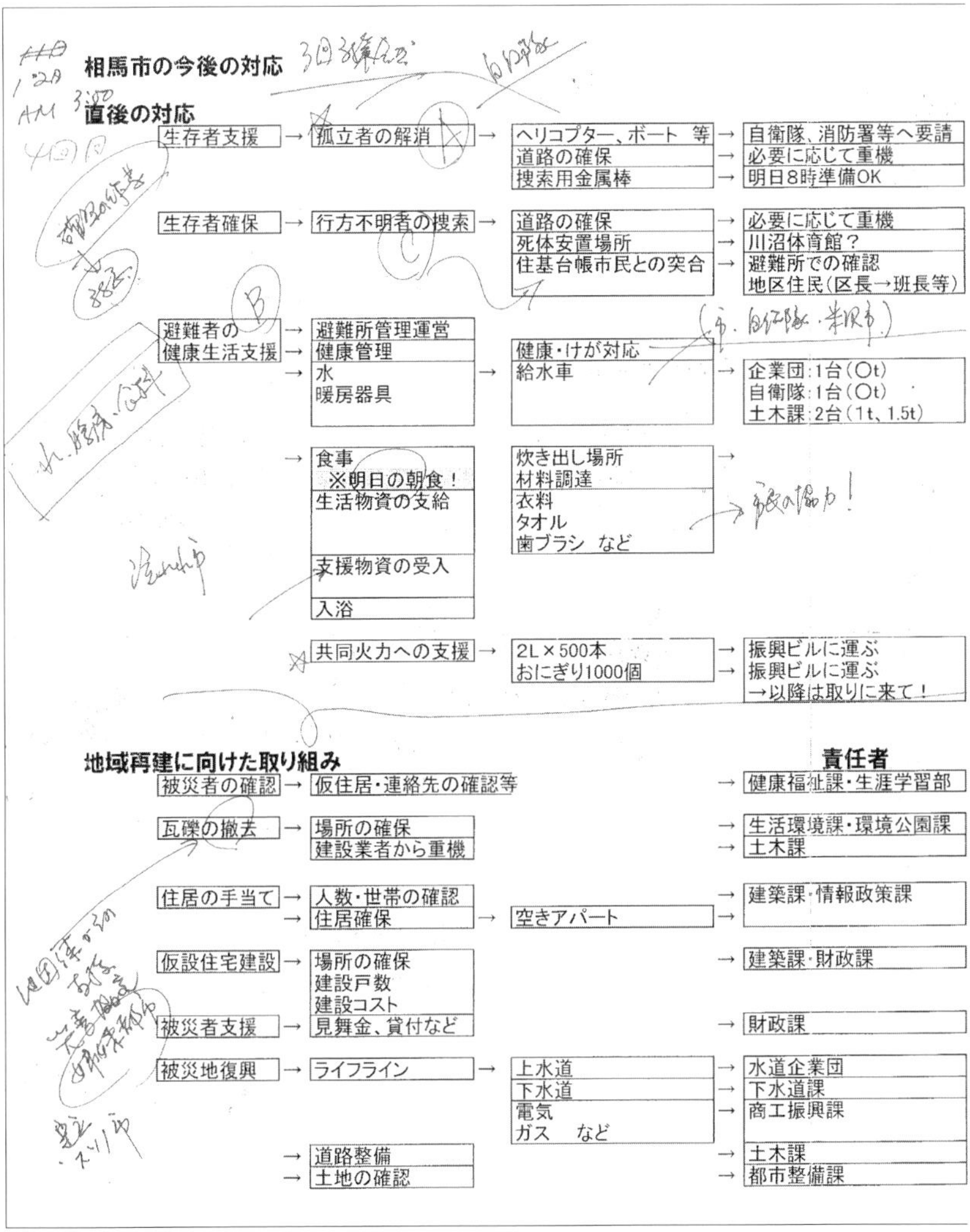
相馬市の今後の対応

直後の対応

生存者支援 → 孤立者の解消 → ヘリコプター、ボート 等 → 自衛隊、消防署等へ要請
道路の確保 → 必要に応じて重機
捜索用金属棒 → 明日8時準備OK

生存者確保 → 行方不明者の捜索 → 道路の確保 → 必要に応じて重機
死体安置場所 → 川沼体育館？
住基台帳市民との突合 → 避難所での確認
地区住民（区長→班長等）

避難者の健康生活支援 → 避難所管理運営
→ 健康管理 → 健康・けが対応
→ 水 → 給水車 → 企業団：1台（○t）
暖房器具
自衛隊：1台（○t）
土木課：2台（1t、1.5t）

→ 食事
※明日の朝食！
生活物資の支給
支援物資の受入
入浴
炊き出し場所 →
材料調達
衣料
タオル
歯ブラシ など

共同火力への支援 → 2L×500本 → 振興ビルに運ぶ
おにぎり1000個 → 振興ビルに運ぶ
→以降は取りに来て！

地域再建に向けた取り組み　　責任者

被災者の確認 → 仮住居・連絡先の確認等 → 健康福祉課・生涯学習部
瓦礫の撤去 → 場所の確保 → 生活環境課・環境公園課
建設業者から重機 → 土木課
住居の手当て → 人数・世帯の確認 → 建築課・情報政策課
→ 住居確保 → 空きアパート →
仮設住宅建設 → 場所の確保 → 建築課・財政課
建設戸数
建設コスト
被災者支援 → 見舞金、貸付など → 財政課
被災地復興 → ライフライン → 上水道 → 水道企業団
下水道 → 下水道課
電気 → 商工振興課
ガス など
→ 道路整備 → 土木課
→ 土地の確認 → 都市整備課

図1　被災した翌朝3時の災害対策本部でのメモ書き

ランティアに頼みました。ボランティアの募集をして一元管理をします。泥を被った被災者のところにまんべんなく計画的に行くようにしました。足りないところは、相馬市内の被災企業の従業員が企業ボランティアとしてやりました。

仮設住宅での暮らしが始まった時にも「次の死者を出さない」ということを考えます。これは基本中の基本です。今回の震災での特徴は、重症の生存者はほとんどいなかったということです。亡くなっているか、軽傷の方々のどちらかですが、「次の死者を出さない」というのは、その軽傷の方々の健康のケアをしていかなければならないということです。

医療については、これは熾烈を極めました。家から、着の身着のままで逃げてきているとすれば、薬を持っていません。たとえば、その方が統合失調症の患者さんだとしたらどうなるかということです。ドクターをいろいろなところから派遣してもらって、健康管理を保証します。ドクターの次は医薬品ですが、医薬品の供給体制も熾烈を極めました。ご存じのとおり、原発の風評でトラックが入ってこなくなり、物流が途絶えました。しかし、人々はいます。この人々の薬をどう確保するかということです。卸しの会社の社長を叱りつけるようなこともやりましたが、基本的には我々がトラックを仕立てて、東京まで取りに行きました。来ないからといって文句を言っても仕方がないのです。現に四〇〇〇人も被災者を抱えていますから、その人たちのために取りに行かないとだめなわけです。

それから、皆さん着の身着のままですから、とりあえずの生活支援金を一人三万円ずつ支給しました。これも大事なことで、対面式でご本人を確認して渡すことで、生存者の名簿を作っていきました。

「次の死者を出さない」ということで、一番が医療のサポートができないための死者、その次

写真３　船が道路に乗り上げている

写真２　被災した集落

が経済自殺、その次が孤独死、大きく分けるとこの三点です。経済自殺をしないように、弁護士の無料法律相談所を立ち上げました。法テラス（日本司法支援センター）にお世話になりました。

子供たちのためにできること

もう一つ大事な問題として、子供たちがPTSD*（心的外傷後ストレス障害）にかかっていましたので、その対策のためにNPOを作りました。このNPOには臨床心理士と保健師がいます。活動資金は相馬市も一部出しますが、全国から寄付を集めて、被災した小学校、中学校、一部の高校、幼稚園というところをサポートしています。

消防団員が一〇人も亡くなりました。これは後から聞いた話ですが、どれも涙が出る話ばかりでした。子供が「父ちゃん危ないから行かないでくれ」と、「これは俺の仕事だから、俺ばかりが行かないわけにはいかない。みんなと一緒に避難誘導をやるんだ」と言った、その父ちゃんが帰ってこないのです。お母さんが息子に対して「危ないから一緒に逃げよう」と言っても、「俺はみんなと一緒に避難誘導をやるんだ」と言った、その息子も帰ってこない。

そうやって調べていきましたところ、災害によって遺児や孤児となった子供たちが、五一人おりました。この子たちに親の万分の一の代わりもできないけれども、毎月三万円ずつ仕送りをしようと思いまして、震災孤児等支援金条例を四月に作りました。

この条例の内容を私のメールマガジンに書いて全国に配信しました。中には英訳して全世界に回してくれる人もいまして、今資金は集まりました。

亡くなっていった親の気持ちを考え、大学進学の奨学金にしてあげようと思っているのです

＊心的外傷後ストレス障害（Post-Traumatic Stress Disorder:PTSD）は、強烈なトラウマ体験（心的外傷）がストレス源になり、心身に支障を来し、社会生活にも影響を及ぼすストレス障害。その発症原因は、地震、洪水、火事のような災害、または事故、戦争といった人災や、テロ、監禁、虐待、強姦、体罰などの犯罪などさまざまである。

が、その奨学金も集まりつつあります。問題は大学に行かせるための学力向上をどのようにやっていくかということです。教育をしっかりやらなければならないという、非常に基本的な問題に直面しております。

仮設住宅の暮らしのために

それから、相馬市の仮設住宅には約三五〇〇人が住んでいるのですが、まず避難所にいる人たちに給食を出しました。学校が四月一八日から始まりましたが、学校給食はお昼しか出しません。朝と夕方の学校の給食室は空いていますから、そこに避難所のおばちゃんたちを雇い、給食を作って避難者に配りました。

その延長で、仮設住宅入居者、特に独居老人、高齢者世帯の人には集会所で晩御飯を食べてもらっています。これは孤独死対策です。そのほかの被災者の方にはおかずを配っています。

仮設住宅の暮らしをどうやってコントロールするかが重要なのですが、集会所ごとに組長を決めています。また、一棟あたり五世帯ですから、棟長というのを決めまして、支援物資が効率的に配給できるようになっています。ですから、吉岡さん、支援物資がありましたら相馬市にもください。二時間もあったら全部に配れます。組長が全部で一五人いまして、組長会議をやって不公平にならないように配るようにしています。

これも相馬市独自の政策ですが、仮設住宅でリヤカー引きの戸別販売を行なっています。リヤカー引きのおばちゃんを行政支援員として被災者から採用しまして、一戸一戸ノックしてチェックしながら個別販売をします。これは、被災者雇用対策、そして買物弱者対策の一環でもあるのですが、孤独死対策でもあるのです。

写真４　被災した翌朝

写真５　瓦礫撤去がほぼ終了

写真4は、被災した次の日の朝です。今は写真5のようになっています。

これは「いさみや」という旅館の前です（写真6）。被災した直後はどうにもならないような瓦礫の山でしたが、今はこのように（写真7）なって旅館は再開しています。

アジアからの救援物資について

今回、アジアからいただいた支援物資などをチェックしてみたのですが、どこから来たかわからないというのです。わかったものでは、五月に台湾政府から毛布一〇〇〇枚が届きました。台湾政府から内閣、そして県に届き、市に流れてきました。ただ、毛布は抵抗がありませんが、アジア諸国からたくさんいただいたカップ麺は、そこに書いてある言語が何語かわからないため、被災者は誰も食べようとしませんでした。仕方がないので我々災害対応職員などで食べました。

アジアの中に日本を助けようという意思があって、そして我々はそれを必要としていたことは事実です。あるベトナム企業が靴をくれました。とてもありがたかったです。あるいは、民間の輸入業者が直接私に言ってきて、鶏の唐揚げを冷凍のままでくれました。ものすごくありがたかったです。

このような出どころがはっきりしているものはいいのですが、国、県、市と物資が回ってきた時に、最初は支援元が明示されていたのでしょうが、途中でわからなくなってしまうのです。日本製品と違って、正体不明のものを避難民は食べようとはしませんでした。誰が送ってきてくれたのか、どういう根拠で送ってきてくれたのか、誰が仲介してくれたのか――これが明確にならないといけません。特に人の口に入るものはそうです。

写真7　営業を再開

写真6　被災した旅館

そして、我々が何を必要としているか、それを伝えて受け取る機関がありませんでした。受け手側と送り手側を信用のある誰かが管理してくれる必要があったのです。そして、そういう組織があるということを、我々に教えてくれる必要がありました。

今はもう急性期は脱していますが、急性期であった四月ごろはそうした救援をぜひ欲しかった。

避難所が閉鎖した今でも、鶏の唐揚げは重宝しています。仮設住宅のマネジメントシステムがありますから、二時間もあったら配布できます。ただし、マネジメントがきちんとしているところと、していないところとでは全然違ってきます。マネジメントをきちんとしていれば順番に全員に配布できます。そういうシステムができるかどうかということです。

災害対策本部長としては、どんな手でも借りたい、猫の手でも借りたいという思いをしながら、今日まで何とかやってきました。相馬市としては、復興はまだまだ始まったばかりですから、いろんな方々の御支援を受けながら、頑張っていきたいと思っています。

戸崎◉今のお話の中で、特に窓口の一本化と情報の確定というのが非常に重要な論点として挙がってきました。この問題は阪神淡路大震災の時にも十分に起こり得た問題です。また、海外の方が直接相馬に支援活動に入った場合に、どのような受け入れ態勢というものを考えなければいけないのか、あるいは受け入れは可能なのかということについては、今日のテーマに深くかかわることです。それでは、天児先生より、これを受けてお話をいただきたいと思います。

災害対策の経験の共有を

天児◉本来私は現代中国の専門家で、こういった分野の専門家ではないのですが、私自身、中

天児慧

国におけるいわゆる人間の安全保障、非伝統的安全保障と言われる問題、たとえば、環境問題、SARS*やHIV、鳥インフルエンザ*などの感染症などの問題をどのように解決するかということにしばしばぶつかってきております。それは何も中国だけの問題ではなくて、世界全体の問題なのですが、私は政治学者ですから、ガバナンスという観点から、どういうふうに問題に対処できるシステムを構築するか、あるいはどういうふうにマネジメントするかという点に関心を持っております。

先週、アメリカのある友人が日本に来ておりまして、「この震災について世界はどう見ているかということについて、どう思われますか」という質問を受けました。私がごく普通のことを言っておりましたら、彼が非常にクリアに言ったのは、「日本の政府はだめだ。しかし、日本国民はすごい。なぜこんなにすごいのだろうか」ということです。彼は、アメリカのみならず、ヨーロッパでもそういうことを強く感じていると言っていました。先ほどのお話を伺っていて、まさにそれを証明する報告をいただいた思いです。

もちろん、ここで政府批判をすることは簡単なことですが、当面我々がそういうことはする必要はないだろうと思っております。むしろ、これをどのように理解したらいいのかという問題が、一番肝心なことであります。

まず、今私たちはこの東日本大震災だけを見て、そこで起こっているいろいろな問題をどのように考えたらいいのだろうかと議論をしているわけですが、スパンをここ一〇年ほどに広げてみますと、こういった自然大災害というのがアジア各地で繰り返され、いかに深刻な事態を起こしているかということに気がつきます。

たとえば、二〇〇〇年以前から見ますと、ほぼ一〇年前になりますが、神戸の大震災があり、

＊重症急性呼吸器症候群（Severe Acute Respiratory Syndrome：SARS）は、新型のコロナウイルス、SARSウイルスにより引き起こされる新種の感染症。二〇〇二年一一月（広州市呼吸病研究所は七月と発表）に中華人民共和国広東省で発生し、二〇〇三年七月に新型肺炎制圧宣言が出されるまでの間に八〇九八人が感染し、七七四人が死亡した。

＊鳥に感染するA型インフルエンザの総称。家禽類に感染すると非常に高い病原性をもたらすものがあり、そのタイプを高病原性鳥インフルエンザと呼ぶ。このうちH5N1亜型ウイルスでは家禽と接触した人間への感染、発病が報告されている。これは感染者がヒト型とトリ型のインフルエンザウイルスに対するレセプターを有する特殊な例であり、いまのところ一般の人に感染する危険性はきわめて低い。それでも、ヒトインフルエンザウイルスと混じり合い、人間の間で感染する能力を持つウイルスが生まれることが懸念されている。

その後に台湾大地震*、二〇〇〇年以降ではスマトラ沖の大地震*、津波、それから四川の大地震。その四川の大地震とほぼ同じ時期にミャンマーでの非常に深刻な台風*（サイクロン）の被害がありました。これは一〇万人が亡くなられたという大変な被害であります。

こういった深刻な大自然災害がまさにアジア各地で頻発している現実を我々は知っているにもかかわらず、それぞれの経験が活かされていない。それぞれの経験が蓄積されていないのです。

こうした体験と教訓の蓄積のもとで、我々はどのように危機管理をしていくのかといったノウハウを共有していないという現実を、私は非常に驚きを持って再確認をしている状態であります。

この問題は、先ほど立谷相馬市長がガバメントあるいはマネジメントの問題であるとおっしゃったところに行きつくと思います。

つまり、そういった自然災害に限定した危機管理について、どういう形で危機が起こるかという想定と、災害発生時に何が具体的に起こっているのか、そしてそれに対してどういう対処をしたらいいのかが問われているのです。

震災の経験というものを、アジアの人々が共有し、それぞれの経験を有効に活用できるような幾つかのマニュアルのようなものを作り、同時にそれに対応できるような組織を作っていく努力をしておかないと、次に震災が起こった時に、また慌てながらやらなければいけないという非効率な対応の繰り返しになります。

将来東京で地震が起こるということは他人事ではありません。あり得ないということでもない、今起こる可能性もあるわけです。その時、どう組織的、効率的に対処しますか。

＊一九九九年九月二一日に、台湾中部の南投県集集鎮付近を震源として発生したマグニチュード七・六の地震。九・二一大地震、集集大地震とも呼ばれる。

＊スマトラ島周辺で二〇〇〇年以降に限ってみても、マグニチュード七以上の地震が複数回発生している。特に二〇〇四年には、マグニチュード九・一を記録する巨大地震が生じ、広大な範囲に津波を引き起こして各地に甚大な被害をもたらした。

＊二〇〇八年四月二七日にベンガル湾中央部で発生したサイクロンは、五月二日にミャンマーのエーヤワディー川デルタに上陸した。このサイクロンによって、ミャンマー南部を中心に死者・行方不明者一三万人以上という大きな被害が生じた。

そのためにも、経験を共有するということを、強く提起しておきたい。これは今後の我々自身の課題でもあると思います。

政府――専門家――現場のメカニズムを

アメリカの友人の話をしましたが、政府はだめだということを認めざるを得ない日本人は悲しいと思います。しかし、民間レベルの方々の行動が世界を驚かせた、日本人への敬意を抱かせたというのは、非常にうれしい話であります。

今回の震災に関しては、支援する側は世界の政府も民間も非常に積極的に動きました。ところが、支援される側のほうは、政府がこれに対して機敏に、効率的に対応しきれなかったという事実があります。それに対して何とか対応をしていったのは、ボランティア活動やNGO、あるいは地方自治団体です。

地方自治体に対して、世界各国からいろんな形で援助が入ってきて、それが現地につながっていくというメカニズムがあった。政府から現場の地方自治体へというネットワークだけではなくて、それ以外のものも非常に多かったことがうかがえます。

このネットワークをいかにして政府のレベルにまで持っていくか。もちろん、トップダウンが一番効率的であることは間違いないのですが、トップダウンできなかったから何もできないかというと、そうではない。ボトムアップをもっと広げていく、あるいはチャネルを重層化していくという作業が非常に重要で、それがトップのレベルにもいずれ届くような可能性があるということを考えたいと思います。

そこで、この自然大災害に対して、どのようなメカニズムを作っていくか。私は前々から、非伝統的安全保障*のガバナンスについていろいろ考えておりますが、アクターとしては三つあると思います。

一つは、政府です。この政府というのは、首相だとか、外務大臣とか、外務省とかと固定する必要はないと思います。政府の中にある専門機関、たとえば環境問題に関しては環境省が具体的に動ける専門分野を持っているわけですから、そういったいわば政府における専門部門があります。そして一番下にはＮＧＯと現地の緊急組織があります。

ＮＧＯあるいは現地の緊急組織を政府とダイレクトにつなぐのは無理があります。大事なポイントとして、その中間にそれぞれのイシューについての専門家グループの組織というのが必要になってくると思います。

医療に関して言えば、そこに医療の専門家がグループとして存在しなければ、気持ちだけではいろいろな行動はできないということです。たとえば鳥インフルエンザのようなものがあった場合には、それに対応できる組織がなければいけないし、環境なら環境に対応できる組織がなければいけないということです。

問題を解決する志を持ち、あるいはそういう活動をしている方がばらばらに存在しているだけなら、実質的には有効に機能せず、ないと同じ状態になってしまいます。したがって、政府――専門家グループ――現場にかかわれるＮＧＯ組織・現場の緊急組織が連携するという枠組みを、意識的・組織的に作っていかなければいけないと思います。

緊急医療船の提案

最後に、可能性の問題として申し上げたいのですが、この春ごろ、ある大学教授で医師の方

*軍事による抑止力を中心とするのが伝統的安全保障であるならば、それだけでは対応できない脅威にどう取り組むかが非伝統的安全保障の課題となる。具体的には、麻薬などの越境犯罪や、環境、感染症、エネルギーなどの問題を対象とする。

より連絡がありまして、私の話していることや書いていることに関心を持たれたのだろうと思いますが、「緊急医療船」を作りたいという提案をされました。

これは世界では幾つか例があるのですが、アジアではまだありません。彼は非常に頑張っておりまして、議員を動かして緊急医療船をつくるための組織化を始めています。私はその話を聞きながら、「これは海援隊ですね」と半分冗談で、半分本気で言いました。坂本竜馬が幕末に海援隊を作ったのは、討幕を目指すだけではなくて、その後日本をどうするかという、ある意味での人材育成を構想していたからです。

これは国際的な組織です。日本の今の力、財政力、あるいは人材といったものからいくと、日本の力だけではできません。専門家集団が平時の時にはアジア各地を巡回して、各地の事情を知り、各地の若い人材を取り込んでいきながら、緊急時のための医療船を作っていくという計画です。

しかし、これは大変な仕事で、この間の会議では一〇人ぐらい議員が来ており、調査費ぐらいはつけられるというところまでは来ているようですが、そう簡単に実現するものではないということもよく承知しているようです。

いずれにしても、そういった構想を含めて、自然大災害に対してどういうメカニズムを作るのか、どういう人材育成をするのかということは、今や日本だけの問題ではなくて、アジア全体の問題、世界の問題として考えていかなければいけないと思います。

戸崎◉経験の共有、マネジメントの重要性、さらには国際的な専門グループの組織化というような論点をいただきました。では、会場の皆さんからこれまでの議論を踏まえてご意見をいただきたいと思います。

人材育成を早稲田から

質問1◉天児先生のコメントを聞いて感じたことです。今、日本の各大学は国内の福祉問題など、内向きの学問分野での競争が激しいようですが、医療を含む国際的な援助について研究したりコーディネートしたりする人材を育成する学部あるいは専門科目を作る必要があると思います。それをまず早稲田から始めたらどうでしょうか。

質問2◉私はパキスタンから来ました。これは質問ではなく苦情になるかもしれません。パキスタンでも二〇〇五年に地震があり、七万八〇〇〇人が亡くなりました。また、昨年は大洪水があり、二五〇〇万人以上が家を失って避難をしなくてはなりませんでした。バングラデシュでも毎年大洪水があります。驚くのは、ここにいるどなたもバングラデシュやパキスタンのことに触れられなかったということです。今回のタイトルは「日本と東アジア」としたほうがいいのではないのでしょうか。皆さんは、東アジアだけを見ていらっしゃるような気がします。もっと全体を見ていただければと思います。

戸崎◉ありがとうございました。それでは、これまでの皆さんの発言を踏まえて、パネリストの方からコメントをお願いします。

張◉私は中国と日本の間で仕事をしているので、今後日本と中国が被災した時には、民間レベルでの相互理解のために頑張っていきたいと思います。

今回の地震で、日本政府がいかに弱いかということを中国のほうでもわかったようですが、一方で、日本の国民はどうしてあんなに頑張れるのか、中国人は不思議に思っています。

私が中国に戻ると、たくさん質問を受けます。テレビは、強い人、我慢強い人しか映さないのか、それとも本当に日本人は我慢強いのか、という質問です。そして、もし本当であれば、日本国民はすごいと言っています。

政府にもっとしっかりしていただけたらすばらしい国なのに、と私も思います。私は日本に来て長いので、今でもすてきな国だと思います。これからも、日本のいいところを中国に伝えていきたいし、日本人の心をもっと中国の人にわかってもらうように頑張りたいと思います。

日本と中国は、災害を受けた時だけではなく、いつも手をつないでお互いに助け合って頑張っていかないといけないと思いますし、いざという時は、お互い遠慮なく助け合えるような国同士になれることを心から願っています。

ボランティアの強化を

吉岡●相馬市長の話を聞いておりまして、いざという時のために、NGO、NPOが自治体と事前から具体的な話し合いや協議をしておく必要があると思いました。東海・南海沖地震が起これば、東海地方から西日本の太平洋側の市町村が甚大な被害を受けるわけですが、より迅速により効率的に救援活動を展開するためにも、ダイレクトの関係を、NGO、NPOと地方自治体が作るということの協議を始めたいと思います。これは非常に大事なことの一つです。

もう一つは、大学の関係者の方々が多いのでぜひお願いしたいのですが、ボランティア活動をしたら、ぜひ単位をあげてください。単位をもらえないからボランティアに行けないという学生がたくさんいました。これはぜひシステムとして、災害ボランティア活動をするということに対して単位をあげてほしいと思います。

天児先生も言われておりましたが、災害救援というのはトレーニングが要ります。何もトレーニングをせずに被災地に行ったら、今度はそのボランティア自身が被害を受けます。その人がどうやって身を守って、どうすればいいのかをトレーニングしなければいけません。

もう一つ、ボランティアをオーガナイズするトレーニングもしなければいけない。リーダーを育成しなければならない。このようなトレーニングの研修に参加することも単位にしてあげてほしいのです。そのことによって、日本のボランティアの層が深まります。

イスラム教もしくはキリスト教国というのは、奉仕団体が非常にたくさんあります。それが歴史的に作られてきたセーフティーネットとして機能しているわけです。日本の災害救援が弱い一つの理由というのは、戦後、日本の社会はそうした部分が非常に弱くなって、人と人が助け合うシステムというのがどこか崩壊しているところがあるということです。そこで、ボランティアを強化していくということを、大学教育も含めてやっていくということが必要ではないかと思います。

たとえば、通訳の問題があります。ピースボートでは、国際交流をやっていく中で一〇〇〇人ぐらいのボランティア通訳のネットワークができているのです。この震災が起こった時すぐに、通訳をやれる人は来てくれとメールを送りました。この通訳にお金を払っていたらこういう支援活動は全く成り立たないのです。

そうしたことを考えると、大学の日ごろの国際交流や留学生のネットワークみたいなものは、実は非常に役に立つのです。それを組織化して、海外からの支援が来た時にコミュニケーションをサポートするシステムを作るということなのです。

相馬市長の先ほどのカップ麺の話というのは、笑い話ではなくて、缶詰など本当に何かわけのわからないものが来るのです。でも誠意はあるわけです。これをどうするか――要するに、気持ちはわかるのだけれども、とりあえずはいったん断らなければいけない時もある。もしくは、ちゃんと中身を調べて持ってきてくださいと言わないといけない時もあります。これはコミュニケーションなのです。送りたいと言ったものに対して、はなから要らないと言ってしまった段階でコミュニケーションは途絶えてしまいます。そうではなくて、ありがたいけれども、こうしてほしいという対話を作っていかなければいけないのですが、日本の今の社会はこれが下手なので、そこを強化しなければならないということです。

最後に、先ほどパキスタンの方のお話がありましたが、具体的にアジアの他の国でどのような災害が起こっているのか、日本は今回の災害でこういうことが必要だが、パキスタンでは何が必要か、スリランカでは何が必要か、中国では何が必要か、どういう協力関係が作れるのかということを具体的に話し合う場、たとえば「災害救援国際協力会議」といったものが必要だと思います。

各国の大学、NGO、地方自治体、企業が協力して作り上げる、このような国際会議を是非実現させたいと思います。

ボランティアへの対応

立谷◉今の吉岡さんの話の中で、我々が現実に直面している問題があります。それはボランティアの評価です。

先ほど子供たちのPTSDと、子供たちに対する生活支援金の話をしました。将来は奨学金にして差し上げたいと思っています。そのための学力向上を図らなければなりません。そこで今、相馬市は仙台の宮城教育大学から学生たちに来てもらって放課後に勉強をさせています。

しかし、これをやっていると、彼らは公務員試験に受からないのです。社会として、特に学生を使うような場合には就職試験で活かされるようなシステムを考えていかないとなりません。就職試験で活かされるようなポイントを相馬市が差し上げて、それを評価してくれるということになりますと、たくさん集まってくると思います。これは、非常に大事だと思います。

もう一つ、ボランティアの使い方という問題があります。そもそもボランティア活動というのは、我々被災者、つまり受益者にとってどういう意味があるか、どういうニーズがあるかというところから入っていかなければなりません。今回の場合は、まず床上浸水の泥払いでした。我々は、このぐらい必要であろうと、ある程度定量化してからボランティアを募集して、割り振りを行ないました。

よその地域の方々との連携という意味でも、ボランティアというのは受けたほうがいいと思います。しかし、必要のないところにボランティアを押しつけるとおかしなことになりますから、ニーズの把握、あるいはニーズの掘り起こしをきちんとやるということと、ニーズに対してコーディネートをきちんとやるということが必要です。

ただしこれは、マネジメント体制ができた地域と、そうでない地域とでは全然違います。マネジメント体制ができていないところは住民の方々が困っています。住民とNGOあるいはボランティア団体との一対一の直接の対応でいいと思います。体制がきちんとできているところは、できるだけ計画に則って入っていただいたほうがいいと思います。

外国人の方を入れるとすれば、マネジメント体制がきちんとできているところ。相馬市はできていますから、我々のようなところに入れていただけるといいと思います。私は外国人の方々にお世話になるにあたって、この方たちは信頼できる方ですよということを、市長の責任で証明します。相馬市のベストを着せて、私が認証しましたから、安心してこの方々のお世話になってください、と。NGOでも同じです。

これは必要だと思います。NGOが信用ないということではないのですが、できれば地元の市町村長が明確に権威づけをしたほうが間違いないと思います。住民との対話の問題などすっきりできると思います。災害対応の実際の責任者というのは、特に短期的には市町村長なのです。ですから、その段階できちんとした連携をとる、あるいは話し合いをするということが必要だと思います。支援物資などについては特にそうです。

戸崎◉キーワードはやはり「コーディネート」ということになってくると思います。ニーズの把握とそのニーズへの対応という意味においては、支援される側のコミュニケート能力も問われるのではないかと理解しました。それでは、天児先生、お願いします。

専門家育成とボランティア単位

天児◉フロアからの早稲田に対してのご要望についてまずお答えしておきます。我々はかなり意識的にそういうことをここ一〇年近くやっております。私の所属は大学院のアジア太平洋研究科というところですが、「グローバルCOE」という文部科学省からの五年間の大型支援を受けており、アジア統合を目指す世界的人材育成拠点形成プログラムを進めてきました。「グローバルCOE」は今年で終わりますが、それに続くものとして「キャンパスアジア＊」という、グローバルCOEより規模が大きな計画があります。

現在、我々はカウンターパートとして北京大学と韓国の高麗大学、タイのタマサート大学と文書協定を結び、人材育成についての取り組みをしようとしています。それは基本的には「グ

＊文部科学省の「平成二三年度大学の世界展開力強化事業」の一つに「キャンパス・アジア」中核拠点形成支援がある。「キャンパス・アジア」とは、日中韓政府支援のもと、学生たちの互いの国への留学を促進しようという構想である。

ローバルCOE」でやってきた専門家育成――経済の専門家、安全保障の専門家、それに加えて安全保障の中に非伝統的安全保障、先ほどから繰り返している感染症の問題などを考える人々を、英語で育成していくというものです。やはりこれは横に広げていかなければいけないだろうと思っております。

それから、「ボランティア単位」については、大学本部がいろいろ考えていると思います。早稲田には平山郁夫記念ボランティアセンター*もあります。授業に余りまじめに出なくても、サークル活動をやるという学生は結構多いようですが、ボランティア活動もその重要な柱になっております。今後もボランティア活動はかなり広がると思います。

*早稲田大学の一機関として二〇〇二年四月に設立されたボランティアセンター。

顔をのぞかせた「脱亜入欧」

ただ、あえて中国とのかかわりで言えば、小口機構長のお話にもありましたように、この震災支援の中で「脱亜入欧」的なものが現れてきたと思います。

私はこういった、支援する、支援されるという関係は、ある種の信頼関係を築いていく非常に大事なプロセスだろうと思います。自然災害からの復興を支援するということ自体が平和構築であるということを、吉岡さんがおっしゃいましたが、私はそれがまさに信頼構築だと思います。

張麗玲さんは、日中の信頼構築、友好関係の強化に大変努力されている方ですが、やはりこの問題にいつもぶつかっています。日中関係はどうしてこんなにもろいのだろうということを、私自身も常に感じています。

昨年の尖閣諸島での出来事*も大きく影響してきたと思います。民主党内閣が「脱亜入欧」と

*二〇一〇年九月七日、東シナ海の南西部（八重山諸島）に位置する尖閣諸島付近で、操業中の中国漁船と違法操業を取り締まろうとした海上保安庁との間で事件が発生した。いわゆる「尖閣諸島中国漁船衝突事件」である。

いうような意識を持っていて、それゆえにアジアからの支援受け入れに躊躇したというわけではないでしょうが、根底にあるのはやはり信頼関係という問題だと思います。

しかし、逆に言うと、こういったプロセスを通して改めて信頼関係を構築できるのだということを我々は確認して、日々の努力を続けていかなければならないと思います。

第2セッション

アジアにおける原発問題

――「協力」の背後にあるもの

◎村上朋子
◎坪井善明
◎李 泌烈
◎重村智計【司会】
◎山田満【コメンテーター】

▶村上朋子（ムラカミ・トモコ）

◉（財）日本エネルギー経済研究所 戦略研究ユニット・原子力グループ・マネージャー。

◉1990年東京大学工学部原子力工学科卒業、1992年東京大学大学院工学系研究科原子力工学専攻修士課程修了。1992年日本原子力発電（株）高速炉開発部、2000年同発電管理室主任、2004年慶應義塾大学大学院経営管理研究科修士課程修了、経営学修士。2004年同廃止措置プロジェクト推進室 主任、2005年（財）日本エネルギー経済研究所 産業研究ユニット主任研究員、2007年同戦略・産業ユニット・原子力グループ・リーダーを経て、2011年より現在。

◉原子力政策、原子力産業動向、企業経済学、財務分析。

◉『国際原子力商戦——その市場と競争力の分析』（エネルギーフォーラム、2010年）。

▶坪井善明（ツボイ・ヨシハル）

◉早稲田大学政治経済学術院教授。

◉1972年東京大学法学部卒業、1982年同大学院法学政治学研究科博士課程満期退学、1982年パリ大学社会科学高等研究院博士号取得（社会学博士）。1982年北海道大学法学部助教授、1988年同教授を経て、1997年より現職。

◉ヴェトナム政治、ヴェトナム政治社会史、比較政治。

◉『ヴェトナム社会政治史：阮朝嗣徳帝統治下のヴェトナム（1847－1883）』（東大出版会、1991年）、『ヴェトナム「豊かさ」への夜明け』（岩波新書、1994年）、『ヴェトナム現代政治』（東大出版会、2002年）、『ヴェトナム新時代』（岩波新書、2008年）など。

▶李 泌烈（イ・ピルリョル）

◉韓国放送通信大学教授。

◉1991年ベルリン工科大学卒業。1986～1991年ベルリン工科大学講師。1992年より現職。

◉科学史、エネルギー政策。

◉"Nuclear Power in Korea" Korea Journal, 1998,『エネルギー代案を求めて【韓国語】』（創作と批評、1999年）、"Environmental Movement Needs Urgent Reform to Overcome Crisis", Korea Focus, Mar-Apr, 2005,「エネルギー危険社会」『文化科学【韓国語】』2006年夏号、「気候変動の地政学と韓国社会」『創作と批評』2008年夏号。

▶重村智計（シゲムラ・トシミツ）……【司会】

◉早稲田大学国際学術院教授。

◉1969年早稲田大学法学部卒業、1976年韓国高麗大学大学院研究生、1986年スタンフォードプロフェッショナルジャーナリズムプログラム修了。シェル石油勤務を経て、1971年毎日新聞社入社。1979年～1985年毎日新聞社ソウル特派員、1989年～1994年ワシントン特派員。毎日新聞論説委員、拓殖大学教授を経て、2004年9月より現職。

◉国際政治、東アジア研究。

◉『最新・北朝鮮データブック——先軍政治、工作から核開発、ポスト金日成まで』（講談社新書、2002年）、『朝鮮半島「核」の外交——北朝鮮の戦術と経済力』（講談社新書、2006年）、『外交敗北——日朝首脳会談の真実』（講談社、2006年）など。

▶山田 満（ヤマダ・ミツル）……【コメンテーター】

◉早稲田大学社会科学総合学術院教授。

◉オハイオ大学大学院国際問題研究科修士課程修了、東京都市大学大学院社会科学研究科博士課程単位取得退学。2000年神戸大学にて博士（政治学）取得。埼玉大学教養学部教授、東洋英和女学院大学大学院教授などを経て、2009年より現職。2002年に東ティモール国立大学客員研究員を務める。

◉国際関係論、国際協力論、平和構築論。

◉『多民族国家マレーシアの国民統合』（大学教育出版、2000年）、『「平和構築」とは何か』（平凡社新書、2003年）、『新しい国際協力論』（編著、明石書店、2010年）など。

重村◉これから第2セッションの「アジアにおける原発問題——「協力」の背後にあるもの」と題して発表と討論をしていきたいと思います。

村上◉本日は、「東アジアにおける原子力産業の現状と地域協力の展望」というテーマで、日本が原子力について周辺の諸国とどのような形の協力ができるかということについてお話をいたします。

最初に私のバックグラウンドを申し上げますと、もともとは原子力工学の技術系です。電力会社において原子力の技術的な仕事をしてきたあと、六年ほど前から当研究所に移って、アジアおよび世界のエネルギー情勢、エネルギー政策動向、技術開発動向等々を研究しております。そのような立場から「アジアのエネルギー事情における原子力の役割」、「福島事故後の世界の原子力産業動向」、そして「東アジアの地域協力と今後の展望」についてお話をいたします。

最初に「アジアのエネルギー事情」ですが、アジアという地域は今後、世界の中でも特にエネルギー需要の増大の幅が非常に大きいと考えられている地域です。

アジアのエネルギー事情における原子力の役割

図1のグラフは、当研究所が毎年出している「世界アジアエネルギーアウトルック」という一年ごとに改定する世界のエネルギー展望ですが、毎年改定するごとにアジアのエネルギー消費の伸び幅が増えています。特にその中でも電力需要の伸びが大きくなっています。今の電源の中心は石炭火力です。天然ガスもそれなりに役割を果たしており、原子力や再生可能エネルギーもそれぞれが重要な役割を果たしていますが、石炭火力が電力の中心である傾向は当面変わりません。

村上朋子

重村智計

そうは言っても、このまま石炭火力の発電量がずっとこの調子で増え続けると、世界のエネルギー安定供給に重大な支障が生じます。

今後、エネルギーを各国がこれまでどおりに安い価格で使うことが非常に難しくなり、エネルギー安全保障の観点から、石炭の消費はできるだけ抑えることが望ましいということは、一致した見解です。

そういう意味で石炭火力に替わる他の、あまり二酸化炭素を放出しない電源である天然ガス、再生可能エネルギー、それから原子力の役割も当然重視されるところです。

さて、その中で原子力の役割ですが、アジアにおいて原子力もほかの石炭火力に替わる電源の中で重要な電源の一つであると申し上げましたが、実は世界的に見ますと、原子力は必ずしもすべての国で使われている電源ではありません。

二〇一一年一月現在、世界で原子力発電を商業的に利用している国は三〇ヵ国、四〇〇基余り、設備容量にして約四億キロワットです。（表1）

図1

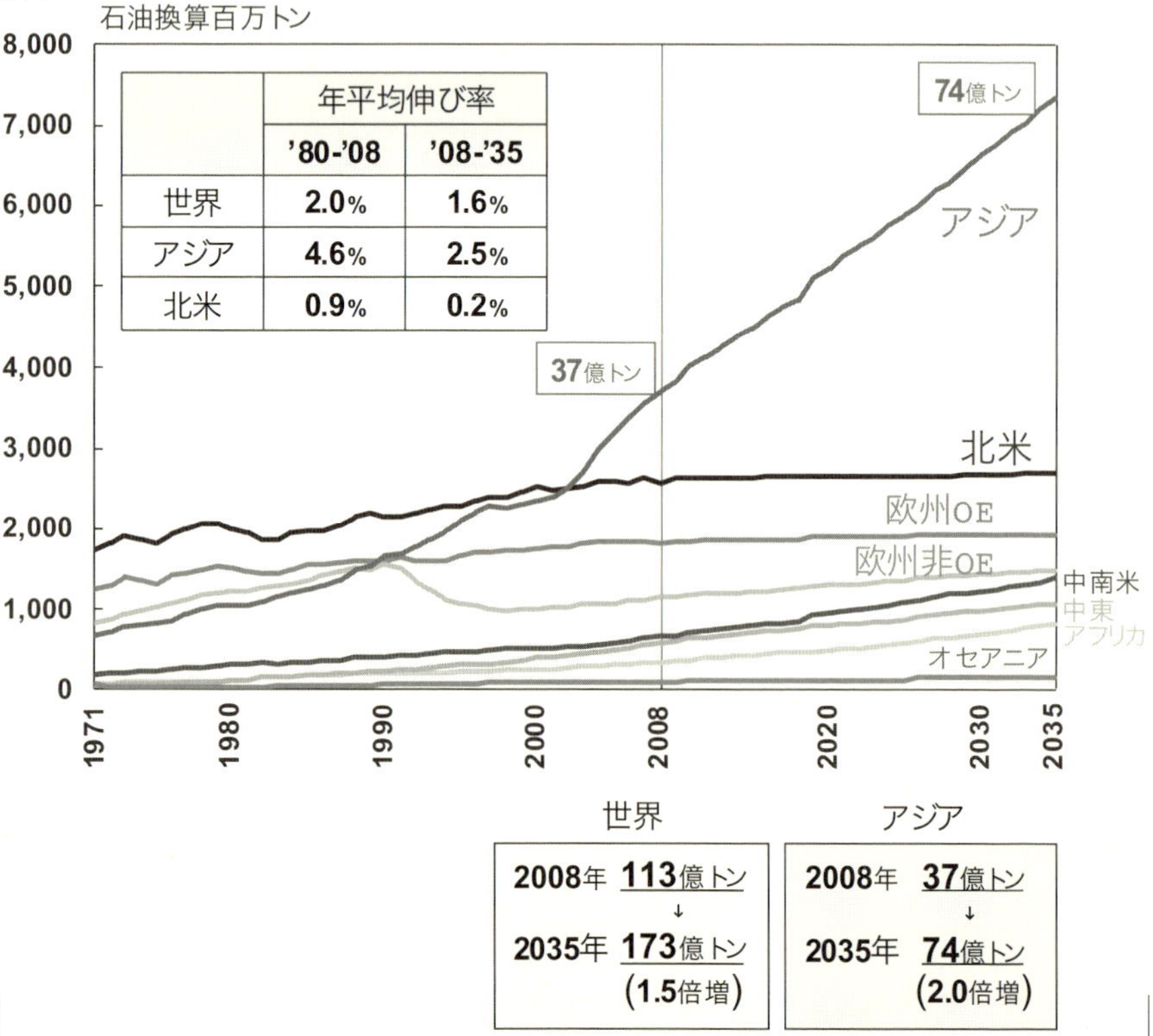

日本が約五〇〇〇万キロワットですから、ざっと日本の八倍の設備容量が世界で用いられております。アジアで原子力発電を使っている国は、日本のほか、導入順に言いますと、インド、韓国、台湾、中国、パキスタン、以上六ヵ国のみです。

アジアにはたくさんの国があることを考えると、原子力が限られた技術であり、その技術を使いこなせることはある意味で先進国としての特権であり一種のステータスであることは間違いありません。

今後、アジアで原子力発電がどれぐらい導入されていくであろうかということを、各国の政策動向やエネルギー事情等々から当研究所が予測した数値は表1のとおりです。

世界のほかのエネルギー機関も、だいたい似たりよったりの予測をしており、特に中国や韓国といった今後もエネルギー消費が非常に伸びると思われている国における予測ではほとんど違いがありません。

二〇二〇年、今から一〇年後には、中国が非常に積極的な開発により現在の八倍程度に拡大し、さらに二〇三〇年、二〇年後には今の一〇倍以上の規模に拡大するであろうと思われてお

表1

国	運転中		建設中・計画中	
	出力(万 kW)	基数	出力(万 kW)	基数
1 アメリカ	10,524	104	1,060	9
2 フランス	6,588	58	163	1
3 日本	4,885	54	1,959	15
4 ロシア	2,419	28	2,547	24
5 ドイツ	2,152	17	0	0
6 韓国	1,772	20	960	8
7 ウクライナ	1,382	15	200	2
8 カナダ	1,323	18	0	0
9 イギリス	1,195	19	0	0
10 中国	1,085	13	5,890	53
11 スウェーデン	939	10	0	0
12 スペイン	773	8	0	0
13 ベルギー	619	7	0	0
14 台湾	520	6	270	2
15 インド	456	19	1,082	12
16 チェコ	397	6	200	2
17 スイス	341	5	0	0
18 フィンランド	282	4	172	1
19 ブラジル	201	2	141	1
20 ブルガリア	200	2	200	2
21 ハンガリー	200	4	0	0
その他	969	17	2,704	34
合　計	39,220	436	17,548	166

ります。そして、インドも中国に次ぎ大きな拡大幅が期待されている国です（表２）。

福島事故後の世界の原子力に対する姿勢

福島事故が起きた後、世界の原子力に対する姿勢がどのようになったのか――変わらなかったということも含めて、福島事故から約六ヵ月が経った現在の状況をまとめてみます。

まず福島事故の直後は各国とも原子力に対する安全性に非常に懸念を示し、自分の国の原子力発電所の安全性を総点検したり、あるいは審査中の新規建設の計画などを一時中断したりして、安全性確保に懸命になりました。

しかし、その後、一ヵ月二ヵ月経つうちに各国は冷静さを取り戻して、中国やインドのように、事故前からエネルギー事情の観点から積極的に原子力を開発してきた国は、そのまま引き続き積極的な開発姿勢を緩めていません。

一方、ヨーロッパの一部の国、具体的にはドイツ、スイスといったような国は、現在原子力発電所を持って運転しているのですが、それを今後徐々に縮小して、ドイツの場合には二〇二二年から、スイスの場合は二〇三四年までに原子力を全廃するという方針を打ち立てました。

このように各国のスタンスは異なっていますが、その異なる要因の最大の理由は、当たり前のことですが、各国の置かれたエネルギー事情、経済事情、インフラ事情といったことになるかと思っております。

これを端的に象徴する言葉があります。福島事故の直後三月一五日にウクライナの首相が、ウクライナでは原子力を引き続き利用、拡大するというステートメントを発表しているのです

表２

	2009	2020		2030	
		レファレンス	技術進展	レファレンス	技術進展
中国	9	48	80	80	130
日本	49	62	62	68	68
台湾	8	8	8	6	8
韓国	18	27	32	30	46
ASEAN	0	0	0	4	18
インド	4	20	26	33	85
アジア	85	165	210	224	366

（百万 kW）

が、その時、「お金持ちの国だけが脱原子力を議論できる」というコメントを出しているのです。この「お金持ち」というのは単にGDPとか、そのようなお金を持っているということではなくて、エネルギー選択肢の幅の広さであろうと考えております。

世界のほかの国ではどうだったのか――。概して言えるのは、エネルギー事情およびインフラ事情、あるいは経済成長の観点から、原子力を重要な電源と位置づけ、開発の姿勢を見せてきた国においては、福島事故後もそのスタンスは変わっていません。

これはある意味当然でして、原子力を必要だから開発をしてきたのであって、その必要性は福島事故が起こったからといって、いささかも変わっておりません。むしろ、エネルギー安全保障の観点からは非常に、より一層大事になってきたということがありますので、これはある意味当然かと思われます。

一部の国は福島事故を受けて原子力に慎重な姿勢を示しているのですが、これはもともと慎重な姿勢を示していた国が、いわば事故をきっかけとして、より慎重になったということです。

結論として、福島事故が世界の政策を一八〇度変えたという事例は、私はないと考えております。

このような各国の動きを数字で表したのが図2です。

グラフの横軸は現在各国で使われている原子力発電の量、縦軸は

図2

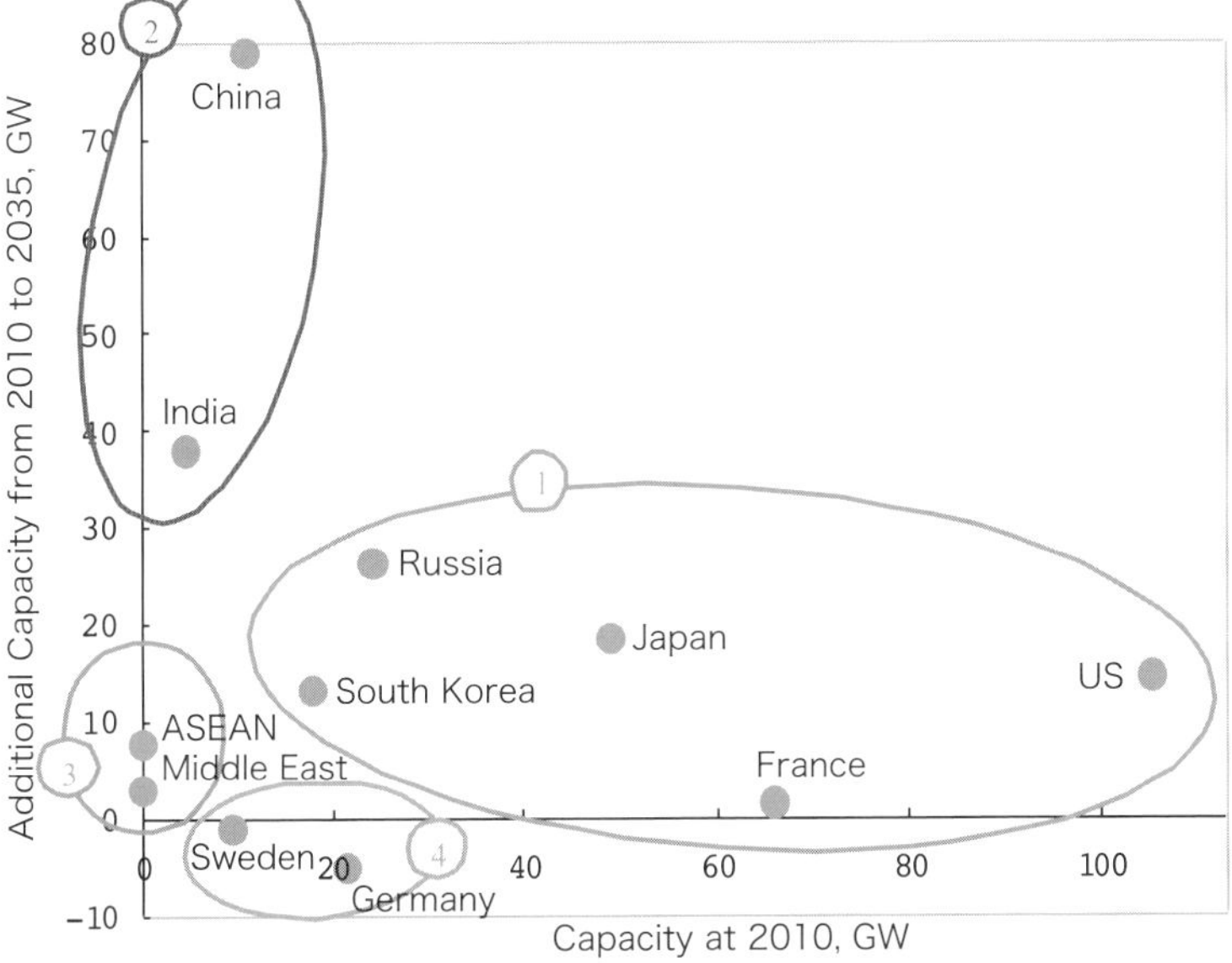

これから開発されるであろうと予測される量です。

左下にあるカテゴリー４は原子力発電をある程度保有していて、今後はさほど拡大しなくてもよい、むしろ縮小傾向にある国です。このカテゴリーの国が今回の福島事故により政策が最も影響を受けた国と考えられています。ドイツやスイスのような国がここに入りますが、三〇年前、一九七九年のアメリカのスリーマイル島事故*のあと国民投票で脱原子力を決めたスウェーデンのような国もこちらに入るかと思います。

さて、この中で日本はどうするのか。世界各国が、福島事故直後からの日本の姿勢を注視しているのですが、原子力の依存度をだんだんと下げていくということだけで、具体的な数字が出せる状況には至っておりません。

以上が世界の状況ですが、協力という観点からは二国間、多国間の関係も重要になっています。それに関して、福島事故後何か変化があったかというと、なお原子力を必要とする国があり、そして、その国に対する支援の姿勢を変えていない国がある以上、その二国間関係――支援をする、される関係はいささかも変わっていないと総括できると思います。

すなわち、日本が脱原子力の議論をしている間にも、原子力を推進したい国と支援をしたい国との間で二国間関係が結ばれています。たとえば、韓国とモンゴルとか、インドとカザフスタンなど、アジアでも既にこのような協力関係が進められております。ベトナムと日本の関係に関しましては後ほど述べさせていただきます。

*米国ペンシルベニア州のスリーマイル島原発２号機（加圧水型軽水炉、九五・九万kW）で一九七九年三月二八日に起きた事故。国際原子力事象評価尺度（ＩＮＥＳ）においてレベル五の事例。

世界の原子力産業の動向

次に世界の原子力産業の動向に関してお話しします。

「原子力産業」は実は非常に定義が難しい分野です。発電所に限らず、さまざまな原子力施設は、ありとあらゆる産業の技術で成り立っています。単に原子炉まわりの、いわゆる原子力工学だけではなく、建設、機械、電気、科学、その他最新のIT等々、あらゆる分野の産業がかかわっています。中には原子力専業ではない会社もあり、むしろそのほうが多いのです。このように非常に裾野の広い産業であり、かつ原子力のライフスパンが長いことから、長期にわたる事業が計画される産業であるという特徴があります。

この原子力産業に、比較的、原子力を中心的な事業として原子力専業としてかかわっている「プラントメーカー」*と言われる会社は、実は世界に数社しかありません。そのうちの三社が日本にあることはよく知られております。

ちなみに、そのほかに原子力産業を有する国というと、フランス、アメリカ、ロシア、カナダ、それから二年前にUAE（アラブ首長国連邦）で原子力新規建設を受注して、一躍世界で有名になった韓国も、この世界の主要原子力産業国の仲間入りをしております。

これらのプラントメーカーの間の競合関係ですが、この図にも書いたように、一部の事業では協力関係にありながら、他方では競争関係にもあるなど、けっして単純な関係ではありません。

これらの企業間の関係、すなわち国を超えた企業の結びつきの関係はどうなったか。図3の中に具体的に幾つか挙げていますが、基本的には市場動向が事故前とさほど変わっていないために大きな違いはなく、相変わらず各社がターゲットとする市場に積極的に営業活動を続けているという構図は変わっておりません。

ただ、それでも一部の企業の中には、ターゲットとしてきた市場ないしは顧客が福島事故に

＊原発事業を推進する民間企業。現在（二〇一一年三月時点）、日本は「三菱重工業」「東芝」「日立製作所」の三社が、それぞれ、フランスのAreva, 米国のWestinghouse, General Electricと提携・統合を進め、世界的にも（三菱重工業・アレヴァ連合）（東芝・WH連合）（日立・GE連合）の三大グループが競合している。

より動向、態度を変えてしまったために、戦略を見直さざるを得なくなったところもあります。

東アジアの地域協力と今後の展望

中国は福島事故後も積極的な開発の姿勢を変えておらず、相変わらず各国との協力関係を積極的に築いています。中国は今後拡大する市場なので、世界の原子力産業の裾野を支えるさまざまなサプライヤーにとっては、魅力的な市場です。このサプライヤーの国際競争力の維持が、今後の中国の、原子力産業の市場の拡大を支える大きなポイントになってきます。もちろん、それだけの海外投資を持続するための中国自身の経済力の維持というのも、重要になってくるかと思います。

中国以外のアジアの国々の原子力導入状況ですが、先ほど申し上げたようにアジアでは六ヵ国が原子力を既に導入済みです。それに加えて、現在、国のエネルギー計画に原子力の導入を明記している国が、ベトナムを初めとした東南アジア五ヵ国、そしてそれ以外の国でも原子力を将来のオプションの一つとして捉えるという動きがあります。

ただし、福島事故後、原子力をどの程度必要な電源と位置づけるかの姿勢が各国により異なり、その姿勢の差が拡大する傾向に

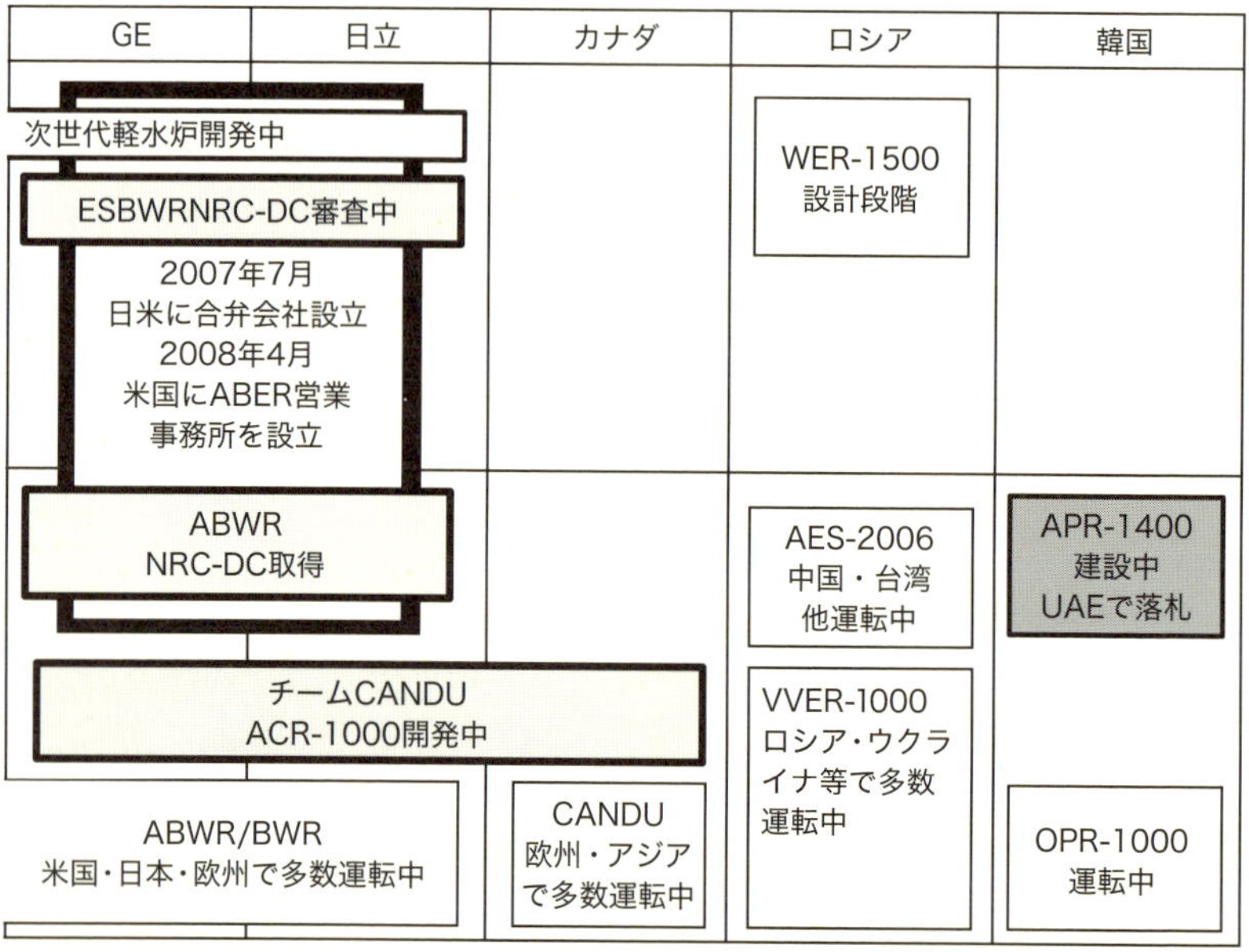

あります。

最後に、東アジアおよび東南アジアの国々に対する、日本としてのでき得る協力の形について述べさせていただきます。日本では、原子力政策およびエネルギー政策、それから海外へのインフラ展開の支援といった産業政策の一環として、原子力プラントメーカーおよび電気事業者による海外への原子力技術の移転を、国として支援する姿勢が積極的に打ち出されてきました。

具体的にはベトナムへの原子力新規建設の導入を支援する目的で、ＪＩＮＥＤ（国際原子力開発）という電力とプラントメーカーのジョイントベンチャーが昨年結成され、つい先週、九月二九日だったと思いますが、この国際原子力開発とベトナム電力との間で正式な協力協定が締結されています。

アジアでは原子力がやはり重要な電源の位置づけとされる中、原子力を選択するかしないかはあくまでも各国の選択ではあるのですが、原子力を選ぶと表明している国に対する技術的な支援は、安全面の制度も含めて、今後とも重要です。その中で日本が果たせる役割はやはり大きいのではないかと考えております。特に民間企業が経営方針と戦略とを整合させた形でアジアへの原子力を含むさまざまな事業の展開をすることは、アジアと日本との関係を考える上でも重要なものではないかと考えます。

図３

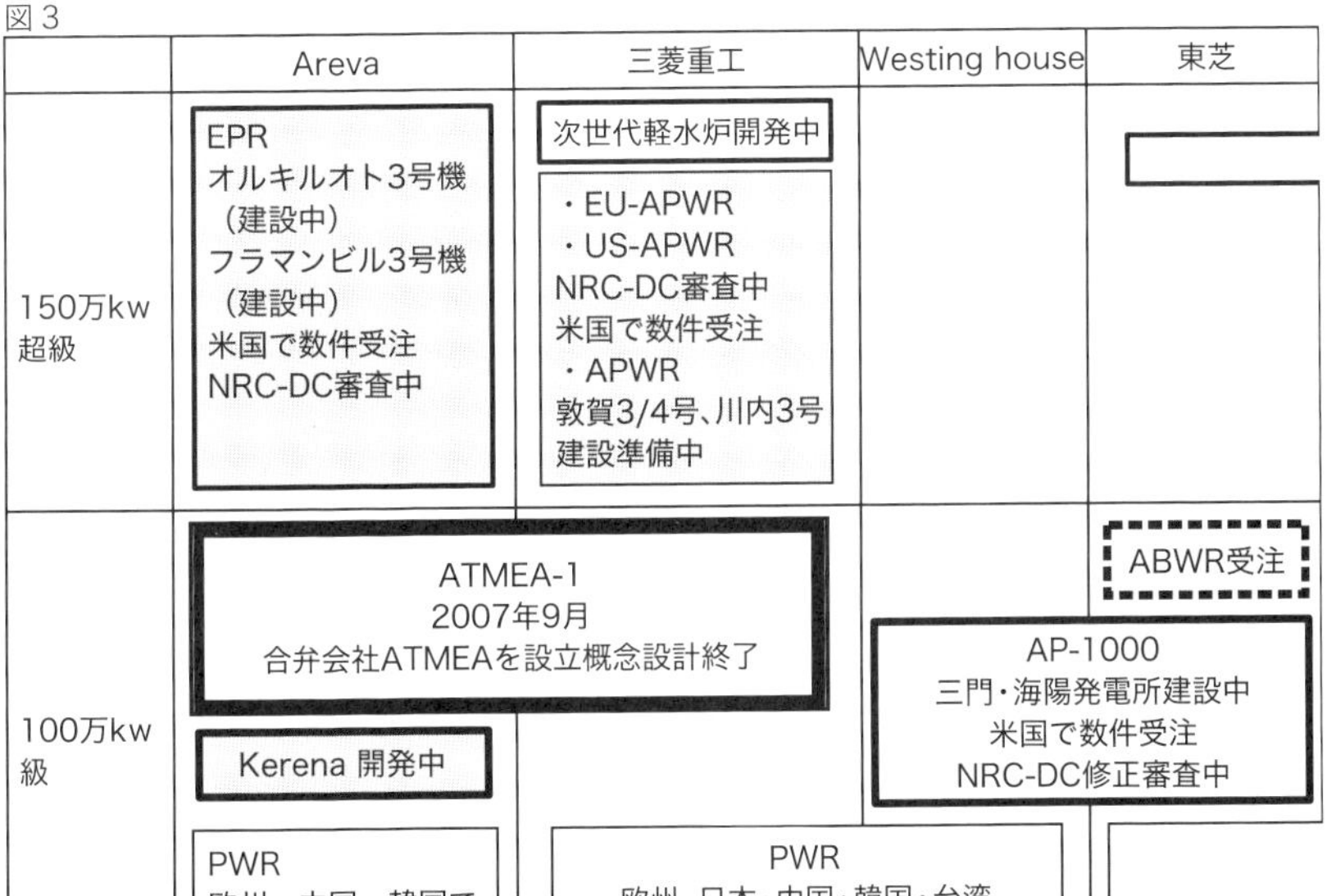

重村◉今のお話にあったように、福島原発事故以後も、各国の原子力政策は余り大きくは変わりないようです。特にアジアでは中国、韓国、ベトナムが原発政策を拡大しているようです。では、坪井先生からまずベトナムを中心にお話を伺います。

ベトナムのエネルギー事情

坪井◉私は早稲田大学政治経済学部で国際開発論、ベトナムのことを中心に研究をしています。昨年、ベトナムの社会経済発展計画を日本とベトナムで協力をして行なうということで、JICA（国際協力機構*）とVASS（ベトナム社会科学院*）との協定ができまして、私は知的支援でのシニアアドバイザーをしております。

今年の二月二七日から三月四日まで、ベトナムのトップクラスの原発訪日団が来日し、私はそのお世話をしました。昨年の一一月に作られたJINED（国際原子力開発*）の社長の武黒一郎さん、この方は東京電力副社長ですが、その武黒さんたちと一緒に、東京電力の関係者も含めて、ベトナムの原発、訪日団の方々と敦賀原発や六ヶ所村の日本原燃株式会社再処理工場*を訪問しました。今、科学技術大臣をしているグエン・クワンさんも一緒でした。その時の売りが「安全性」だったのですが、その一週間後に福島第一原発事故が起こったのです。

そういうことを踏まえて、福島第一原発の事故がありながらベトナムがなぜ原発の計画を放棄しないのかということを、ベトナムの考え方、国の置かれている事情、エネルギー事情等を含めて、報告したいと思います。

村上さんの話にもあったように、ベトナムは特に二一世紀に入って年間七%ぐらいの経済成長を遂げております。その中で非常に電力が不足をしているということがあり、基本的には水

坪井善明

*二〇〇三年一〇月一日に設立された外務省所管の独立行政法人で、技術協力、有償資金協力（円借款）、無償資金協力の援助手法を一元的に担う、総合的な政府開発援助（ODA）の実施機関。

*ベトナム政府直属の社会科学分野研究機関で、社会科学分野における基礎的問題の研究を行う。

*原子力発電新規導入国における原子力発電プロジェクトの受注に向けた提案活動、および関連する調査業務等を行う会社。

*核燃料サイクルの商業利用を目的に設立された日本の国策会社である日本原燃が所有する核燃料の再処理工場。日本全国の原子力発電所で燃やされた使用済み核燃料を集め、その中から核燃料のウランとプルトニウムを取り出す。

力発電と石炭の火力発電でやっているのですが、現在約一〇%の電気を中国から買っています。

　しかしながら、事は簡単ではありません。今年の六月に南シナ海において、中国との領海を巡る紛争が起こりました。電気を中国からこれ以上買うと、いざ事が起こった時に電力が止められて工場が動かなくなるという安全保障の観点からも、やはり自国でエネルギーを持ちたいという気持ちが強くあります。

　日本からもずいぶん工場が行っていますが、特に南の方は停電がしばしば起こり、操業に支障が出ています。外国企業の誘致を進めるにも電力の安定供給は必須条件なので、ベトナム政府には電力を自前で供給したいという欲求は非常に強くあります。

　そういう事情の中で、福島第一原発の事故が起こりました。事故の後も、私はベトナムに頻繁に行っており、事故後の経過を関係者に逐次報告しています。最初の反応は、大きな被害を受けた日本に対して、ベトナム政府は人民を含めて非常に厚い同情を示しました。多くの義援金が集まり、全公務員が一日分のお給料を寄付するというようなことも運動としてやって頂きました。原発の日本からの輸入に関しては、「あの事故は想定外だった。日本の技術は信用するから、やはり安全な原発をベトナムに作ってほしい」というものでした。

　原発を作るといっても話は壮大すぎて現実味が今一つありません。ベトナムは二〇二〇年から二〇三〇年までの一〇年間で二基ずつ作っていって、八基から一三基まで作るという予定です。しかし、後半の部分はどこに作るかということもまだ決まっていない程度の話です。一基目を二〇二〇年に稼働させるという計画で、ベトナム中部のニントゥアン省*に作ることが決定されています。これはロシアが受注しました。二〇二二年に二基目をニントゥアン省の別のところに作るというところまでが具体的な案として出てきましたが、今から考えても一〇年後ぐ

*中部ベトナムの海岸沿いの省。人口規模は、五八万人と沿岸部の省の中では最も少ない。年間降水量が七〇〇㎜程度で砂丘地帯が広がるなど水田農業には不向きな土地が多い。インフラが整備されていないため、大規模な工業や観光業等の他産業の振興も観られないが、二〇〇〇年代に入るとニントゥアン第一原子力発電所、同第二原子力発電所の建設が具体化。二〇二〇年頃までの完成を目指し建設が進められることから、今後は各産業の急速な発展も予想される。

らいの話です。

ベトナムの原発関係者のある一人はこう言いました。「こういっては失礼だけれども、事故を起こした所の方が技術的な安全性に、より注意を払うので、事故があったからこそ日本により安全な原発を頼みたい」

私は四月の終わりに来越して関係者に会い、事故から一ヵ月半くらい経ってだんだん明らかにされてきた福島の原発の被害は実はこのようなものですよと報告しました。みんな一様に顔を曇らせていました。

その中の一人は、「ニントゥアン省は地震も津波も起こらないが、ベトナムは一〇〇年に一回ずつくらい中国と戦争をしている。万一中国と戦争になったら、中国がベトナムの原発を攻撃してくるのは必然だ。いくら防御してもやはり守りきれないから、事故が起こる可能性はある。福島を考えると、そうなったら事態は非常に深刻なことになるのだなあ」という反応をしました。

原発に対するテロリストの攻撃ということはあっても、戦争の時に攻撃対象として攻められて事故が起こるということは、私の頭では想定外でした。ベトナムはそこまで考えているということに強いショックを受けました。と同時に、やはりそういう見方でベトナムは見なければいけないということを、強く考えさせられました。

それでも日本に頼みたい

ただ、ベトナムも、エネルギー需要のレベルからどうしても自前のものが必要だからとはいっても、全員が原発輸入に賛成しているわけではありません。

ダラットに原子力研究所があって、そこの元所長が七月の終わりに菅直人総理大臣あての公開書簡を出しました。私もハノイでお会いして直接話を聞きました。

「日本では理論原子力、理論物理を含めて原発関連の科学者、専門家は非常にたくさんいる。しかし、ベトナムは本当の意味の原子力の学者がいない。原子力工学を勉強している人はいても、原子力発電所を実際に動かせるような専門家というのはまだ出てきていない」とおっしゃっていました。また、「ロシアで原子力工学を学んだ人が一〇〇人ぐらいいるということでロシアから一基目を取ったけれども、オペレーションをする時の金属の腐敗とか、水の問題とか、原子力発電にかかわるさまざまな専門家が、実際のところはまだ養成されていない」ということでした。

「今年の秋に、ロシアが三〇人の大学一年生を受け入れてくれたというくらいのレベルなので、やはり安全に運行するためには、一〇〇〇人から一五〇〇人くらいの原子力発電所を実際に動かせるような専門家を養成してから原発を作るべきだ。私は原子力研究所の所長だったので、原子力を入れるということは賛成だけれども、やはり日本も一〇年くらい原発建設を延期して、まず人材養成から始めてほしい」と強調していました。

このような理由で、一〇年後の原子力発電については反対であるとはっきり表明されている方もいます。

ただ、ここで難しいのは、先ほどの村上さんのお話にもあったように、隣国の中国が急速に原子力発電を開発しているということです。ベトナムとの国境の側に原子力発電所を作るという案もあります。

そうすると、隣国の中国が原子力発電をやっている中で、技術的にも知識的にもベトナムが全くそれに手をつけなくていいのかという安全保障の問題が出てきています。そういう発想や、エネルギーの供給の問題、技術的な問題から言っても、ベトナムも原発を持つ必要性があるという合意があります。

では、火力発電を作ればいいのではないかという話になるのですが、火力発電はこの一〇年ぐらい日本が応札しても価格が高いということで取れず、中国が極端に安い値段で火力発電所の建設をほぼ独占的に引き受けています。ただし、中国が作る火力発電所は故障が多いという問題もあります。

それでは代替として、自然エネルギーとしての太陽熱、地熱、または風力発電を推進すればいいのではないかと言われますが、すぐエネルギー供給に追いつくような自然エネルギー開発は難しい。

もう一つ、非常に大きな問題にお金の問題があります。原発を作るというのは、ただ発電をするだけではなくて、できた電気を送る送電施設も整備する必要があります。それには広大な敷地とさまざまな施設が必要です。また安全性を考えると、造成予定地の岩盤や地質調査から始めて、多種多様な調査だけでなく、大掛かりな原子炉建屋やその他の設備が必要です。今回、日本原子力発電株式会社*がベトナムでＦＳ調査*をしますが、それだけで二〇億円かかります。総合的に言って、原発一基を稼働させるための全施設の総費用は日本円で約四〇〇〇億円かかります。

ロシアはそれを三〇〇〇億円位で安く作ると提案しているそうですが、関係者に聞くとやはり、安全を考えると最低でも四〇〇〇億円はかかるだろうということです。ベトナムは四〇〇〇億円というお金を建設時に支払う余裕はとてもないので、そのお金も建設を請け負っ

＊茨城県那珂郡東海村と福井県敦賀市に原子力発電所を持つ卸電気事業者。設立は一九五七年で、東海村にある東海発電所は日本最初の商業用原子炉である。略称として原電あるいはげんでんが使われる。日本に商用原子力発電を導入するために、電気事業連合会加盟の電力会社九社と電源開発の出資によって設立された。

＊Feasibility Study のこと。新規事業などのプロジェクトの、事業化の可能性を調査すること。実行可能性、採算性などを調査する。ＦＳ、Ｆ／Ｓとも呼ばれる。

た海外政府からローンという形で借りざるを得ないと思います。すなわち、ベトナム政府が日本企業に二基の原発を受注することを決め、日本政府がそれを歓迎したということは、建設費用の八〇〇〇億円を日本政府が何らかの形でローンとして貸し付けるということを意味しています。但し、ＯＥＣＤ（経済協力開発機構）の基準で、原子力発電に関しては政府開発援助というものは使えないという縛りがあり、やはり融資に頼らざるを得ないわけです。

ＪＢＩＣ（日本国際協力銀行）が融資をするということが言われていますが、ＪＢＩＣ自身の資本量は一兆二〇〇〇億円ぐらいしかありません。原発二基をベトナムで建設する費用をすべて面倒をみるとすると八〇〇〇億円ですから、これを全額ＪＢＩＣから出すというわけにもいかないという資金の問題もあります。

ベトナムなどの国にとっては、工事期間が長期にわたること、複雑で高度な技術が要求されること、過大な財政負担がかかること、その資金を調達しなければいけないこと等の難問が山積しているので、自国一国では不可能で、信頼できる国に頼まざるを得ないわけです。

ベトナムの場合、原発先進国のフランスに頼めば良いのではないかという選択肢もあります。しかし、歴史的にフランスの植民地であったベトナムにとって、フランスに依存するのは、やはり心理的にも歴史的にも複雑で、躊躇する理由が沢山あると聞いています。

中国との現在までの緊張関係を考えると、ベトナムは、信頼関係の面でも技術の面でも資金の面でも、福島第一原発事故の後でも、やはり日本に頼みたい。安全で、お金の面も考慮してくれて、技術的にもしっかりした日本に頼んで、安定供給ができる原子力発電がほしいというのが本音だと思います。福島第一原発事故や、将来の中国との戦争への懸念等、原発建設には危惧もあるけれども、そうなったらそうなったで仕方ないだろう、総合的な判断で原発を日本にお願いしたいという姿勢をとっているのがベトナムの現状です。

重村◉ベトナムの原子力の現状を考える上で、国際関係、特に中国との関係が非常に重要という点について、お話いただきました。

次に韓国の状況について李泌烈先生にお願いします。

原発拡大に突き進む韓国

李◉私は二〇年前から韓国の原子力発電の問題点について発言してきました。一〇年ほど経ってから、批判的な発言のみをするのではなく、建設的なことをしなければいけないという立場に変わり、太陽光発電所、風力発電所といったものを市民と共に建てる仕事を、二〇〇〇年から始めています。

韓国では現在五ヵ所の原発団地（古里、月城、蔚珍、霊光、新古里）において総計二一基の原子炉が稼働しています。そのうち、月城原子力発電所の四基はカナダ型重水炉*であり、残りの一七基は加圧軽水炉*です。これらの原子炉の発電容量は、一万八七一六MWe*ですが、建設中の七基と建設準備中の四基が完工すると、三万九一六MWeに増加します。

二〇一〇年現在、韓国全体の発電量のうち原発が占める比重は約三一％に達しています。二〇〇九年の三四・一％に比べて減少しましたが、これは電力消費の急増によるものであり、二〇二〇年頃に建設が見込まれる一一基の原発が完工すれば、原子力の比重は約四四％に増加すると予測されています（第五次電力需給基本計画）。

さらに、韓国政府は、その後も引き続き原発を増設する計画を立てています。政府の長期エネルギー需給計画によれば、二〇三〇年には原子力の発電比重が五九％に上昇する見込みで

李泌烈

*カナダは第二次世界大戦後に独力で天然ウランを利用する発電用重水炉の開発に着手し、カナダ独自の設計であるＣＡＮＤＵ炉（重水減速重水冷却圧力管型炉）を完成させた。

*原子炉の一種。核分裂反応によって生じた熱エネルギーで、一次冷却材である加圧水（圧力の高い軽水）を三〇〇℃以上に熱し、一次冷却材を蒸気発生器に通し、そこにおいて発生した二次冷却材の軽水の高温高圧蒸気によりタービン発電機を回す方式。発電炉として、原子力発電所の大型プラントのほか、原子力潜水艦、原子力空母などの小型プラントにも用いられる。

*「メガワットエレクトリカ」と読む。電気出力の単位。一万八七一六メガワットの電気出力をもつ原子炉ということ。

す。この数値は、「基底負荷（Base Load）」*を担う原子力として供給可能な最大量に相当します。

　原発と原子力の比重の持続的な増加は、韓国のエネルギー政策の現状を雄弁に物語っています。福島原発事故の衝撃を受けて、日本は脱原発にシフトし、ドイツは原発を廃棄することを決定したわけですが、韓国では少しも動揺することなく、逆に原発拡大に突き進んでいます。韓国政府は、日本やドイツとは正反対に、福島の事故により全世界の原子力産業が停滞することは、逆に韓国の原子力産業界には良い機会となると判断しているのです。これは去る六月三〇日、ソウル近郊で開かれた「二〇一一年世界原子力および放射能エクスポ」開幕式で、知識経済部*の次官が原子力を輸出産業として育成し、経済性と安全性を高めるための「原子力二〇三〇プロジェクト」を推進すると発表したことにも明らかです。

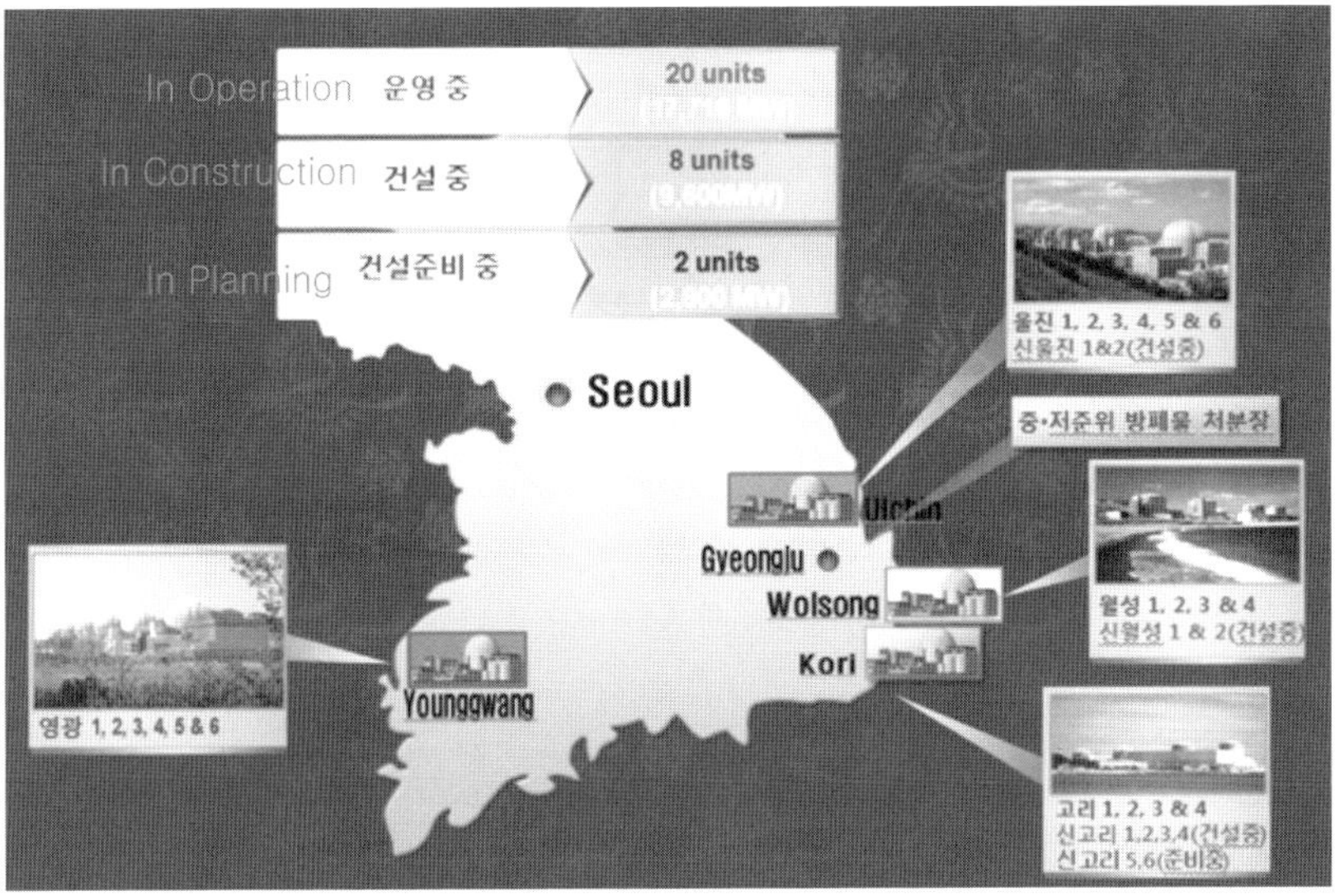

＊電力需要は変動幅が大きいが、変動しない基本電力需要を指す言葉。

＊大韓民国の国家行政機関。知識経済部の長を知識経済部長官と称し、国務委員が任命される。二〇〇八年二月二九日——科学技術部及び情報通信部の一部機能を統合して、知識経済部に改編された。

福島の事故後、韓国の市民社会でも、韓国の原発ははたして安全であるかという憂慮が提起されました。これに対する韓国政府の答えは明確でした。政府関係者たちは、韓国の原発は福島原発とは異なる炉型の加圧軽水炉であり、地震発生の可能性が低い地形に建設されているのみならず、十分な耐震設計がなされており被動型水素除去装置*も設置しているため安全であると発表しました。

さらに大統領は、福島の事故を受けて、憂慮する市民たちを逆に批判し、韓国の原発は安全であり、むしろ流言飛語の方が危険だというような発言さえ憚りませんでした。彼は去る九月二二日に国連で行なった演説においても、「福島の事故が原子力の放棄の理由となるべきではない。韓国は原子力を引き続き利用し、安全な運営を他国と共有していきたい」と述べ、改めて韓国の原子力拡大政策を全世界に公言しました。

韓国の原発拡大政策が、ある面では合理的な側面を持っていることは否定できません。韓国は必要エネルギーの九七％を海外からの輸入に頼っています。また韓国のエネルギー需要は、年ごとに急速に増加しています。日本と比較すれば、二〇〇七年に一人当たり一次エネルギーの消費は石油に換算して、韓国が約四六〇〇kg、日本が約四〇〇〇kgであったのが、二〇〇八年の一人当たりの電気消費量では、韓国が約九〇〇〇kWh、日本が約八四〇〇kWhとなっています。

政府のエネルギー計画によれば、二〇三〇年には米国水準の一人当たり一万三五一〇kWhに増加すると予想されています。このような現実に照らして、韓国政府は準国産エネルギーとも言える原子力への依存を最善の選択と見ているわけです。

＊動力が供給されなくても、装置内の物質が水素を吸収し除去できる水素除去装置。穴を開けて水素を大気中に出すのではなく、パラジウム（palladium）のような金属触媒を利用して吸着することによって除去する。

使用済み核燃料の再処理問題

このような韓国政府の選択は、必然的に使用済み核燃料の再処理と高速増殖炉*計画へと繋がっていきます。なぜならば、加圧軽水炉や重水炉の燃料として使用するウランの可用年限は、数十年程度と限られており、将来の供給に支障が出る可能性が高いからです。実際に過去一〇年間、ウランの価格は、供給の不安定性により、およそ一〇倍に上昇しています。このため韓国政府は、かなり前から高速増殖炉（液体金属炉）の開発研究を進める一方、高速増殖炉の燃料を得るために必要な再処理も検討してきました。再処理の実施には、韓米原子力協定を改定する必要があるのですが、現に韓国政府は二〇一四年に満了となる同協定を改定し、再処理を始める計画を立てているのです。

再処理と高速増殖炉計画は、使用済み核燃料の処分、すなわち核廃棄場建設政策と密接な関係があります。韓国の原発で二〇〇八年末まで発生した使用済み核燃料の総量は、一万八三トンです。現存する原発から毎年排出される使用済み核燃料は、約一一〇〇トンに達します。これらの大部分は原子炉建屋内の貯蔵所に保管されるわけですが、二〇一六年頃には韓国の原発の使用済み核燃料の貯蔵所は満杯となります。

この問題の解決のために韓国政府が試みた代案が、臨時貯蔵所を作り、使用済み核燃料を一ヵ所に集めることでした。実際、西海（黄海）*の安眠島、掘業島、扶安の蝟島のような島々が、その候補地となりました。しかし、この猛毒物質の危険を憂慮した地域住民たちは、臨時貯蔵施設の建設を許容しませんでした。住民たちは、政府の計画に強く抵抗し、安眠島と扶安では、乱闘に近いような衝突を通して使用済み核燃料計画を阻止することに成功しました。

＊天然ウランの九九％以上を占める「燃えない」ウラン238に炉内で中性子を吸収させ、プルトニウム239に変えることによって、消費した量以上の核燃料を生産する原子炉。

＊中国大陸と朝鮮半島の間にある海。韓国では西海（ソヘ）、中国では黄海。

韓国政府は、使用済み核燃料を臨時貯蔵する公式的な理由として、その処分方法がまだ決定していないことを挙げています。つまり、永久に地中に埋めるのか、それともリサイクルするのかまだ確定しないため臨時貯蔵するのだというわけです。しかし、これはあくまでも公式的な理由に過ぎません。本当は、使用済み核燃料を後で取り出して再利用するために、臨時貯蔵所で保管する必要があるのです。つまり、韓国政府にとって、使用済み核燃料の再処理はほぼ確定した政策となっているのです。

しかし、使用済み核燃料を再処理する場合、その過程で得られるプルトニウムが原子爆弾の製造に用いられるという問題が生じます。実際、歴史を振り返るならば、韓国政府は過去に何度も原子爆弾の開発を試みており、それが問題視される経緯があります。

一九五六年、李承晩政権*が米国と原子力協定を結んで以来、歴代の政権は原爆開発に多大な関心を寄せてきました。一九六〇年代の朴正熙政権*下では、具体的な核兵器開発計画の策定が進められ、一九七一年には「核兵器開発委員会」が設置され、再処理計画も着手されました。この計画は、米国の圧力で中止させられましたが、朴政権は引き続き一九七六年にも再処理計画を「国産核燃料開発計画」として偽装し、プルトニウム抽出を試みました。

さらに一九八二年、全斗煥政権*下においても、金属ウランが製造されたことがありました。そのウランは、原子力研究所に保管されていたのですが、二〇〇四年に原子力研究所の研究員たちが、それをレーザーを用いてウラン二三五に濃縮する実験を行なった事実が明らかとなり、盧武鉉政権が米国に対して、この実験は原爆開発とは無関係であると釈明に追われるという屈辱を味わいました。

このようなプルトニウムにかかわる問題を避けるべく、韓国の原子力技術者たちは、使用済

＊大韓民国初代～三代大統領李承晩（自由党）による政権（一九四八年七月～一九六〇年四月）。

＊大韓民国五代～九代大統領朴正熙（民主共和党）による政権（一九六三年一〇月～一九七九年一〇月）。

＊大韓民国一一代～一二代大統領全斗煥（民主正義党）による政権（一九八〇年八月～一九八八年二月）。

み核燃料の処理を既存の湿式再処理方式（PUREX）ではなく、パイロプロセシングと呼ばれる乾式処理方式を通して行なうことを検討しています。韓国政府は、パイロプロセシングの長所として、この過程で分離されるプルトニウムが原爆の原料として使用することが難しく、また、高濃度の核廃棄物量も大きく減少させることができることの二点を挙げています。

湿式再処理の場合、使用済み核燃料を硝酸に溶かした後、さまざまな工程を経てプルトニウムを抽出するのですが、この抽出物にはプルトニウム以外の他の元素はほとんど含まれていません。つまり、原爆の原料として使用可能なプルトニウムができるわけです。

これに対して、パイロプロセシングを通して分離されるプルトニウムには、ネプツニウム、アメリシウム、キュリウムなど、原子炉で生成された多様な超ウラン元素が含まれます。このため、そのまま原爆製造に使用することはできず、そこからプルトニウムだけを抽出するためには、新たに別の過程を経る必要があります。ですから、韓国政府はこれをウランと混合させ、軽水炉の核燃料として再利用し、さらに高速増殖炉で使用すれば、プルトニウムを核兵器に転用するのではという疑いを周辺国（特に米国）に抱かせることなく、数千年の間は核燃料を十分に確保し、半永久的にエネルギーを得られると見積もっているわけです。

原子力政策に対する市民の反応

こうした韓国政府の「野心的」な原子力政策に対して、メディアと一般市民の反応はおおむね好意的です。福島の事故直後、懐疑的な見解が一時広がりを見せましたが、すぐに収まってしまいました。原子力は韓国のエネルギー需給の責任を担うのみならず、重要な輸出産業であり成長の動力であるという政府の宣伝が、原子力に対する市民の不安を圧倒してしまっているためです。これは二〇一一年四月一九日に発表されたギャロップ社の世論調査にも現れていま す。この調査では韓国の原子力支持率は、福島事故以前の六五％から六四％へと、わずか一％の減少にとどまりました。もちろん、原子力に反対する動きがないわけではありません。原発周辺地域では強力な反対運動が展開されています。しかし、人口の半分が集中し、経済、政治、文化の中心である首都圏の住民たちは、離れた地方にある原発の問題に対してあまり関心がないのが実情です。

政府の極めて攻撃的な原発拡大政策とエネルギー消費の急激な増加、そして市民たちの原発容認という現状を踏まえるならば、韓国が長期的にドイツのように原発を廃棄し、エネルギー消費を抑え、再生可能エネルギーの比重を増やす形でエネルギー転換を達成する可能性はほとんどないと言わねばなりません。日本が原発政策の方向を変えて、高速増殖炉計画を放棄し、原発を徐々に減らしたとしても、それが韓国の政策に与える影響は当分の間ほとんどないと見るべきです。むしろ、韓国政府は、原発輸出の競争者が弱体化したと見て、これを密かに喜ぶ可能性が大です。また、韓国市民も、日本が事故を起こしたことで、韓国の原子力技術は日本を凌駕していると見て満足感を覚えるような風潮があります。したがって、日本の政策転換が韓国の市民に与える影響もきわめて限られていると見てよいでしょう。

原発大国フランスが、隣国ドイツの原発政策の転換にあまり神経を使わない以上に、韓国は日本の原発政策に対して関心を示さない可能性が高いのです。韓国政府と相当数の国民は、韓国の原発は日本のものより安全であり、したがって福島の事故のような大きな事故は起きないと考えているのです。

とはいえ、長期的に見た場合、仮に日本が原発を廃棄する一方、再生可能エネルギーの比重を大きく増やすことでエネルギー転換に成功し、これにより新たな雇用創出、地域経済の活性化、さらにはエネルギー自立も達成することができれば、さすがに韓国も日本の事例を無視するわけにはいかなくなるでしょう。そして、韓国の市民社会、学界、政界から相当な関心を集めるだろうと思われます。その意味では、日本の原発政策転換とエネルギー転換の成功は、韓国の将来にも極めて大きな影響を与えるものと言ってよいでしょう。

重村◉韓国の現在の事情について非常に詳しくお話しいただきました。

福島原発事故は韓国にはほとんど影響がなかった。むしろ韓国政府は日本が原子力政策をやめて、日本の海外への技術移転の輸出が弱体化すれば、韓国にとっては非常に有利だと考えているというお話でした。市民の間でも原発を中止するということについてはほとんど支持がないということです。

では、会場の皆さんからご質問をいただく前に山田満先生のコメントを頂きます。

政府主導のエネルギー政策

山田◉私の専門は国際関係論です。特に、紛争後の国家をどう立て直すのかというような、いわゆる平和構築という分野を専門としています。

また、私はNGO活動、市民社会活動にかかわっております。たとえば、選挙監視活動を通じて、紛争後国家の民主化やガバナンス構築支援を行なっています。具体的には、紛争後に正統的な政府を建設するための自由で公正な選挙が行なわれているのか、選挙によって民主化プロセスが進むのか、紛争当事者が暴力ではなく投票によって政治参加をしていけるのだろうかなどを研究テーマにしています。したがって、紛争後国家をはじめ、脆弱国家を含む途上国に

山田満

行く機会が多いのです。

村上先生のお話では、現実に原発、原子力エネルギーを利用している国々は世界で三〇ヵ国程度ということですから、私がよく行くような国々には縁がないことかもしれません。しかしながら、原発問題は、被害が数世代にわたり、しかも国境を越えて他国に及ぼす影響が計り知れないわけです。そのような意味では私が訪問する国々にとっても無縁ではありません。とは言っても、原子力発電所に関する情報とか、あるいは原発にかかわるような問題を理解するという点において、これら途上国社会の人々には非常に難しい環境下にあるのも事実です。

私自身の専門が国際関係論ですので、原子力工学のような専門知識はありません。そこで、私の専門領域の視点からコメントと質問をさせていただきます。

今三人の先生方からお話を聞いて、まず共通した問題提起となっているのが、原発が国家のエネルギー政策として位置づけられていることです。

もう一つは、私の関心でもありますが、市民社会が原発問題をどう捉えているのかということです。

一つ目のエネルギーとしての原発政策ですが、まずエネルギー政策が政府主導であることです。日本においてもその傾向が強いわけです。特にアジアの場合、国家主権、政府の強い指導の下にある国々が多いのですから、なおさらです。

中国もそうでしょうし、坪井先生のお話しになったベトナムにおいても、事実上共産党の一党独裁で、自由にものが言える状況下にはないと思います。そういう中で原発の情報をコントロールできるのは政府であり国家であるということになるわけです。

エネルギー問題を考える大きな契機として、私たち日本社会では一九七三年のオイル・ショックを思い出します。市場からトイレットペーパーがなくなり、夜間のネオンが一時過ぎには消灯するなどの経験をしました。やはりエネルギーというのは非常に重要であることを再認識したわけです。また、最近アジア地域を見ても、中国との尖閣諸島の問題、東南アジア諸国との間でも南沙、西沙のような領土問題が先鋭化しています。実はこれらの領土問題もエネルギー資源の問題と非常に深くかかわっているわけです。

もちろん、いまお話しした資源が、イコール原発ではないわけですが、先ほど特別講演をなさった田中先生が可採年数三〇年に言及されましたように、化石燃料というのは有限であることを私自身もいくどとなく聞かされました。このように外国に対して石油・天然ガスを依存する日本にとって、エネルギー問題はたえず喫緊の課題だったわけです。

そのような状況が、クリーン・エネルギーであり、しかも他国に依存する程度の低い原発が国策として浮上してきたということの背景にあるかと思います。原発エネルギーは、オイル・ショックなどを経験している私たちにとって一定の説得力を持ちました。たとえそれが実際には安全性の問題があったとしても、政府の政策を黙認していったのは事実です。

原発の問題というのは先ほどから触れていますように、一般の人たちにとって非常にわかりにくい問題です。その安全性については、なかなか一般国民にはわかりづらい。特に政府が強いアジア諸国においては、政府の意向を受けたメディアが一方的に安全の情報を流しています。情報手段がない一般国民はその情報に従わざるを得ないわけです。

その背景として、原発による電力資源の増強で経済が発展する。つまりは国民の生活が豊かになることをいろいろな機会を通じてちらつかされると、やはりそれを黙認する、あるいは容認するというような環境が形成されていきます。原発の推進は国家のエネルギー戦略と経済発展とが一体化した問題ではないかと思います。

市民社会、NGOからの情報

二つ目ですが、市民社会、NGOからの視点です。専門家を有する一部のNGOや研究者集団の方々からは当初から原発の安全性に対する警告は確かにありました。しかしながら先ほど述べましたように、一般の人たちにとってはそれほど安全性というものに関心が薄かったのも事実です。したがって、今回の福島第一原発事故を聞いて、想定外、想定外と言われても、正直全体像を理解することができなかったわけです。

それが徐々にいろいろな情報が出てくることによって、あるいは不自然な情報操作を感じ取って、その深刻の度合いが次第に伝わり、政府が説明する安全性を疑い出し、改めて原発の危険性を理解しはじめたわけです。

現実に原発事故に伴う放射性物質による被害が報道されています。原発事故周辺地域における強制的な避難を求められている住民だけではなく、いまではかなり広範囲にわたる地域の作物への被害、さらには人体への影響が懸念されています。

少し話は飛んでしまいますが、たとえば、チュニジアやエジプトなど北アフリカの民主化革命におけるソーシャル・メディア*の利用が大きな話題になりました。私たちは今いろいろな形で情報を得ているわけですが、いわゆる市民社会やNGO発という情報が大きな力になっていることは事実です。そこで、今回の原発事故では、どのぐらい市民社会やNGOから情報が発せられているのかということに強い関心があります。

たとえば、市民社会やNGOが活発な韓国においてはどの程度、日本社会からの発信を受け

* SNS、ブログ、ミニブログなど、インターネットを利用して個人間のコミュニケーションを促進するサービスの総称。オンラインショッピングのサイトで商品に関する口コミが書き込まれるBBSなども含まれる。

たのか。日本でのさまざまな被害の実態が、ソーシャル・メディアなどの情報を通じて理解されているのだろうか。非常に関心があるところです。

将来のエネルギーに対する不安

これら二つの視点を前提にしまして、三人の先生方にぜひ御教示いただきたいと思います。まず村上先生からお願いします。非常に詳しく世界や日本のエネルギー政策、あるいはエネルギーの依存度について御説明をしていただいたわけですが、先ほど触れましたように、原発というのはなかなか一般の国民にとって理解しにくい問題です。

そういう中で、特に経済成長という視点で考えた場合、つまり将来のエネルギー政策という観点から、原発エネルギーはどのように位置づけられるのでしょうか。私たちは原発の危険性を認識した一方で、将来のエネルギー資源に対して不安を抱いています。

私の利用する駅近くに有名企業の工場がいくつかあります。今は日曜日出勤の方々もたくさんいます。そういう方々は、工場に利用する電力をきっと心配しているのではないでしょうか。原発というエネルギーが今後もし廃止になっていくと、果たして工場の電力需給は大丈夫なのか。さらにどのような節電が求められるのか、というような不安は当然湧いてくるはずです。この点を村上先生のようなエネルギー政策の専門家に教えていただきたいと思います。

次に坪井先生に対してですが、ベトナムではどの程度、情報のアクセスに自由度があるのでしょうか。共産党一党独裁の国で、福島第一原発事故の情報がどの程度一般国民に伝わったのかが気になります。また、今回の原発事故の恐ろしさにもかかわらず、ベトナムの原発政策は推進されるのか。ベトナムの一般の人々は、日本からの原発輸入に対してどのような感情を抱いているのかなどをお聞きしたいと思います。

もし主導的な市民社会やＮＧＯが存在するのであれば、そういう組織の人たちの認識の度合いを併せて教えていただければと思います。

さらに、原発というのは日本においても平和利用という文脈でずっと利用されてきたわけですが、それは一方で国際政治の文脈で言えば、当然他国に対する軍事的抑止という側面もあるわけです。先ほど坪井先生から中国との関係で原発災害に対する言及がありました。そこで、ベトナムの対中国政策と原発を軍事的抑止の視点からお聞きしたいと思います。

最後に李先生への質問です。いま韓国の経済発展はめざましいし、原発産業も勢いがあります。先ほど、李先生から韓国政府が、原発の売り込みに関して非常に積極的であるということをお聞きしました。

それに対して、韓国の市民社会やＮＧＯは、日本の市民社会やＮＧＯと連携するというような動きはないのでしょうか。つまり、原発事故は隣国である韓国にとっても深刻な問題提起になったはずです。そこで、今回の原発事故が次世代にわたって被害を及ぼし続ける大きな事故であるという情報を、韓国の市民社会やＮＧＯがどの程度受信しているのかをお聞きしたいと思います。

それから、韓国の置かれている地政学的な問題として、当然北朝鮮との関係があるわけです。国際社会も、北朝鮮の核問題でずっと翻弄されてきました。先ほど李先生から、韓国でも原子爆弾の開発が進められてきたという報告がありました。

北朝鮮の核脅威を背景にして、市民社会も含めて、原発に肯定的な方々が多いということですが、つまり経済発展に必要なエネルギー資源としての原発の推進とは違う感情もあるのでしょうか。韓国の人々の意識には、北朝鮮に対する軍事的抑止という感情がどの程度存在しているのでしょうか。

重村◉では、フロアの皆さんからご質問をいただき、山田先生の今のご質問と一緒にお答えいただくことにしたいと思います。

原子力の必要性

質問1◉これから原発の輸出を日本が戦略として考えていく際に、国のコミットメントというものがどのくらいのものになるのか――オールジャパンである必要があるのか、もしくは民間の主導でやっていくのか。あるいは逆に、国が原発輸出そのものを規制していくというような選択肢もあり得るのか、その辺をお聞かせ願えればと思います。

質問2◉世界の原発は三〇カ国で四〇〇基。大気汚染などを考えた時、エネルギー事情にかなり寄与していると思います。そうした中で、日本の場合は五八基あって、今は運転がかなり控えられているわけですが、今後のエネルギー政策を考えた時、ソーラー発電や風力発電で果たしてその分が補えるのか。今後、化石燃料が高騰した時には、やはり原発を稼働しなければいけない時期が来るような気がいたします。

巷では原発は怖いものだということばかりが広がっておりますので、まず教育の段階で、隠すのではなくて、もっとみんなが勉強できるような場をつくったらどうでしょうか。

質問3◉福島原発の事故というのは、原子力エネルギーの信頼性そのものをだめにしてしまったのでしょうか。ドイツは脱原発の方向に行くし、フランスも徐々に原発への依存を少なくしていくというような話がありますが、本当にそうなのかということがまず一番目の質問です。

二番目に、現在の政治状況を見て、日本は本当に原発から脱却するという政治的なコンセンサスをつくることができるのでしょうか。なぜならば、原子力エネルギーを支援する非常に強力なロビー活動が行なわれているからです。

質問4◉日本はたいへんな地震大国です。明治、昭和と、南三陸においてもたいへんな震災がありました。これからも考えられます。そういう中において、原発がこのまま日本で継続されるのかどうか。その間、産業はどうなるのか、その辺のことをお聞かせください。

質問5◉エネルギーを供給するコストというのが問題になると思います。

日本の場合はこういう大きな事故があったので、復旧のための賠償とか、いろいろなことでものすごくお金がかかるわけです。こういう事故があった場合の賠償のコストを、あらかじめ原発のコストとして織り込むべきかどうなのか。あるいは、そんなものは織り込む必要はないのか。

今までは最終貯蔵のコストを織り込むかどうかというところまでが問題だったと思いますが、今回のように大事故があった場合、そこの賠償等のコストを織り込むかどうかということで、原発のコストというのは全然違ってくると思います。その辺をどのように考えていらっしゃるのか教えてください。

村上◉たくさんのご質問をありがとうございます。それだけ私の報告に突っ込みどころが満載だったと受けとめております。

まず山田先生のほうから御指摘いただいた、このような大事故を起こした日本が、今後の経済、エネルギー状況の中で原子力をどう位置づけていくか、という問題です。

仮に原子力を使い続けるとすると、安全性の懸念に対してはどのように考えていくべきかという、フロアの方からの御質問にも似たようなことがありましたが、これに関して、まだ今のエネルギー計画は出ていないので、あくまでも個人的な意見として現段階で申し上げますと、結論から言うと、やはり原子力を必要とするだけ使うべきではないかと思っています。

必要とするだけというのがどのぐらいの量なのかは定量的にはなかなか難しいのですが、国民の皆様がリスクを理解した上で、そのリスクがあっても、これだけなら受け入れられるし、また自分たちの豊かな生活、それから経済成長に向けてこれだけのエネルギーが必要であり、そしてその必要なエネルギーの何十%、十何%かを原子力で補ってもよいと考えるならば、私はそれが必要なエネルギーの原子力の量だと思っております。昨年度出されたエネルギー基本計画による二〇三〇年の原子力比率は電源の約半分でしたが、私は経済や日本が置かれたエネルギー安全保障の状況からこれを変える理由はないと思っています。

エネルギー技術の負うべきリスク

その際、リスクをどのように受け入れるか、安全性をどう考えるかという問題ですが、やはり他のさまざまなエネルギー技術にしてもリスクのないものはありません。残念ながら、原子力のリスクもゼロにはできません。今回のような放射性物質の放出を伴うような事故の可能性も、今後いくら努力をしても完全にゼロにはできません。今回の事故の教訓を反映させて、発生の可能性は低減できます。低減をしなければなりませんが、完全にゼロにはできない。いくら努力をして対策を尽くしても、それでも今後とも絶対に起こらないとは言いきれない。そのことを踏まえた上で、原子力の継続的な利用はやはり結局は必要なのではないかなと思います。

あくまでも私の個人的な考え方で、国民の皆様がそれでも現在より高いエネルギーコストを払ってもよい、あるいは経済成長が、GDPの成長率がマイナスになっても、それでもよいという御判断であれば、それは日本の選択肢としてそれも間違いではない。ありだとは思っています。

いただいた質問の中には、地震や津波のリスク、特に原子力に大きな影響を及ぼす、そういった天災といいますか、地理的な条件による懸念もありましたが、世界の原子力に限らずエネルギー技術のリスクは地震や津波だけではありません。

実際に今欧州で行なわれている原子力施設へのストレステストの条件として、向こうは基本的に地震とか津波はあまりありませんので、想定すべきリスクとして洪水が挙げられています。川から取水しているプラントが多いので、その川の水の量が異常に増えた時に、重要な機器が水を被ってしまう可能性があるとして、そういったものを想定しました。

あるいは一部の国では、テロリストによる重要機器の破壊ということを重要な解析条件に挙げています。

そのように、考えるべきリスクはけっして地震や津波だけではない。洪水もあるし、他国からのテロもあるし、それらも含めてリスクはゼロにできないということで考えるべきで、現に日本はこれまでにそれを考えてきたわけです。

原子力技術の輸出における国のコミットメント

それから、日本のエネルギー産業政策と、原子力政策の中で原子力技術の輸出ということが重要な柱となってきたという御説明をしまして、今後とも国策としてそれをコミットメントするる程度についての御質問がありましたが、私は国のコミットメントは必ずしも必要ではないと思っています。

今回このように福島事故が起こりました関係で、それまでのように電力会社各社、プラントメーカー各社とも完全に戦略を協調して行なうことは非常に難しくなりました。その難しい中で、ベトナムとの間では引き続き協力を続けていこうという約束がなされたわけですが、現実問題として、今、東京電力にとって海外事業へ注力している余裕はたぶん当面ないと思われます。

そのような中でベトナム側の期待もあるわけで、そうであれば各社が無理のない範囲と言いますか、自分の戦略と適合する範囲で努力をしていることで、私は問題がないと思っています。その際、国の役割は、そのような民間の事業者のまっとうな普通の事業活動を阻害しないような制度面の支援であると考えており、それ以上ではないと思っています。

原子力発電のコストに賠償費用を乗せるべきか

最後にコストの問題ですが、原子力発電に賠償費用を乗せるか否か。これはまさに今、大議論になっており、全く考えないわけにはいかないというのが、現在の潮流です。どのような形になるにせよ、賠償費用、損害費用を合理的に積み上げて、それをきちんとスキームとして確立し、その上で正当な考えられるコストとして乗せる分には、全く合理的なことであると私は思っています。

それと同時に、たとえば地球温暖化ガスの排出費用を他電源に乗せるとか、あるいは環境に及ぼす影響の費用を再生可能エネルギーコストに乗せるとか、そのようにいろいろな電源の、いろいろなリスクをすべて盛り込むような形にしないと、公平ではないのではないかと思っています。

原子力発電所のコンセプトそのものが無責任

坪井◉私は六ヶ所村に行って来ました。今の村上さんの話とは全然違うのですが、原子力発電所というのは、僕は基本的に納得ができないのです。

たとえば、六ヶ所村のあれは最終処理場じゃないわけですよね。低エネルギーはドラムの中に煮詰めておいていくけれども、高エネルギーはガラス管に入れて地下三〇〇メートルに三〇〇年置きますというのですが、プルトニウムの半減期というのは二万四〇〇〇年ですよね。三〇〇年置いたということが将来に対してどれだけ責任を持っているかということです。私は原子力発電所というもののコンセプトそのものが、最終処分場さえ決まらなくて作って運転しているということ自体が、今コストの話をなさっていたけれども、基本的に無責任だと思います。どう考えても科学的に納得できない。

ベトナムとの間で日本は原子力協定*を作りましたが、難しいことが幾つかあります。一つには核廃棄物の問題がある。ベトナムは日本に持って帰ってくれと言っています。日本はもちろんベトナムはベトナムで処理をしなさいと言いますが、ではどこで最終処理をすればいいかというと、これはベトナムも世界中のどこでも最終処理を考えていない。具体的に誰も受けてくれないという問題があって、フィンランドに持っていくとか、モンゴルにつくるとかいろいろなことを言っています。

福島の今の問題は除染です。除染をしたその廃棄物をどこに置くかということが一番の問題で、結局最後は福島第一原発の東京電力の敷地内に持っていかざるを得ないだろうという最後

＊核物質や原子力関連資機材・技術が軍事目的に利用されることを防ぐために設けられた法的枠組み。

の落とし所みたいな話になっている。中間処理施設なり、最終処理施設が決まっていない原子力というのは、論理的に破綻しているとしか私には思えません。

その問題を、これからの科学の進歩でそれが解決できるかということです。もちろん除染の問題にしても、技術が発達して、将来的に廃棄物の処理ができるという希望はあるかもしれない。けれども、今の時点で問題があるということをみんなにまず言うべきだと思います。

コスト計算をどうしているかと、私は東京電力の人に聞きました。しかし、素人の私でも納得できないというところがある。システムそのものに、構造的な欠陥があるということは、やはり是正しなくてはいけないし、それを含めてそういうものを輸出するということを考えなくてはいけない。

脱原発への産業エネルギーの結集を

でも、もう一つ逆の論点ですが、では脱原発、反原発で、もうすべてやめていいのか。早稲田にも原子力工学科がありますが、東大とか、京大をみんな閉めていいのかという話は、それは逆に無責任だと思います。

たとえば福島第一原発を廃炉にしても二〇年から二五年、チェルノブイリだって三〇km の地域の立ち入り禁止が三〇年続いています。だから、廃炉や脱原発に向けての技術者、そこに一生かけてやっていけるというモチベーションを持った技術者の育成が必要だと思います。

脱原発に対して、日本が使命感を持って技術的にひとつの産業として原子力発電所をなくす方向で取り組まないと。感情的に原子力をもうなくせばいいじゃないかということではないと思います。もう造ったわけですから、簡単になくならなくて、将来にわたっての責任というのが日本にはあると思います。広島、長崎で、ノーモア広島、ノーモア長崎と言った我々の中で、結局ノーモア福島を出しちゃったということの責任は、脱原発に向けての産業エネルギーというのをしっかり確立していくことだと思います。

ベトナムの原発と民主化

ベトナムについて言えば、中国が原発を持ち、プルトニウムで核を持つのであれば、小さな国ベトナムも原発を持ち、核をつくって、軍事的に中国が攻撃をしてきた時に備えるという意識があります。原子力発電にせよ、核にせよ、中国がベトナムに向けて核攻撃するのであれば、負けるかもしれないけれども、一発、二発は返したい。少なくともその技術は持っておきたい。その文脈で原子力発電所を考えているということは、明確に口には出しませんが、少なくとも意識はしていると思います。

一党独裁でどこまで国民に情報が入っているか——。グエン・タン・ズン首相*が一〇月三一日に日本を訪問されますが、八月二一日に新進の経済学者二〇人を集めて諮問会議を開きました。その時に大胆な経済学者の一人がズン首相に直接、「首相、ベトナムもチュニジアみたいになるかと私は思うのですが、どう思いますか」と聞きました。それに対して、首相は「それはそうかもしれない。だからこそ君たちの英知を結集して助けてほしいということで、君たちを集めたんだ」と言ったというのです。

今中国でもベトナムでもフェイスブックを党は禁止しているのですが、インターネットで情報を取るということが若い人たちの間では当たり前になっていて、そういう意味では情報は非常に速く入っています。ですから、何が起こっているかということは、政府や党がいかにコン

＊第六代ベトナム社会主義共和国首相（二〇〇六年六月〜）

トロールしようとも、関心がある人はみんな摑んでいます。外国語さえわかればみんな知っている。福島第一原発の話も関心のある人は非常によく知っています。

たとえば、科学技術省の国際原子力開発の担当者は、福島第一原発の事故について毎日詳細な報告を上げています。科学技術大臣と話をした時、自分たちは独自の情報を持って福島第一原発の事故の推移を注意深く監視していると言っていました。この事故についてはフランス語の情報が大量に早く入っているのですが、ベトナムにはフランス語ができる人はいっぱいいます。彼らはフランス語、ドイツ語、英語、日本語を駆使して情報を集めています。この二、三年のことなのですが、ソーシャルネットワークのおかげで、情報は結構入ってくるようになりました。チュニジアまで行くかどうかはわかりませんが、そういう意味で急速に自由度が深まっているということは言えます。

その分、やはり民意を図って政治をしないと、政府自身が持たなくなる。中東のシンガポールと言われていたチュニジアのブルギバ*の三〇年、ベン・アリ*の二三年の独裁が、あっという間に潰れた原因は二つしかなくて、それは物価高と若者の雇用がないということです。この二つは、中国でもベトナムでも全く同じことなので、民主化運動の可能性はあるということです。

中国、ベトナムはアジアだから、全然中東と違うからそんなことは絶対に起こり得ないと言われていますが、去年、チュニジアやエジプトで起きたこと、そしてカダフィのリビアまで倒れるとはだれも予想はしてなかった。それが起こったわけですから、アジアで起こらないわけがどうしてあるのか、というくらいの危機感は政府も民衆も共有しているというのは、少なくともベトナムでは言えると思います。

＊チュニジアの政治家。独立運動を指導し、一九五六年独立を達成し首相、五七年に初代大統領となる。権力を集中し穏健外交と近代化政策を推進。

＊チュニジアの政治家。一九八七年より二三年以上にわたって同国第二代大統領を務めたが、二〇一一年一月一四日にサウジアラビアへ亡命、政権は事実上崩壊した。

原爆に拒否感のない韓国民

李◉山田先生より質問がありましたが、韓国は市民社会活動が積極的だけれども日本の市民団体とは連帯の計画はないのか。また、日本の市民社会のムードが韓国にどれだけ伝播したのか。そして、韓国では原発拡大の傾向がありますが、韓国市民は原発の拡大と原爆を関連づけて考えたことはあるのか…。

韓国では市民社会の活動が積極的です。しかし、これまでは非常に攻撃的にやってきましたが、現在は限界に到達したようで、新しい活路を見出しつつあります。

原発反対運動が広がりつつある日本の市民社会と韓国が連帯する動きというのは余り見られません。反核、アジアフォーラムなどの大会があり、情報を交換するということはありますが、非常に小規模です。

日本では四月に一万五〇〇〇人が原発反対集会を開いた、そして九月に六万人が集まったということですが、韓国の市民との大きな連帯というのは、今のところ見られません。日本のムードも韓国に詳しくは伝わっていないようです。東京で九月に六万人がデモをしたという報道も余り大きくなく、短く日本でこういうことがあったという程度にとどまりました。

原発と原爆との関連ということですが、韓国市民はこの二つをリンクさせたイメージを持ってはいません。原発は経済成長の必須のものと考えていますが、原発をずっとやっていけば原爆をつくることもできるなどということを韓国は考えていません。韓国民が原爆に対する拒否感というものを余り持っていないことは重要です。

我々は原爆を必ず持ってはいけないとも考えていないのです。一九九八年ごろ、「中央日報」

が世論調査をしましたが、当時、韓国民の七割以上が「韓国も原爆を保有する必要がある」という回答がありました。その後、この問題についての世論調査というのはありませんが、少なくとも当時は、韓国民の間に韓国も原爆を持つ必要があるといったムードはかなりあったと言えます。

情報の監視体制を

山田◉このセッションを通じて、たとえ原発を廃止しても完全な停止や処理のために数十年単位の期間を要することがわかりました。その意味で、いま一番求められていることは監視体制の確立ではないでしょうか。いわゆるかっこ付きのプロの集団だけが情報を握り、管理するというのではなく、市民社会やNGOからの代表を含む専門家が、監視システムに関わっていくことの重要性を強く認識しました。

紙上参加

加速する原発輸出推進の動きとその問題点

◎田辺有輝

▶田辺有輝（タナベ・ユウキ）

◉「環境・持続社会」研究センター（JACSES）・プログラムコーディネーター、NGO Forum on ADB 国際運営委員、A SEED JAPAN 理事。

◉2003年法政大学経済学部卒業。2000年A SEED JAPAN職員。2001年世界自然保護基金ジャパン職員。2003年「環境・持続社会」研究センター（JACSES）スタッフを経て、2004年より現職。

◉［専攻］開発機関の環境社会配慮。

◉［著書（論文）］『おカネで世界を変える30の方法』（合同出版、2007年）、「環境アセスメントのあり方を考える、インド貨物鉄道建設事業の環境社会配慮を検証する」（岩波書店『環境と公害 Vol.40 No.2』2010 年）、「ヨルダン原子力協定採決見送り」（岩波書店『世界』2011年11月号、2011 年）。

日本政府は、史上最悪の原発事故を起こしてもなお、海外への原発輸出を推進しようとしている。特に、二〇一一年八月以降、民主党政権は原発輸出を加速する動きを見せている。八月、「諸外国がわが国の原子力技術を活用したいと希望する場合には、世界最高水準の安全性を有するものを提供すべき」として、原発輸出を継続する方針を閣議決定。九月には国連総会で野田首相が原発輸出継続を表明。一〇月にはベトナムのグエン・タン・ズン首相と会談し、ベトナムでの原発建設への協力継続を表明している。

しかし、海外に原発を輸出することは、安全性、経済性、廃棄物処理、核拡散、環境社会影響など、多くの問題がある。本稿では、これまでの原発輸出の経緯、福島原発事故前後の原発輸出の動向、原発輸出の問題点について概観し、日本政府が推進しようとしている原発輸出について警鐘を鳴らしたい。

第1章　これまでの原発輸出実績

日本企業による本格的な原子炉輸出は、二〇〇三年に日立が、二〇〇四年に東芝が行なった台湾への輸出であった。台湾への原子炉輸出では、日本と台湾との間に国交が樹立してないために、日本の公的金融機関等の支援は行なわれていない。しかし、他の原発関連機器の輸出では、日本政府の補助金や公的金融機関による支援が活用されている。本章では、特に一九九〇年以降、公的金融機関がどのような原発輸出支援をしてきたかを俯瞰する。*

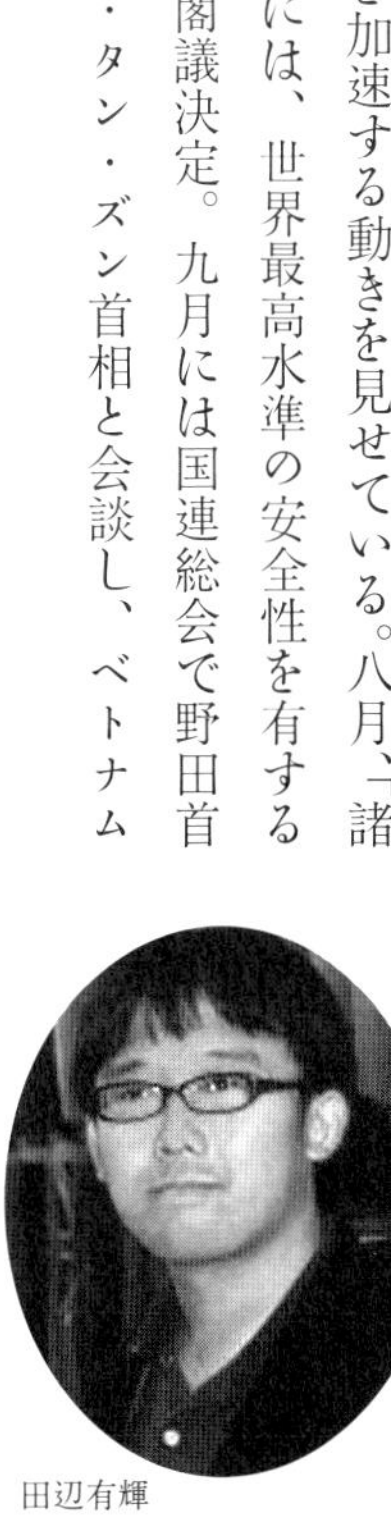
田辺有輝

＊各機関の原子力関連支援の実績は、各担当省庁からの回答に基づく。

国際協力銀行（ＪＢＩＣ）

国際協力銀行（ＪＢＩＣ）は、財務省所管の日本の公的金融機関で、日本企業の海外進出に対する金融支援を実施している機関である。表１は過去ＪＢＩＣが支援した案件である。原子炉本体の機器には支援せず、その支援の対象は周辺機器に限られているが、一九九三年に支援をしたインドネシアのムリア原発のように、実施可能性調査（フィージビリティ・スタディ）に対する支援実績もある。

表１：JBIC による原子力関連支援の案件リスト

承諾年	相手国	借入人	案件内容	融資/承諾額
1991年	中国	三菱商事	広東原発（変圧器部分）	3 億円
1993年	インドネシア	ニュージェック	ムリア原発（F/S）	7 億円
1997年	中国	みずほコーポレート銀行及び東京三菱銀行	秦山原発 III 期	89百万ドル
1997年	中国	国家開発銀行	秦山原発 III 期	134百万ドル
1997年	メキシコ	メキシコ連邦電力委員会（CFE）	ラグナベルデ原発予備品（タービン部分）	0.3 億円
1997年	メキシコ	メキシコ連邦電力委員会（CFE）	ラグナベルデ原発予備品（タービン部分）	0.2 億円
1999年	メキシコ	メキシコ連邦電力委員会（CFE）	ラグナベルデ原発予備品（タービン部分）	0.8 億円
2000年	KEDO	朝鮮半島エネルギー開発機構	軽水炉原子力発電所	1,165 億円
2000年	中国	三菱重工	秦山原発 II 期（1 次冷却材ポンプ）	13 億円
2000年	中国	三菱商事	秦山原発 II 期（ガス絶縁体開閉装置）	20 億円
2000年	中国	三菱商事	秦山原発 III 期（ガス絶縁体開閉装置）	22 億円
2000年	メキシコ	メキシコ連邦電力委員会（CFE）	ラグナベルデ原発予備品（タービン部分）	0.8 億円
2001年	メキシコ	メキシコ連邦電力委員会（CFE）	ラグナベルデ原発予備品（タービン部分）	0.3 億円
2001年	メキシコ	メキシコ連邦電力委員会（CFE）	ラグナベルデ原発予備品（タービン部分）	0.5 億円
2002年	メキシコ	メキシコ連邦電力委員会（CFE）	ラグナベルデ原発予備品（タービン部分）	0.2 億円
2002年	メキシコ	メキシコ連邦電力委員会（CFE）	ラグナベルデ原発予備品（タービン部分）	0.2 億円
2003年	メキシコ	メキシコ連邦電力委員会（CFE）	ラグナベルデ原発予備品（タービン部分）	0.2 億円
2004年	メキシコ	メキシコ連邦電力委員会（CFE）	ラグナベルデ原発予備品（タービン部分）	0.5 億円
2005年	メキシコ	メキシコ連邦電力委員会（CFE）	ラグナベルデ原発予備品（タービン部分）	0.4 億円
2006年	メキシコ	メキシコ連邦電力委員会（CFE）	ラグナベルデ原発予備品（タービン部分）	0.2 億円
2006年	メキシコ	メキシコ連邦電力委員会（CFE）	ラグナベルデ原発予備品（タービン部分）	0.2 億円
2007年	メキシコ	メキシコ連邦電力委員会（CFE）	ラグナベルデ原発予備品（タービン部分）	0.4 億円
2009年	メキシコ	メキシコ連邦電力委員会（CFE）	ラグナベルデ原発予備品（タービン部分）	0.2 億円
2010年	メキシコ	メキシコ連邦電力委員会（CFE）	ラグナベルデ原発予備品（特殊ベアリング）	0.7 億円
2010年	メキシコ	メキシコ連邦電力委員会（CFE）	ラグナベルデ原発予備品（特殊メカニカルシール）	0.6 億円

日本貿易保険（NEXI）

日本貿易保険（NEXI）は、経済産業省所管の独立行政法人である。JBICの業務が海外進出する日本企業に対する融資や出資を中心としているのに対し、NEXIが行なっているのは海外進出の際のリスクをカバーするための保険業務である。NEXIは、原発の設計、調達、建設、運営、管理などの案件や、それらを一括あるいはその一部を一括して受注するパッケージ型案件に対する貿易保険の引き受け実績はない。しかし、二〇〇九年度以降、表2に示したように、原発関連の資機材・パーツの輸出に対する付保を行なってきている。

一方、二〇〇七年度以前は、NEXIは過去に支援してきた案件を公開していないが、その支援実績の全体像は以下の表より把握できる。

表2：NEXIによる原子力関連事業の貿易保険の引き受けリスト（2009年～11年）

付保年月	保険の種類（カバー内容）	案件	被保険者名	引受保険金額（億円）
2009年9月	貿易一般（輸出）	中国向け機器輸出	A社	67
2009年12月	貿易一般（輸出に係わる貸付）	メキシコ向け機器輸出への融資	C社	0.3
2010年2月	貿易一般（輸出）	中国向け機器輸出	B社	30
2010年5月	貿易一般（輸出）	中国向け機器輸出	B社	248
2010年6月	貿易一般（輸出）	中国向け機器輸出	A社	52
2010年6月	貿易一般（輸出）	中国向け機器輸出	A社	38
2010年8月	貿易一般（輸出）	中国向け機器輸出	B社	173
2010年9月	貿易一般（輸出に係わる貸付）	メキシコ向け機器輸出への融資	D社	0.7
2010年9月	貿易一般（輸出）	メキシコ向け機器輸出への融資	D社	0.8
2010年12月	貿易一般（輸出）	中国向け機器輸出	A社	59
2011年2月	貿易一般（輸出）	中国向け機器輸出	B社	15
2011年2月	貿易一般（輸出）	中国向け機器輸出	B社	9
2011年2月	貿易一般（輸出）	中国向け機器輸出	B社	9

表3：NEXIによる原子力関連事業の貿易保険の引き受けリスト（2003年度～7年度、単位：億円）

年度		アジア	欧州	北米	中米	合計
2003年度	保険金額	12.8	46.0	71.5	0.2	130.5
	件数	1	2	5	1	9
2004年度	保険金額	0.0	15.6	116.5	0.4	132.5
	件数	0	1	2	1	4
2005年度	保険金額	0.0	0.0	0.0	0.3	0.3
	件数	0	0	0	1	1
2006年度	保険金額	0.0	68.0	0.0	0.3	68.3
	件数	0	2	0	2	4
2007年度	保険金額	0.0	48.1	0.0	0.3	48.3
	件数	0	1	0	1	2
合計	保険金額	12.8	177.6	188.0	1.4	379.9
	件数	1	6	7	6	20
主な輸出品目		発電機	蒸気発生器、原子炉容器	蒸気発生器、原子炉容器	メンテナンス部品	

国際協力機構（ＪＩＣＡ）

ＪＢＩＣやＮＥＸＩのように企業に対する支援ではないが、実は日本の「政府開発援助（ＯＤＡ）」としても、途上国の原発建設に伴う技術支援を実施している。表４に示した案件は、日本の援助実施機関である国際協力機構（ＪＩＣＡ）の技術協力の一環として実施されたものである。経済協力開発機構（ＯＥＣＤ）公的輸出信用ガイドラインの取り決めで、原子力発電所本体への融資・贈与による政府開発援助（ＯＤＡ）の供与は禁止されているため、国内原発施設等における研修事業のみとなっている。ＪＩＣＡによる研修は福島原発事故以降も継続して実施することが予定されている。しかし、安全性の確立していない日本の原発において研修を行なうことは不適切である*。

経済産業省

経済産業省による原発輸出関連案件は、よりアジア諸国の原子力導入に直接的に支援をしている傾向が見られる。たとえば、二〇〇五年度には、原子炉導入可能性調査支援事業がベトナム・インドネシアに対し、また二〇〇六〜〇七年度は、ベトナム・インドネシアに加えてカザフスタンにおいても実施された。二〇〇八年度および二〇〇九年度は、原発導入や拡大に必要な法制度整備や人材育成を中心とした基盤整備支援事業を行なう企業に対する補助金を出している。二〇一〇年度には「低炭素発電産業国際展開調査事業補助金*」としてベトナム・ニントゥアン省における原発二基に関する実施可能性調査が行なわれている。

表４：JICA による原子力分野への ODA 供与

年度	案件名	支出金額（概算）
2001年度	原子力基盤技術、原子力安全規制行政セミナー、原子力発電に関する研修実施	1714 万円
2002年度	原子力安全規制行政セミナー、原子力発電に関する研修実施	941 万円
2003～2006年度	原子力発電基礎に関する研修	約 2700 万円
2007年度	原子力発電基礎整備計画に関する研修	1075 万円
2008年度	原子力発電基礎整備計画等の研修	1236 万円
2009年度	原子力発電基礎整備計画等の研修	1064 万円
2010年度	原子力発電基礎整備計画等の研修	666 万円

*筆者の所属する「環境・持続社会」研究センター（ＪＡＣＳＥＳ）では、二〇一一年七月に外務大臣・ＪＩＣＡ理事長宛てにＪＩＣＡ集団研修「原子力発電基盤整備計画」の中止を求める要請書を提出した。

*経済産業省が民間企業に出す補助金。日本の低炭素発電設備関連産業の国際展開を促進し国際競争力の強化を図るとともに、地球全体としての温室効果ガスの排出削減に貢献することを目的としている。

情報公開が不完全であるため断定的なことは言えないが、これらの情報を見る限り、これまでの原発輸出には二つの大きな特徴があったと考えられる。一つは、メキシコや中国など、既に原発を保有している国に対する輸出であったこと。そしてもう一つは、部品の供給者に徹していたことである（つまり、原発の運転そのものについては積極的な関与はしていないと考えられる）。

ところが、二〇〇九年に民主党が政権を取ってから、原発輸出方針が大きく転換されることになった。次章では、民主党政権後の原発輸出方針について見ていきたい。

第2章　民主党政権後の原発輸出方針

政府は、政権の経済政策の基本方針として二〇一〇年六月に「新成長戦略」を発表した。その柱の一つとして、アジアを中心とする旺盛なインフラ需要に対応してインフラ分野の民間企業の取組を支援する「パッケージ型インフラ海外展開*」が提唱された。そして、二〇一〇年九月には「新成長戦略」に基づいて設置されたパッケージ型インフラ海外展開関係大臣会合で、原子力発電を「当面の重点分野」として扱うことが示された。このような政治的な掛け声の下、近年では①二国間原子力協定の締結促進、②案件受注のための調査支援、③公的金融機関による金融支援などが進められてきた。

*国際競争力を高めるため、海外において、超長期にわたる、初期投資が非常に膨大なものになるインフラ事業を、個々の設備・技術を輸出するだけでなく、インフラプロジェクトの事業権またはその一部を確保して進めることを目指す。

二国間原子力協定の締結促進

原子力協定とは、日本企業が原発機材や原子力技術を他国に供与・移転する際の法的枠組みで、原子力の平和利用を前提に国際原子力機関（ＩＡＥＡ）の査察受け入れなどを規定した国際協定である。日本はこれまで米国・英国など八つの国・機関と締結しているが、近年になって、カザフスタン、ヨルダン、ベトナム、ＵＡＥ、インド、南アフリカなど、原発輸出対象国やウラン産出国などとの原子力協定締結を目指して交渉を加速させてきた。政府は、二〇〇九年から二〇一一年の震災前まで、ベトナム、ヨルダン、ロシア、韓国との二国間原子力協定の承認を得るため、承認案件を矢継ぎ早に国会に提出した。

案件受注のための調査支援

原発建設のためには膨大な事前調査が必要であるが、日本政府は海外での原発建設のための調査費用を支援している。二〇一〇年一〇月、日越首脳会談において、日本をベトナム・ニントゥアン省における原発二基（運転開始は1号機二〇二一年、2号機二〇二二年を予定）の建設パートナーとすることを決定。日本政府（経済産業省）はベトナムにおける原子力発電所の建設計画に関するフィージビリティ・スタディ実施費用として約二〇億円を計上した。現在、この

表５：日本の二国間原子力協定の締結状況（2011 年４月18 日現在）

	原子力協定名（略称）	協定の状況（発効、署名、交渉中等）
発行済み	日加原子力協定	1960 年７月発効、1980 年９月改正
	日米原子力協定	1968 年７月発効、（新協定）1988 年７月発効
	日英原子力協定	1968 年 10 月発効、（新協定）1998 年 10 月発効
	日豪原子力協定	1972 年７月発効、（新協定）1982 年８月発効
	日仏原子力協定	1972 年９月発効、1990 年７月改正
	日中原子力協定	1986 年７月発効
	日ユーラトム原子力協定	2006 年 12 月発効
署名済み	日カザフスタン原子力協定	2010 年３月署名、同年５月国会承認、発効手続中
	日露原子力協定	2009 年５月署名、2011 年２月承認案件国会提出
	日ヨルダン原子力協定	2010 年９月署名、2011 年３月承認案件国会提出
	日韓原子力協定	2010 年 12 月署名、2011 年２月承認案件国会提出
	日ベトナム原子力協定	2011 年１月署名、同年２月承認案件国会提出
交渉中等	日 UAE 原子力協定	実質合意済み
	日インド原子力協定	交渉中
	日・南ア原子力協定	交渉中
	日トルコ原子力協定	交渉中

出典：参議院外交防衛委員会調査室資料

調査案件を日本原子力発電株式会社が受注し、調査実施中である。

公的金融機関による金融支援

原発建設には莫大な資金が必要だが、政府系金融機関である国際協力銀行（ＪＢＩＣ）や公的機関として貿易保険を提供する日本貿易保険（ＮＥＸＩ）が原子炉建設に伴う支援を検討している。二〇一一年一月、国際協力銀行（ＪＢＩＣ）は、アメリカ・テキサス州におけるサウス・テキサス原発建設への支援を検討していることを発表し、環境アセスメントの概要版をウェブサイト上に公開した*。サウス・テキサス原発では、米国のＮＲＧエナジーと日本の東芝が合弁で改良型沸騰水型原子炉（ＡＢＷＲ）二基を建設する予定であり、東京電力も出資の約束をしていた。

二〇〇九年の民主党政権以降、これまで原発を保有していなかったベトナムやヨルダンなどへ輸出対象国が拡大された。また、単に部品の供給に留まらず、「パッケージ」として運転の支援も含めた輸出を積極的に推進する政策にシフトした。

二〇一一年三月、福島第1原子力発電所で大事故が発生し、原発輸出も注目を集めることになった。事故直後、民主党政権は原発輸出の推進について再検証するとして、原子力協定の国会審議を停止した。事故を起こした東京電力は、海外展開の縮小を発表。アメリカのテキサス州で東芝と一緒に進めていたサウス・テキサス原発からも撤退することになった。米国パートナーであるＮＲＧエナジーも投資の打ち切りを表明し、事業は暗礁に乗り上げている。

＊原発輸出への公的機関の支援は、国民にとって大きな財務リスクを抱えることになる。たとえば、サウス・テキサス原発では、ＪＢＩＣから四〇億ドル（約三二〇〇億円）の融資が想定されていたが、これはＪＢＩＣの資本金一兆九一〇億円（二〇一一年三月末）の約三割に相当する金額である。韓国輸出入銀行が一〇〇億ドルを融資することになったＵＡＥの原発にＪＢＩＣが融資したとしたら、ＪＢＩＣ資本金に相当する。途上国の原発建設契約を受注するために、融資の大部分をＪＢＩＣのみで負担することは不可能であり、回収が不能になれば巨額の国民負担が不可避である。

ところが八月五日、「諸外国がわが国の原子力技術を活用したいと希望する場合には、世界最高水準の安全性を有するものを提供すべきだ」として、原発輸出を継続する方針を閣議決定。これを受けて、ヨルダンとの原子力協定が一〇日から審議入りし、民主、自民、公明の三党は二六日の委員会採決の方向で合意していた。このため、ヨルダンとの原子力協定は、福島第1原発事故後初の原子力協定の国会承認になる可能性が高いとして注目されていた。

しかし、二四日の参考人質疑で、筆者は参考人としてヨルダンで建設が予定されている原発の危険性を指摘。質疑終了後、外務委員会の理事懇談会が開かれ、二六日に予定されていたヨルダンとの原子力協定の委員会採決が見送られることになった。通常、参考人質疑は通過儀礼的なもので、参考人質疑以降に採決が見送られることは異例のことであるという。

第3章　ヨルダンへの原発輸出の問題点

外務委員会において採決延期の要因となったヨルダンにおける原発の危険性とは何か。以下で一つ一つ追っていきたい。

冷却水確保に困難な乾燥地域・内陸部の立地

通常、原発は大量の水を冷却水として利用するため、海岸沿いか大規模河川の脇に建設する。ところが、原発建設予定地のマジダルという場所は、世界有数の乾燥地域の内陸部で、慢性的な水不足に見舞われている地域である。このため、マジダル原発では、下水処理場を拡張して、その処理水を原発の冷却水に使用する予定となっている。この原発での冷却水のストックは約一五日分（八三万㎥）だという。

福島第一原発事故では、冷却水が不足し、緊急事態として海水注入という事態にまで進展したが、同様の事故が起こった場合、マジダル原発では対処することができなくなる可能性が高い。これは極めて危険性が高い。

不明確な周辺インフラの耐震性

ヨルダンはシリア・アフリカ断層上に位置し、地震のリスクを抱える国である。福島第一原発事故では、送電線の鉄塔が地震に耐えられず崩壊したことで外部電源が不能になった。マジダル原発では、ヨルダンの地震条件を超える耐震設計とすることは十分可能とのことであるが、原発の運転に不可欠な下水処理場、導水管、送電線などの周辺インフラもすべて耐震性の確保がなされるかどうかが明確でない。

多い周辺人口と甚大な事故影響

マジダル原発の予定地は、ヨルダンの首都アンマン（人口約一二〇万人）より約四〇km、同国第二の都市ザルカ（人口約八〇万人、ヨルダンの工場の五〇%が集中）より約一五kmの位置にあり、事故時の影響が甚大である。また、原発予定地の下流域には、野菜や果実の一大生産地であるヨルダン渓谷の灌漑地域が広がっており、事故時の農業への影響も計り知れないものになる。

福島第一原発の事故では、原発から四〇km離れていても放射能が強く、人が立ち入ることのできない地域がある。また、放射能汚染水の海洋流出・放出により漁業に深刻な影響を与えている。事故が起こった時の環境的・社会的影響の大きさ、対処の困難さを考えれば、マジダル原発の立地は、現実的ではない。

高い安全保障リスク

ヨルダン特有の問題として、安全保障リスクの問題も見逃せない。ヨルダンでは近年、ロケット弾や爆弾を使用したテロが頻発しており、原発はテロの格好の標的となる危険性がある。二〇〇五年八月には南部アカバで米軍輸送艦や空港へのミサイル発射事件が発生した他、同年一一月にはアンマンのホテル三ヵ所が同時に爆破され、六〇人が死亡、一〇〇人以上が負傷する自爆テロが発生。二〇一〇年四月と八月にもアカバでロケット弾が発射されるテロ事件が発生している。

マジダル原発にはテロ対策として陸軍の特別治安部隊が配置される予定とのことである。しかし、原子力発電所だけではなく、下水処理場など運転に必要な周辺施設（下水処理場や導水管など）も含めて対テロ対策を行なう必要がある。

加えて、原発で使用した後の使用済み核燃料は半永久的な管理が必要だが、処分方法が不明確である。使用後数十年間は中間貯蔵が行なわれる見込みだが、過去数十年を振り返っても、この地域では幾多の戦争・紛争が繰り返されてきた。このような現実を見れば、この地域で原発を導入することが安全保障上の大きなリスクになることは明白である。

ヨルダン経済の脆弱性

原発を建設するためには一基当たり数千億円という莫大なコストがかかるが、それを負担するのは電気料金を支払うヨルダン市民である。ヨルダンの一人当たりの所得は年間三〇万円程度であり、対外公的債務残高は約五〇〇〇億円である。ヨルダンは依然として外国からの援助に依存して経済が成り立っている国である。

ヨルダンの経済情勢について、外務省ウェブサイトでは「都市・地方間の所得格差、高い水準で推移する貧困率・失業率、慢性的な財政ギャップなど構造的な問題を抱え、依然として外国からの資金援助、地域の治安情勢、外国からの短期的な資本流入の動向等に左右されやすい脆弱性がある」と指摘されている。外務省自身も経済リスクの大きさを認識していることになる。

このような国で、巨額なコストをかけて原発を建設することは、高い経済・財務リスクを伴う。また、原発事故が発生した場合、同国の財政に致命的な影響を与える可能性がある。

不明確な使用済み燃料の処分方法

通常、使用済み燃料は数十年間、中間貯蔵を行なって冷却した後、地中もしくは地上で半永久的な管理が必要となる。日本においても最終的な処分方法・処分場所は決定しておらず、その管理責任とコストは将来世代の負担となる。当然、ヨルダンにおいても廃棄物の最終処分方法は不明確である。ヨルダンは地震国で、紛争・テロの危険性が高いため、中間貯蔵を行なうにしても課題が多いと言える。

情報公開・市民参加の欠如

ヨルダンでは、原発建設中止を求めて首相府や地方政府庁舎前での抗議行動や署名活動が行なわれている。また、原発に関する情報が公開されていないとして、ＮＧＯや市民グループが情報公開を求めている。民主主義にまだまだ制約のある国で、このような抗議行動が繰り返し起こっていることは注視するべきことである。

筆者が参考人質疑の発表にあたって頭を悩ませたのは、原発輸出を推進する立場の人でさえも採決を踏み留まるようにするにはどうすればよいか、という点であった。ヨルダンの新聞記事やウェブサイトで調べている中で、マジダル原発の立地場所の問題が次々に出てきた。福島第一原発事故で起こっていることと照らし合わせたときに、ヨルダン原発の危険性は明白であった。

筆者は二四日の参考人質疑の発表の冒頭に「私は原発輸出をすべきではないと考えているが、仮に原発輸出をするにしても、この場所や条件で原発を作る妥当性は低い」と発言した。原発推進はやむなしと思っている人にとって原発反対派の主張はあまり聞きたくないものだろう。対話をうまく進める上で、相手の立場で考えても深刻な問題があることを示すことが重要だと思ったからである。

そして、説明の中でも福島第一原発事故との関連性を頻繁に出し、発表の最後に「福島の事故で悲惨な影響を受けた我が国は、その経験に基づいて危険性の高いものには支援しないということも必要だ」と締めくくった。福島の事故で冷却水の問題が起こったからこそ、マジダル原発の冷却水のリスクはリアリティを持って熟慮できるだろうし、福島で大勢の人が避難させられている現実が目の前にあるからこそ、マジダル原発周辺の人口の多さがリアリティを持って強く問題点を認識できるはずだと考えたからである。

八月にヨルダンとの原子力協定の採決は見送られたものの、一一月末にはベトナム、ロシア、韓国との原子力協定とともに衆議院外務委員会で審議が再開された。本稿執筆時点の一二月一日には、衆議院外務委員会で採決が行なわれ、賛成多数で可決された（その後一二月八日に成立）。安全性が十分に検証されていない中で、原子力協定を進めることに大きな疑問を感じる。

第4章　ベトナムへの原発輸出の問題点

ヨルダン以外にも、ベトナム、リトアニア*、トルコ*など、原発輸出の候補先が続々と控えている。このうち、日本がパートナーとして指名され*、日本政府がすでに約二〇億円の税金を投入して立地調査を支援しているベトナムにおける原発建設の代表的な問題点も明らかにしたい。

原発予定地がウミガメ産卵地の国立公園に隣接

原発建設予定地のニントゥアン省、ビンハイは、ヌイチュア国立公園に隣接した地域である。ヌイチュア国立公園は、絶滅危惧種であるアオウミガメの産卵場所やサンゴ礁で囲まれた海岸など貴重な生態系を有しており、原発の温排水等による影響は甚大である。このような場所が原発建設の予定地となっているのは驚くべきことである。

*日立とGEがリトアニアのビサギナス原発の優先交渉権を獲得。現在交渉中である。ビサギナス原発の予定地は、リトアニア最大の湖であるドルークシェイ湖に面しているものの、この湖の流入量・流出量は極めて少量であるため、原発の温排水によって湖の水温上昇が起こりやすくなっている。ＥＩＡによると、予定地には三四〇〇ＭＷの原発を建設する予定であるが、水温維持のためには夏場は一三九〇ＭＷで運転することになるため、環境影響とともに経済性に疑問が残る。

*トルコ北部のシノップ原発建設について、トルコ政府と日本政府が交渉中である。トルコの原発建設に対しては、トルコ市民によるデモが繰り返し行なわれている他、ギリシャやキプロス政府も懸念を表明している。

*二〇一〇年一〇月、日越首脳会談において、日本をベトナム・ニントゥアン省における原発二基（運転開始は一号機二〇二一年、二号機二〇二二年を予定）の建設パートナーとすることを決定。

施工・運用技術の問題

PHAN Quy Thanh氏と野口貴文氏の論文「ベトナムにおけるコンクリート施工リスク評価システムの構築及び日・越の比較に関する調査研究」によると、ベトナムにおけるコンクリート施工リスクは日本よりも四倍以上あり、特に「鉄筋腐食」の不具合は深刻な問題であるとのことである。

実際、二〇〇七年には日本のＯＤＡ（政府開発援助）で建設中だったカントー橋（二・七km）の橋げたが崩落し多数の死傷者を出した。また水力発電所が増水時に下流への警告を行なわないまま放水を行ない、多くの死者・負傷者が発生する事故も多発している。

現在、ベトナムでは原発建設に向けた作業員のトレーニングが急ピッチで進められているが、ブルガリアの危機管理専門家は、原発建設作業員の人材育成が大幅に遅延していると指摘している。

汚職腐敗とガバナンスの欠如

日本のＯＤＡで建設されているホーチミン東西ハイウェイで、ベトナム政府高官が関与する大がかりな収賄事件が発生した。その他、汚職・腐敗事件が多発している。汚職・腐敗は、手抜き工事の温床にもなり得るため、原発のようなリスクの高い建築を行う場合は特に深刻な影響をもたらす可能性があり要注意である。

また、福島の事故で明らかになった通り、原発の建設・運転においては責任ある独立した監督機能が不可欠である。ところが、ベトナムでは首相が建設予定地を承認し、科学技術省が建設を認可、産業貿易相が稼働を許可することになっており、ＩＡＥＡ（国際原子力機関）は独立した規制機関の設立を勧告していると指摘されている。

津波対策が不明確

マニラ海溝でマグニチュード八・六の地震が発生した場合、最大五メートルの津波が到達すると指摘されている。過去には八ｍの津波が発生したとの指摘もある。しかし、防波堤建設、ポンプの設置、発電機の設置などの津波対策が不明確である。

多い周辺人口と避難計画の不確実性

ニントゥアン省の州都で人口一八万人のファンラン市が原発予定地から約二〇㎞にある。事故が発生した場合の避難住民数が多く、避難費用が莫大になると予想されるが、避難計画の実現可能性が明確でない。

情報公開・市民参加の欠如

ベトナムは共産党独裁の国であり、情報公開や表現の自由が制約されている。予定地を訪問したＮＮＡのジャーナリストからは、「ベトナム政府の情報開示への不信や地域社会にとっての導入メリットとデメリットの議論が欠けている」と指摘されている（ＮＮＡ紙*二〇一一年四月一〇日）。

＊アジア経済情報紙。アジアの経済ビジネス情報紙。

不明確な使用済み燃料の処分方法

ヨルダン同様、使用済み燃料の処分方法が不明確である。管理責任とコストは将来世代の負担となることは不可避である。

第5章　現場の問題を検討して政策決定することの重要性

日本政府は、ODAや日本企業への公的融資等を通じて、海外におけるダム・発電所・港湾・道路建設などの建設支援を行なってきた。その中には環境・社会的に問題のある事業も少なくない。これまで、こうした問題は日本でクローズアップさせることは少なかった。海外の事業に関与する際、現場の問題を丁寧に見ることは重要である。人々が注目している原発輸出の議論を機に、日本の政策決定プロセスにおいて、もっと現場の問題を丁寧に検討するようになることを期待したい。

本稿で指摘した通り、原発輸出には安全性、経済性、廃棄物処理、核拡散、環境社会影響など多くの問題が伴うが、これらを一つ一つ丁寧に検討していった時に、原発輸出の妥当性は限りなくゼロに近いものになるだろう。

原発事故によって多くの人の生活が奪われ、生命が脅かされ、そして今も放射能汚染に苦しんでいる人々が多くいる。将来、二度と同じような被害が起こらないよう、日本の経験を世界に伝え、韓国、フランス、ロシア、中国など輸出国の市民とも協力しながら、グローバルな原発増設を回避する必要があるだろう。

第3セッション

震災と在日アジア人

――「共生」への道筋は見えるか

◎安藤光義
◎鳥井一平
◎辛 淑玉
◎李 成市【司会】
◎村井吉敬【コメンテーター】

安藤光義（アンドウ・ミツヨシ）

◉東京大学大学院農学生命科学研究科准教授。

◉1994年東京大学大学院農学系研究科博士課程修了、農学博士。同年茨城大学農学部助手、1997年同助教授、2006年より現職。1996年～1999年参議院農林水産委員会調査室客員調査員。2008年から2009年ニューカッスル大学農村経済研究センター客員研究員。

◉農業政策（構造政策、農地政策、経営政策）。

◉『構造政策の理念と現実』（農林統計協会、2003年）、『現代の農業問題3 土地の所有と利用』（共著、筑波書房、2008年）、『改革時代の農業政策』（共著、農林統計出版、2009年）、『TPP反対の大義』（共著、農山漁村文化協会、2010年）など。

鳥井一平（トリイ・イッペイ）

◉全統一労働組合副中央執行委員長。移住労働者と連帯する全国ネットワーク事務局長。外国人研修生権利ネットワーク運営委員。

◉1992年、全統一労働組合外国人労働者分会結成。1993年に「外国人春闘」をスタートさせる。2005年に「時給300円の労働者」キャンペーンで外国人研修生・技能実習生の奴隷労働、人身売買構造を国際的に訴える。

◉『移民をめぐる自治体の政策と社会運動』（共著、明石書店、2004年）、『時給300円の労働者』（共著、明石書店、2006年）、『移住労働と世界的経済危機』（共著、明石書店、2011年）など。

辛 淑玉（シン・スゴ）

◉株式会社香科舎代表、人材育成技術研究所所長、人材育成コンサルタント。

◉1985年人材育成会社（株）香科舎設立。1996年、人材育成技術研究所開設。神奈川県エイズ問題専門家会議委員、京都企画審議室「生活都市東京を考える会」委員、東京都生涯学習審議会委員、神奈川県人権啓発推進会議委員、かながわ人権政策推進懇話会委員、韓日交流祭 KOREA SUPER EXPO 諮問委員（韓国側）／日韓交流祭 Japan Festival in Korea 基本構想委員（日本側）など歴任。明治大学政治経済学部客員教授（2005年）、カリフォルニア大学サンディエゴ校客員研究員（2006年）。

◉企業、自治体、教育機関などの組織、団体の人材育成指導、インストラクターの養成。人材育成、コミュニケーション、人権等にかかわる研修、講演。構造的弱者支援のための活動を実践。

◉『韓国・北朝鮮・在日コリアン社会がわかる本』（KKベストセラーズ、1995年）、『強きを助け、弱きをくじく男たち!』（講談社、2000年）、『鬼哭啾啾～「楽園」に帰還した私の家族～』（解放出版社、2003年）など。

李 成市（リ・ソンシ）……【司会】

◉早稲田大学文学学術院教授。

◉早稲田大学大学院文学研究科博士課程修了、博士（文学）。横浜国立大学教育学部助教授、早稲田大学文学部助教授、1997年より現職。

◉東アジア史・朝鮮史。

◉『東アジアの王権と交易』（青木書店、1997年）、『古代東アジアの民族と国家』（岩波書店、1998年）、『東アジア文化圏の形成』（山川出版社、2000年）など。

村井吉敬（ムライ・ヨシノリ）……【コメンテーター】

◉早稲田大学アジア研究機構上級研究員・教授。

◉1966年早稲田大学政経学部卒業。1978年上智大学国際関係研究所助手。1979年同大学外国語学部専任講師。1981年同助教授。1988年同教授を経て、2008年より現職。

◉東南アジア社会経済論。

◉『海のアジア』（1～5）（共編著、岩波書店、2000～2001年）、『エビと日本人』（岩波新書、2007年）、『ぼくが歩いた東南アジア』（コモンズ、2009年）など。

李◉第3セッション「震災と在日アジア人――「共生」への道筋は見えるか」は、直接には第1セッションの「アジアからの支援――「連帯」を拒むもの」を受けるような形になるのではないかと考えております。第1セッションで吉岡達也さんがご指摘になられたように、東日本大震災後、日本とアジア諸国との関係はずたずたになっています。日本はアジアの中で孤立しているのではないか。第3セッションは、震災と日本が直面することになった内なる国際化という課題になろうかと思います。

日本の農業になぜ外国人労働者が必要なのか

安藤◉私の専門は農地制度論で、外国人労働者問題は畑違いの分野です。ただし、前職が茨城大学で、フィールドワークを中心とした仕事をしていた関係で、かなり多くの農家の方からお話を伺うことができました。茨城は畑作の大きな農家が多く、そういう経営を回っていると、外国人がたくさんいることがわかってきました。いろいろなタイプの外国人がいるのですが、必ず家に留めおかれていると言ったら失礼ですが、それが研修生、技能実習生なのです。そうこうするうちに、調査研究とまではいきませんが、農家の側、つまり雇っている側、使っている側から見た外国人労働者の状況については、ある程度、情報を蓄積してきたわけです。そのため、このシンポジウムからお声がかかり、このようにお話をさせていただくことになりました次第です。

こうした経歴のため、私がお話しする内容は震災に直接関係はいたしません。震災前の段階であっても高齢化と担い手不足のため、先行きが非常に不安視されている日本の農業ですが、実はそれを支える人材として、相当な数の外国人の方々が既に位置づけられているという実態

安藤光義

李成市

をご紹介したいと思います。

どのような文脈で日本の農業が外国人を使うようになったかというと、それははっきりしておりまして、農業そのものが儲からなくなってきたためです。農産物価格がどんどん下がり、規模を拡大しないと専業農家で大きくやっている方も生活が成り立たないという状況を迎えています。この規模拡大のために人を雇うのですが、あまり高い賃金を払うことはできません。日本人を雇いますと、農家の方によればその働きぶりは外国の方に比べて劣っているにもかかわらず賃金は高い。そうなると、どうしても外国の方を安く雇って農家は何とか生き延びてきたというのが本当のところなのです。

研修生制度、技能実習生制度の実態

いくつか事例をあげてお話ししたいと思います。

最初に、研修生・技能実習生制度の全体像を簡単に紹介します。この制度の下で外国人労働者の方が農家の下で働いています。この研修生・技能実習生制度は昨年、大きな改正がありました。以前は最初の一年間が研修でした。これはあくまで研修であって労働ではありません。一年経って試験に合格すると技能実習生に移行して、今度は労働者と同じ扱いで二年間の実習を、正確には労働ですが、することができます。ここでは最低賃金が適用されることになっています。しかし、実際は初年度から働いている、しかも安い賃金で働いているということは既に皆さんご存じの通りです。その意味で、制度と実態の間に相当大きな乖離があったわけです。

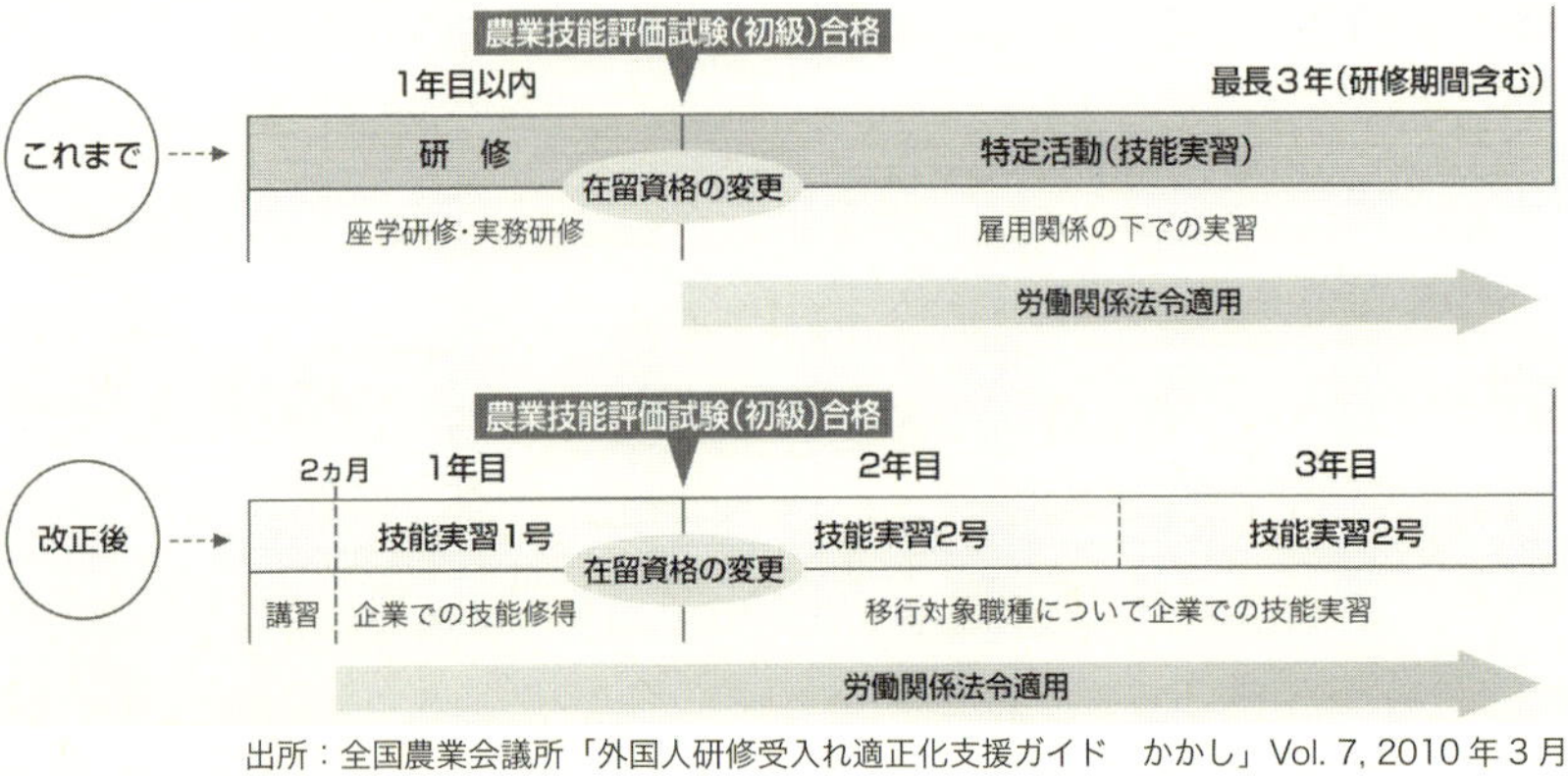

出所：全国農業会議所「外国人研修受入れ適正化支援ガイド　かかし」Vol. 7, 2010年３月

そのためこの制度は改正されました。制度と実態の乖離を埋めるため、改正された制度では二ヵ月間の講習を受けた後、すぐに技能実習に移行できるようになりました。つまり労働者として扱われる期間が長くなったということです。ただし、途中、一年経過後に試験を受け、それに合格しないと、あと二年間、働くことはできないという仕組みに変わりはありません。この制度改正の評価は難しいのですが、ともかく、その結果、研修生を不当に働かせているとして摘発されるケースは多少なりとも減るのではないかと思います。

ただし、この制度改正は地域によって与える影響が違ってきます。園芸産地では通常は三年間働いて帰国するのですが、最初の一年間の研修だけで使い回していたような地域には影響が出るでしょう。最初の年から賃金を支払わなくてはなりませんので。研修手当の方が賃金より安いので、そうした地域や経営では影響が出るかもしれません。制度改正は農家にとって確実にコストアップとなり、重荷となってくるでしょう。

表1は研修生と技能実習生の推移を示したものです。二〇〇八年までの数字ですが、研修生は、二〇〇四年は三五〇〇人少しだったのが、二〇〇八年には六五〇〇人を超えています。研修生の全員が技能実習生に移行するわけではありません。しかし、技能実習生に移行した外国人は、二〇〇四年は二〇〇〇人未満でしたが、二〇〇八年には五〇〇〇人近くにまで増えています。この技能実習生が翌年も残るとすれば、前年度の数字と今年度の数字の合計は日本にいる技能実習生の数になると考えることができます。もちろん、逃亡されたりする人や、途中で帰国される方もいますから全員ではありません。しかし、最大限に見積もると、たとえば二〇〇八年は一万五〇〇〇人以上の方が、農業という非常に限られた分野ではありますが、この制度の下で間違いなく働いていらっしゃるということです。この数字の大きさは農業センサ

表1：農業分野の外国人研修生・技能実習生の推移　　単位：人

	2004年	2005年	2006年	2007年	2008年
JITCO 支援外国人研修生数	3,569	4,321	5,664	6,291	6,511
技能実習移行申請者数	1,837	2,758	3,341	4,045	4,981
研修生＋技能実習生	―	8,916	11,763	13,677	15,537

注：「研修生＋技能実習生」は前年度の技能実習移行申請者数に当該年度の研修生数と技能実習移行申請者数を加えたものである。「―」は数字が得られなかった。
資料：JITCO 業務統計

スという統計と比べるとよくわかります。研修生・技能実習生として働いている外国人の方々と大体同じ年齢の一五歳～三九歳の基幹的農業従事者は、一生懸命働いている農業の担い手です、九万六〇〇〇人しかいません。これと一万五〇〇〇人以上という数字を比べれば、彼らの存在の重みがよくわかっていただけるのではないでしょうか。もちろん、このほかに、不法に滞在している外国人の方を臨時で雇っているケースもありますので、実際にはこれよりもかなり多いのではないかと思っております。

また、研修生・技能実習生の導入状況には随分と地域差があります。稲作など土地利用型の農業は機械化が進んでいますので、人手はそれほど必要ありません。人手が必要なのは園芸作です。表2を見てください。これは二〇〇八年に技能実習生に移行した人数の多い順に道県を並べたものです。私が調査のフィールドとしていました茨城がダントツのトップです。以下、千葉、愛知、熊本、北海道、長野、群馬、栃木、香川、宮崎と続きます。いずれも日本を代表する園芸県ばかりです。最近は熊本でその数が伸びているように私には見えます。北九州でも相当外国人が入り始めているようです。

農業経営のありかたは変わっていない

しかし、こうした外国人を入れている農家は、皆さん一生懸命に農業をされています。親子四人で、場合によるとおじいちゃん、おばあちゃん合わせて六人家族が目一杯働いているのですが、農産物価格の低下で、十分な出荷額・販売額を確保することができない。そうこうする

表2：都道府県別の外国人研修生・技能実習生の導入状況　単位：人

	JITCO 支援外国人研修者数		技能実習移行申請者数		園芸産出額順位
	2007年	2008年	2007年	2008年	2008年
全国合計	6,291	6,511	4,045	4,981	―
茨城県	2,199	2,339	1,249	1,546	3
千葉県	529	457	376	440	2
愛知県	235	206	285	385	4
熊本県	394	481	284	298	5
北海道	306	328	164	246	1
長野県	412	411	152	196	6
群馬県	88	151	114	170	13
栃木県	300	214	110	136	14
香川県	153	138	93	133	32
宮崎県	151	132	39	120	12
上位10県合計	4,767	4,857	2,866	3,670	―

うちに、まわりの農家がどんどんやめていきますから、農地が出てきます。それを引き受けて拡大していけば当然人手が足りなくなってしまいます。どうしても人を入れていかざるを得ない。でも日本人は働きに来てくれない。シルバー人材もゲートボールが忙しかったり、旅行があったりで思うように働いてくれないわけです。取引先から注文が来て三日以内に出荷しなければならない。野菜の箱詰めを徹夜でやってくれるような人間が手元にいないとどうにもならないという状況を迎えたところに外国人の研修生や技能実習生が入ってきたという構図です。

具体的に千葉県の事例を少しお話ししましょう。繰り返しになりますが、農業をする人がいなくて困っている農家が雇っているのではなく、家族全員が一生懸命働いて、それでも生活が苦しくなってきた中で、本当にまじめに農業をされている方が、一緒に汗水流して働く相手として外国人研修生、実習生は働いているということを忘れないでいただきたいと思います。もちろん、問題が起きているのも事実ですが、大半の農家はこのような状況なのです。ですから、低賃金の外国人を使った企業的な経営ではありません。これまでの家族経営と全く違う範疇の農業経営が生まれているわけではないのです。これだけの人数の研修生・技能実習生が入っても、農業経営の中身はほとんど変わっていません。最近五年間の経営の変化を調査したのですが、それほど大きな変化はありませんでした。基本は家族経営ですから、制度の上限まで研修生・技能実習生を入れて、どんどん規模拡大を図るという動きに

表 3：調査農家の概要一覧

	経営耕地面積		家族構成と農業従事				常雇い			臨時雇い	
	04 年	10 年	04 年		10 年		04 年		10 年	04 年	10 年
			男性	女性	男性	女性	日本人	研修生	研修生		
1	980(450)	1070(540)	**60,26**	**56**,26	**66,32**	**62**,32,4,2,1	女 66,男 40	男 3 人	男 7 人		
2	650(350)	650(350)	**54,29**	**76,52**	**60,35**	**82,58**		男 2 人	男 2 人	外国人 50 人日	
3	600(300)	600(300)	76,**51**	74,**52**,27,**22**	82,**57**	**58,27**		男 2 人	男 2 人	外国人 1500 人日	外国人
4	−	880(665)	−	−	**59,32**	**57,31**,12,10	−	−	男 3 人		シルバー人材
5	−	550(　0)	−	−	**63,38**	87,30,6,2	−	−	男 3 人		

注：経営耕地面積の（　）の数字はそのうちの自作地面積。経営耕地は全て畑である。単位は a。家族構成と農業従事の数字は年齢。太字になっている家族員は農業専従者で年間就農日数は 300 日。常雇いの日本人の数字は年齢。1 番農家の「男 40」は障害者施設からの紹介で雇い入れた。臨時雇いの 4 番農家の「外国人」と「シルバー人材」は雇入れ日数は不明。

はなっていませんでした。今後、外国人労働力を導入して、たとえば経済特区などで、企業的な農業経営を育てていくという動きが出てくるかもしれませんが、実際にこうした経営の実情を見ると、日本の農業構造を根本から変革するような経営主体は生まれてくることはないと思います。この点も併せて確認しておきたいと思います。

単純労働力としての限界

彼らの作業の内容ですが、やはり重要な作業はお願いできないようです。もちろん、外国人の皆さんのご出身は農家ですから経験はあるとは思うのですが、日本が誇る高度な園芸作を代わりにやることはできない。特に、作物の生育状況の判断はお願いできない。結局、彼らは単純労働力であり、手間でしかないのです。人を使って働かせるというのは、農家にとっては慣れない仕事ですので、非常に苦労しているようです。家族と同じようにはいきませんし、その結果、さまざまな摩擦が、文化的、社会的なフリクションが起きてしまうわけです。

農家の側から見た研修生・技能実習生に対する評価ですが、「よく頑張って働いてくれる」と思っている人が大半で、「日本人よりはるかにいい」と思っているようです。また、三年間で帰国するという制限が何とかならないかという声もあります。もう少し長くいてくれればいろいろな技能が蓄積され、相当な能力を身につけてくるのではないかと思われているようです。しかし、三年が限度ですから、それ以上は無理です。

以上が、外国人研修生・技能実習生を導入している農家の簡単な概況です。

誰が悪いのか

繰り返しになりますが、次の点を強調しておきたいと思います。確かに外国人研修生・技能実習生はかなりひどい扱いを受けているという報道も一部にあります。そうしたケースもなきにしもあらずだとは思いますが、そうした状況をもたらしているのは、農業という産業そのものが非常に厳しい状況にあるからです。このように言うと失礼かもしれませんが、そうした苦しい農家の方々が何とか生き延びていくために、自分より弱い人たちを雇っているというのが実情なのです。これは傍から見れば外国人労働者を搾取しているよう

表4：雇用労働力の変化

	2004年9月	2010年5月
1	日本人常雇い2人。66歳（当時）の女性を時給750円で、障害者施設からの紹介で40歳の男性を月10万円で、各年間300日働いてもらっていた。中国人研修生・技能実習生が3人。1998年から導入。仲介料として1人あたり70万円を支払う。技能実習生の賃金は1時間750円。研修生への支払いを時給換算すると380円程度になる。ともに平均9時間前後の労働時間。彼らには住居と野菜を提供。技能実習生になると住居は彼らの負担（3～4万円)。「雇用労労働者にしてもらうのは単純作業だけ。効率よく働いてもらえるよう段取りをするのがポイント。家族のうちの誰かが必ず見ているようにしないと人は使えない。ネギの機械播種や大根の播種とマルチ張りなどは技術が必要なので必ず自分がやる」。	日本人の常雇いはいなくなり、雇用労働力は全員が研修生・技能実習生になった。経営を世帯主と長男の2つに分け、世帯主の経営で3人（研修生1人、技能実習生2人)、長男の経営で4人（研修生と技能実習生を2人ずつ）の計7人を導入（2006年にこれまで仲介していた組織が警察の摘発にあったため2007年からは別のところに切り替え)。世帯主と長男とで仲介組織は異なる。世帯主の仲介組織（東京）は渡航費40万円、管理費が月5万円なのに対し、長男のそれ（兵庫）は渡航費20万円、管理費4万円／月（このほか6万円前後の研修手当を支払う)。技能実習生の4人は来年帰国するため、新しく4人の研修生を導入する予定。世帯主の仲介組織は高いのでやめる。長男の仲介組織に対しても値下げ交渉中。住居は農家が用意した2棟の離れに住んでいる。
2	モンゴル人の研修生・技能実習生を合計2人導入。1997年に初めて人を入れた時はタイ人だった。時給750円（技能実習生の場合）で朝8時から夕方5時まで年間300日間働いてもらう。臨時雇いとしてモンゴル人や中国人を50人日雇っていた。	ミャンマー人の研修生・技能実習生を2人導入。2人とも2010年から技能実習生に移行した。2011年からミャンマー人の研修生を1人追加して導入し、3人体制にしていく。人数を増やしたのは、こちらも年をとって肉体的にきつくなってきたため。仏教国がいいと思ってミャンマーにした。モンゴル人の時と仲介組織を変えた（静岡)。農作業全般をしてもらうが、機械作業は頼まない。危険な作業はさせない。夏も冬も朝8時から夕方5時という働き方を崩さないようにしている。春と秋など忙しくて手が足りないような時だけシルバー人材を頼んでいる。しかし、シルバー人材は割高なので出来るだけ使わないようにしている。
3	常雇いは中国人研修生を2人導入。仲介組織（千葉）に1人につき70～80万円を支払った後は管理費を毎月2～3万円、研修生の時は研修手当を毎月6万5千円、技能実習生になると時給700円を支払う。農作業全般をしてもらう。臨時雇いはインド人やスリランカ人などを時給650～700円で年間1500人日。ピーマンのパック詰めや力仕事などをしてもらう。	常雇いは中国人研修生が2人。2009年3月からで技能実習生に移行した。現在の研修生が4期目なので2000年から研修生を入れていることになる。仲介組織は同じ千葉県内の事業協同組合だが、これまでとは違う組織を使った。前回入ってもらった人の弟を使いたいと考えており、この要望を叶えてくれた組織に鞍替えした。このような雇い方ができると一から教えなくて済むのですぐに戦力になってありがたい。出資金は10万円。ここの管理費は毎月4万円、研修手当は6万円、技能実習生の時給は730円で、毎月の支払いは14～15万円。研修生・技能実習生は屋敷内のプレハブに住んでいる。家賃は毎月1万5千円。3人に増やすことも検討中。こちらも年をとってきたので仕事ができなくなってきた。臨時雇いは日本人と結婚した中国人の男性にお願いすることがある。食材製造工場に勤務しており、休みの日に手伝いに来てもらう。大根を収穫した後の後片付け作業やニンジンの収穫作業などの忙しい時など。

に見えるかもしれません。鶏が順位の下の鶏をつつくと言われますが、これはけっしてつついているわけではありませんが、図らずしてそういう関係になってしまっているわけです。

重要なのは、これを「農家が悪い」とか「この制度が悪い」とか悪者を決めつけて攻撃するのではなく、そうした状況、環境に置かれた人間がやむを得ずしてとらざるを得ない行動が顕れていると見るべきだと思います。私も、そのような立場に置かれれば同じことをするはずです。ですから、「誰が悪い」という問題ではないのです。額に汗水流して働く人たちの、いわば社会を支えている底辺にいる人たちがどんどん切り捨てられていく中で生まれてきた一つの現象だと私は思います。これにどうやって歯止めをかけるかが問われているのです。ここでお話しした研修生、技能実習生の方々の労働条件の状況がよくなっていくことが、最終的には、働く人たちの全体の条件の底上げにつながっていくだろうし、そうなるべきだと思っています。それが研修生・技能実習生制度を見ていて私が思っていることですし、農家の方々と話していて思うことなのです。

本当であれば研修生・技能実習生の方々からヒアリングをしなければいけないのですが、言葉の制約があって果たせておりません。ただ、別の調査研究によると、日本にやってくる人たちは、本国にいた頃から出稼ぎでいろいろなところに働きに行くことに相当慣れているとのことです。その延長線上に日本への出稼ぎがあったわけです。もう少し視野を広げると、この問題は、相当広い規模で起きている国際労働力移動の一環ということになるかもしれません。そのように研修生、技能実習生を位置づけることができるかもしれません。

最後に震災との関係を簡単に話しておきましょう。いずれにしても、この制度はあくまでも生産のための労働力として外国人を捉えています。そうした制度ですから、何か事があれば日本を逃げ出すのは当然です。また、お金稼ぎが目的ですから、彼らの間にコミュニティが生まれてくるのは難しいです。そのため、彼らは震災に遭うとばらばらの、ある意味では見捨てられた存在になりやすい存在となってしまうのは半ば当然のことだったのかもしれません。

私の報告は、主として農家の側から見た話だったため、このシンポジウムの議題である「社会」という問題からはかなりピントが外れております。この点については、このあとの二人の先生方のお話に譲りたいと思います。

李◉安藤先生の御報告の中でもしばしば、このあとのお話との関係について御指摘がありましたが、引き続き鳥井一平先生より「技能実習生の帰国と多民族救援活動、求められる移民政策」と題して、御報告をお願いいたします。

南三陸町の外国人研修生・技能実習生

鳥井◉私は労働組合のオルグを仕事にしていますが、移住労働者、外国人ということでは、「移住労働者と連帯する全国ネットワーク」というNGOがあり、そこの事務局長もやっております。

この移住労働者の問題に一九九〇年前後から取り組んでおり、二〇年ちょっとになりますが、特に外国人研修生、技能実習生については一九九八年に銚子事件*というのが起きました。この事件以来ずっと取り組む中で二〇〇五年に岐阜事件というのがありました。

これは時給三〇〇円の労働者という全国的なキャンペーンが始まるきっかけの事件だったのですが、岐阜の縫製業でほとんどの事業主、あるいは事業所で残業代が一時間三〇〇円の時給だということが一種の協定のようになっていることが明るみに出た事件です。こういう実態に

*「全国生鮮食品ロジスティクス協同組合」が、中国人研修生・実習生の手当、賃金をピンはねしていた事件。

鳥井一平

対して全国キャンペーンを始めたことから、外国人研修生・技能実習生問題が、とりわけ日本における典型的な移住労働者に対する処遇と言われてきたわけです。

さて、震災の時ですが、私は上野の事務所におりました。古いビルの五階で、ものすごく揺れました。事務所にはたまたま、研修生・技能実習生、組合のスタッフがいて、みんなで外に飛び出したら、通りは人がいっぱいで、車も通らないという状況でした。秋葉原の近くですから、液晶の大きな画面があって、すぐに津波が映し出されていました。八戸と出ていました。そのときに私の頭に浮かんだのが志津川だったのです。今、新聞やテレビで出ている南三陸町というところです。

南三陸町というのは、旧志津川町と歌津町が合併して南三陸町となった場所です。この南三陸町の志津川が頭にぱっと浮かびました。なぜかと言うと、宮城県から、岩手県、青森県にかけて水産加工で研修生・技能実習生がたくさん働いているからです。この南三陸町でも六〇名が働いておりました。

ある水産加工会社の社長は非常に実直なまじめな方で、私どもの外国人研修生権利ネットワーク*に相談がありました。実は私のところで、研修生・技能実習生を受け入れており、こういう労働条件で働かせているのだが、問題はないだろうか、いろいろと世の中で問題が起きていると聞いているから、という問い合わせです。

そういうことで、どこの場所に研修生がいるかということがすぐ思い浮かんだわけです。水産加工会社というのは海っぺりにあります。そこも例外ではなく、南三陸町の本当に海の際にあるところでした。

すぐに私は電話を入れました。しかし、呼出音はするのですが、いっこうにつながりません。

＊ http://k-kenri.net/

これは大変なことになっている、何としても現地に救援に行きたいと思いました。しかし、当時は、東北地方選出の国会議員でさえ議員会館で足止めを食らっているという状況で、交通手段が全くない状態でした。

そこで緊急車両の許可を警察で取ってトラックを手配し、南三陸町の災害対策本部に連絡をつけました。そして、救援物資を持って、ようやく三月二〇日に出発し、現地に向かいました。名無しの震災救援団活動一覧という資料に、三月二〇日～九月一〇日までの活動を載せております。

救援物資を運んで、現地で炊き出しをしました。現在も、新たな救援活動を行なっております。このように、私が南三陸町に行ったきっかけは、研修生・技能実習生の存在ということでした。

帰国した外国人とは

この震災の時にまず言われたのは、外国人がどんどん帰っているということでした。

外国人は確かに実際に帰国したのでしょう。六月に法務省が外国人登録者数*を発表しました。この表（表1）を見ると、三月には確かにマイナス一・九％になっていますが、総数でいうと増減はゼロです。確かに、在留資格別に見ますと多少プラスマイナスはありますが、そんなに大きな変動はありません。

ただ一点だけ注意しておかなければならないのは、これは外国人登録者数ですから、外国人登録を残したままで帰国した人もおります。

表2は三月五日～一一日と三月一二日から一週間ごとに四月八日までの外国人出国者数です。この数字をどう見たらいいのかということです。

＊外国人が日本国内に九〇日を超えて在留する場合等には、市町村で外国人登録を行なわなければならない。

（各年末及び各月末現在）

平成２０年 (2008)	平成２１年 (2009)	平成２２年 (2010)	平成２３年 ３月	構成比 (%)	対前年末 増減率 (%)	平成２３年 ６月	構成比 (%)	対３月末 増減率 (%)
2, 217, 426	2, 186, 121	2, 134, 151	2, 092, 944	100. 0	−1. 9	2, 093, 938	100. 0	0. 0
912, 361	943, 037	964, 195	970, 845	46. 4	0. 7	975, 675	46. 6	0. 5
492, 056	533, 472	565, 089	574, 145	27. 4	1. 6	580, 748	27. 7	1. 2
420, 305	409, 565	399, 106	396, 700	19. 0	−0. 6	394, 927	18. 9	−0. 4
1, 305, 065	1, 243, 084	1, 169, 956	1, 122, 099	53. 6	−4. 1	1, 118, 263	53. 4	−0. 3
245, 497	221, 923	196, 248	192, 800	9. 2	−1. 8	190, 478	9. 1	−1. 2
258, 498	221, 771	194, 602	189, 811	9. 1	−2. 5	186, 486	8. 9	−1. 8
179, 827	192, 668	201, 511	181, 442	8. 7	−10. 0	185, 298	8. 8	2. 1
		100, 008	123, 082	5. 9	23. 1	142, 505	6. 8	15. 8
107, 641	115, 081	118, 865	119, 508	5. 7	0. 5	120, 633	5. 8	0. 9
67, 291	69, 395	68, 467	70, 129	3. 4	2. 4	70, 589	3. 4	0. 7
52, 273	50, 493	46, 592	46, 419	2. 2	−0. 4	45, 544	2. 2	−1. 9
25, 863	29, 030	30, 142	30, 386	1. 5	0. 8	30, 908	1. 5	1. 7
17, 839	19, 570	20, 251	20, 662	1. 0	2. 0	20, 981	1. 0	1. 5
17, 798	16, 786	16, 140	15, 822	0. 8	−2. 0	15, 779	0. 8	−0. 3
8, 895	9, 840	10, 908	11, 293	0. 5	3. 5	11, 591	0. 6	2. 6
10, 070	10, 129	10, 012	9, 959	0. 5	−0. 5	9, 841	0. 5	−1. 2
86, 826	65, 209	9, 343	4, 207	0. 2	−55. 0	3, 378	0. 2	−19. 7
226, 747	221, 189	146, 867	106, 579	5. 1	−27. 4	84, 252	4. 0	−20. 9

実習１号ロ」，「技能実習２号イ」及び「技能実習２号ロ」の合算数である。

表２　2011年３月５日以降の外国人出国者数（在留資格別・週別）

	総数	震災前	震災後			
		3月5日から11日	3月12日から18日	3月19日から25日	3月26日から4月1日	4月2日から8日
総数	671,154	139,784	244,418	148,930	79,228	58,794
うち再入国許可を有する者	331,408	28,918	121,352	106,510	47,357	27,271
外交	2,358	192	1,329	515	175	147
公用	2,384	546	1,137	410	163	128
教授	3,244	459	1,336	800	438	211
芸術	167	22	71	44	17	13
宗教	803	122	249	238	116	78
報道	79	13	34	12	14	6
投資・経営	5,980	871	2,212	1,298	787	812
法律・会計業務	174	19	88	29	13	25
医療	56	3	19	14	11	9
研究	1,033	91	555	225	100	62
教育	3,217	124	1,230	1,137	593	133
技術	15,569	1,143	7,060	4,541	1,590	1,235
人文知識・国際業務	25,403	2,550	10,298	7,260	2,927	2,368
企業内転勤	8,284	819	4,138	1,645	948	734
興行	3,002	529	1,769	354	155	195
技能	5,803	350	1,647	2,457	925	424
技能実習1号イ	568	35	161	188	140	44
技能実習1号ロ	2,548	137	442	1,209	440	320
技能実習2号イ	252	23	113	32	41	43
技能実習2号ロ	5,850	155	1,114	2,516	1,337	728
文化活動	1,379	73	730	357	158	61
短期滞在	293,841	106,595	109,466	28,762	22,472	26,546
留学	76,195	6,025	33,163	26,702	7,572	2,733
研修	3,168	579	1,229	645	644	71
家族滞在	44,312	1,683	22,166	13,957	4,770	1,736
特定活動	15,937	1,410	5,139	4,889	2,625	1,874
永住者	81,502	8,042	20,990	27,346	16,248	8,876
日本人の配偶者等	30,614	3,044	8,216	9,834	5,779	3,741
永住者の配偶者等	4,104	306	1,161	1,509	735	393
定住者	18,698	1,369	4,183	6,586	4,204	2,356
特別永住者	14,630	2,455	2,973	3,419	3,091	2,692

※本統計は，法務省入国管理局保有の出入国記録から抽出した数値である。
※平成22年7月1日から，改正入管法の一部施行に伴い，「留学」と「就学」が「留学」へ一本化されるとともに，「技能実習1号イ」，「技能実習1号ロ」，「技能実習2号イ」及び「技能実習2号ロ」が新設された。

　幾つかの数字を出してみました。一つは三月五日～一一日の出国者数に比べてどのくらいの比率で出国しているのかということです。その数字を見ると、技能実習生が多く出国しています。それはそのはずで、被災地の技能実習生は一斉に全員が帰りました。だから、前週に比べての出国者数としては、比率として一番大きいのは技能実習生です。

　ところが、前年度の外国人登録者総数に対する出国者数の指数を見ると、実は技能実習生はそんなに多くありません。それはなぜかと言うと、全国的に見た場合、ほかの地域に比べて東北における技能実習生のパーセンテージは非常に低いのです。

　だから、外国人登録者で帰国した人たちの比率を見ると、企業内転勤、人文知識・国際業務、技術、投資・経営、留学というのが、出国率と言うと誤解を生みますし、それほど信憑性もないのですが、比べる数字として言えば高い数字を示しています。

表１　在留資格別外国人登録者数の推移

在留資格	平成１８年 (2006)	平成１９年 (2007)
総数	**2,084,919**	**2,152,973**
永住者	**837,521**	**869,986**
うち一般永住者	394,477	439,757
特別永住者	443,044	430,229
非永住者	**1,247,398**	**1,282,987**
うち日本人の配偶者等	260,955	256,980
定住者	268,836	268,604
留学	168,510	170,590
技能実習	／	／
家族滞在	91,344	98,167
人文知識・国際業務	57,323	61,763
技術	35,135	44,684
技能	17,869	21,261
永住者の配偶者等	12,897	15,365
企業内転勤	14,014	16,111
投資・経営	7,342	7,916
教育	9,511	9,832
研修	70,519	88,086
その他	233,143	223,628

（注）技能実習は，「技能実習１号イ」，「技能

これをどう見るかと言いますと、彼らは「出国できた」ということです。技能実習生はそう簡単に出国できないのです。同じ中国人であっても被災地の中国人は出国できましたが、そうでない中国人の技能実習生は出国できました。

なぜかというと、途中帰国になりますと、「保証金」――あってはならないものなのですが、そういう人身売買とも言えるような「保証金」というものを預けていますから、この「保証金」が没収されるので、なかなか帰ることができません。

あるいは、帰るかどうかの決定権は、多くは事業主、受け入れ協同組合、受け入れ地域機関が持っていますから、技能実習生は帰ることもままならないというのが実態です。

つまり、おかしなことに、技術だとか、投資・経営、人文知識、企業内転勤、留学という、日本がどんどん受け入れをすると言っている高度人材の人たちはどんどん帰っていってしまったということになります。

先ほど安藤さんがおっしゃったように、彼らは危なければ帰るわけです。しかしそれとは別に、この地域に根差して、これをなんとかしないといけないと考えている人たち――一九八〇年代から入ってきていたオーバーステイ、不法就労と言われている人たちが、在留特別許可を持って配偶者となり、あるいは日本国籍を取って、今東北の地にいる。

そして、全国のこういう人たちが、東北に対して非常に高い関心を持って、外国籍の方たちがたくさん救援に向かったという事実があります。

外国人研修・技能実習制度

図1は二〇〇八年までの研修生の入国者数を示していますが、図2の二〇〇八年度を見ると

図1

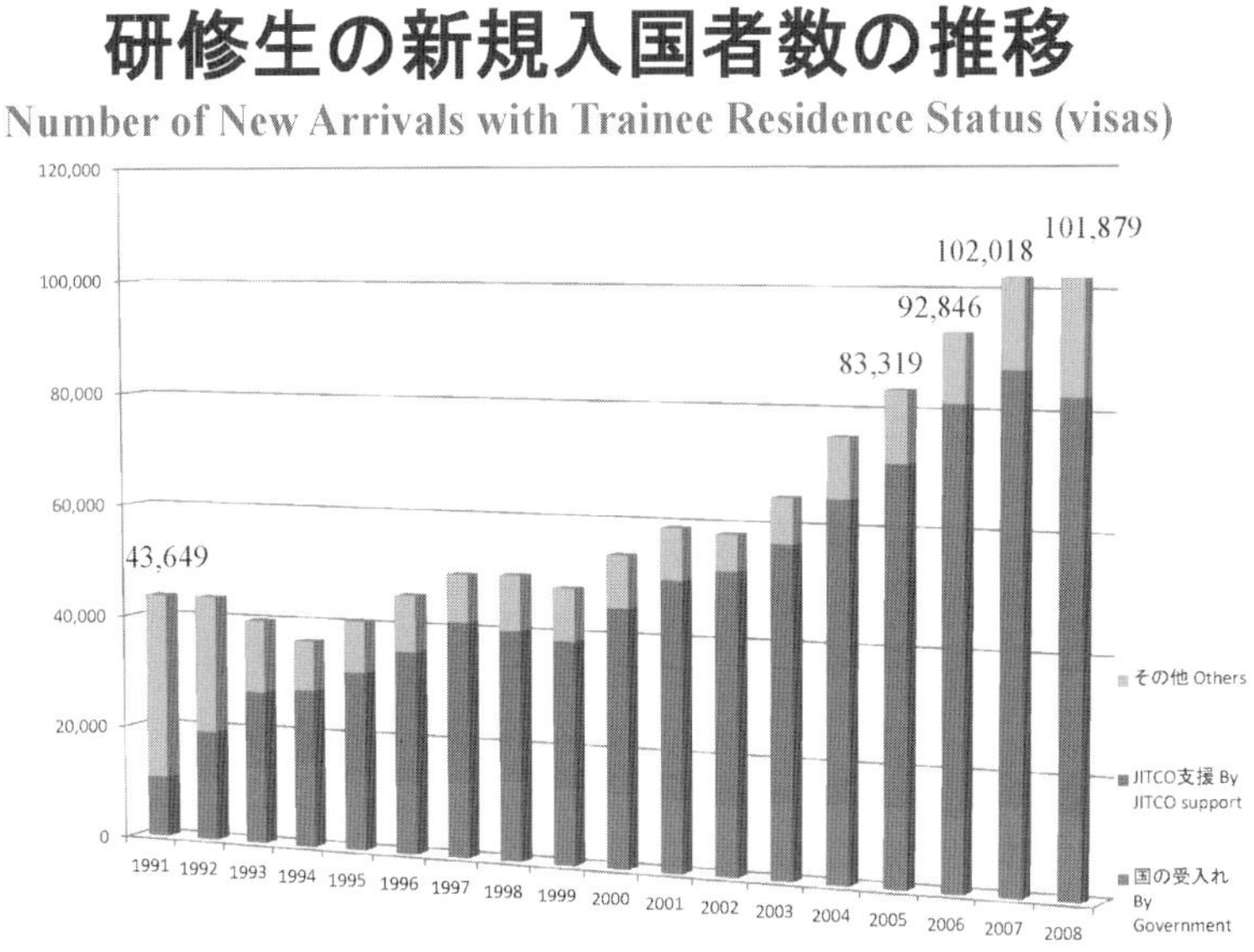

出典：国際研修協力機構編『JITCO白書』(2001-9年版)および『データで見る外国人研修・技能実習』(1996年版)

図2

出典：国際研修協力機構編『JITCO白書』(2001年, 2008年、2009年版)

およそ二〇万人以上の研修生・技能実習生が働いていることになります。これは六万と書いてありますが、前年からいる技能実習生が残っていますので、技能実習生を合わせると一二万～一四万で、先ほどの新規入国者の研修生が一〇万人を超えておりました。ですから二〇万人を超えているとなります。

業種別（図３）では、一九九九年に農業が初めて技能実習を認められました。一一人でした。それ以来二〇〇八年の四九八一人まで伸びてきているから、先ほど安藤先生がおっしゃったように、一万五〇〇〇人近い研修生、技能実習生が二〇〇八年度には働いていたことになります。これは職業別（図４）にどのように分かれているかということですが、農業が伸びてきています。やはり繊維、衣服、食料品、機械、金属というところが多くなっています。

国籍を見ると（図５）、二〇〇八年のデータでは、特定の国だけから受け入れています。これはおかしな話で、研修というのは開発途上国における技術移転を目的としているのですが、アフリカは一・五％しかありません。中国、インドネシア、フィリピン、ベトナム、タイ、マレーシアで、ほとんど九〇％、その他のアジアを入れて九五％を超えるわけです。

図３

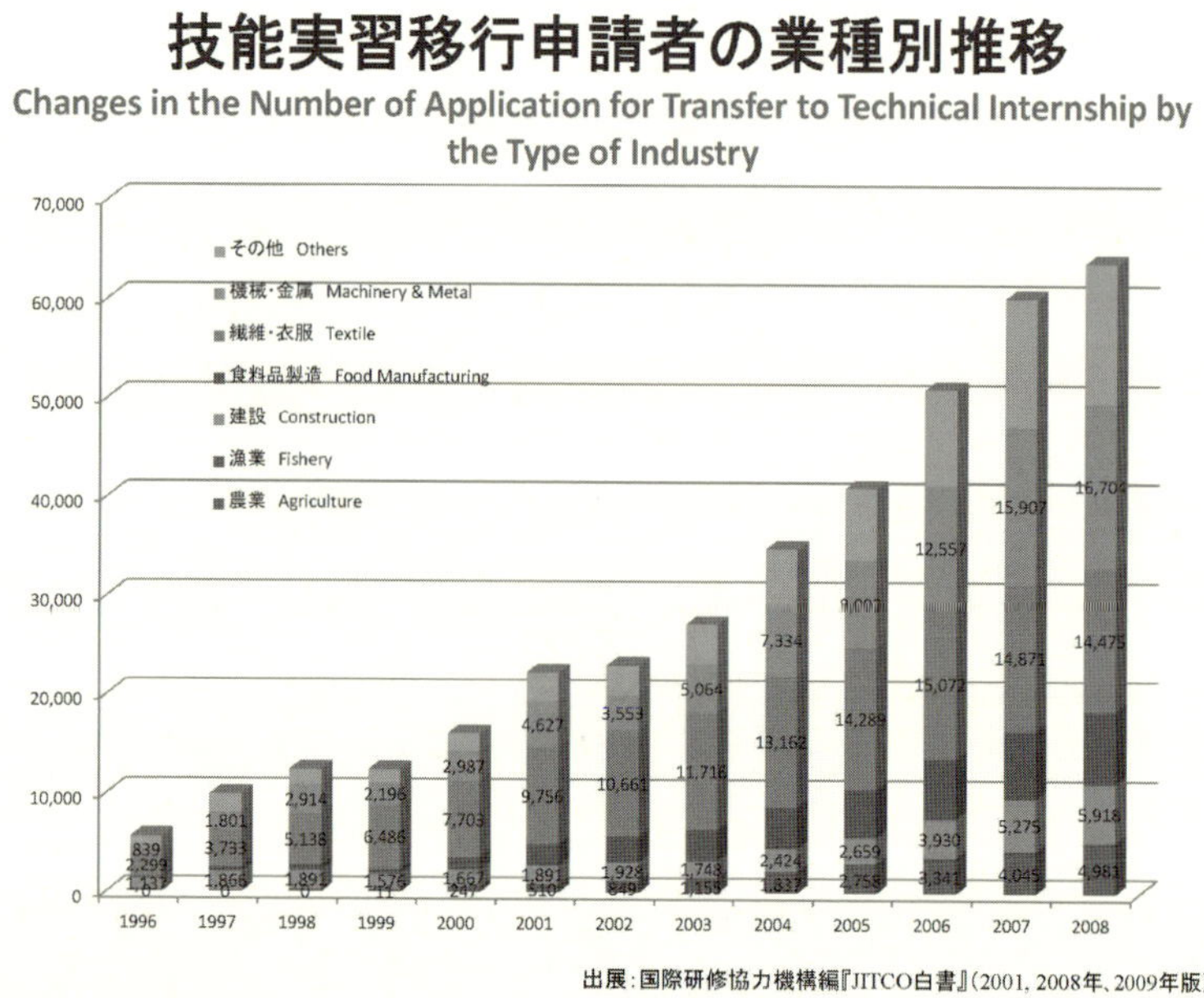

出展：国際研修協力機構編『JITCO白書』（2001, 2008年、2009年版）

図4

技能実習生移行申請者の職種別（2008）
Industries of Applicants Applying for Transfer to Technical Internships (2008)

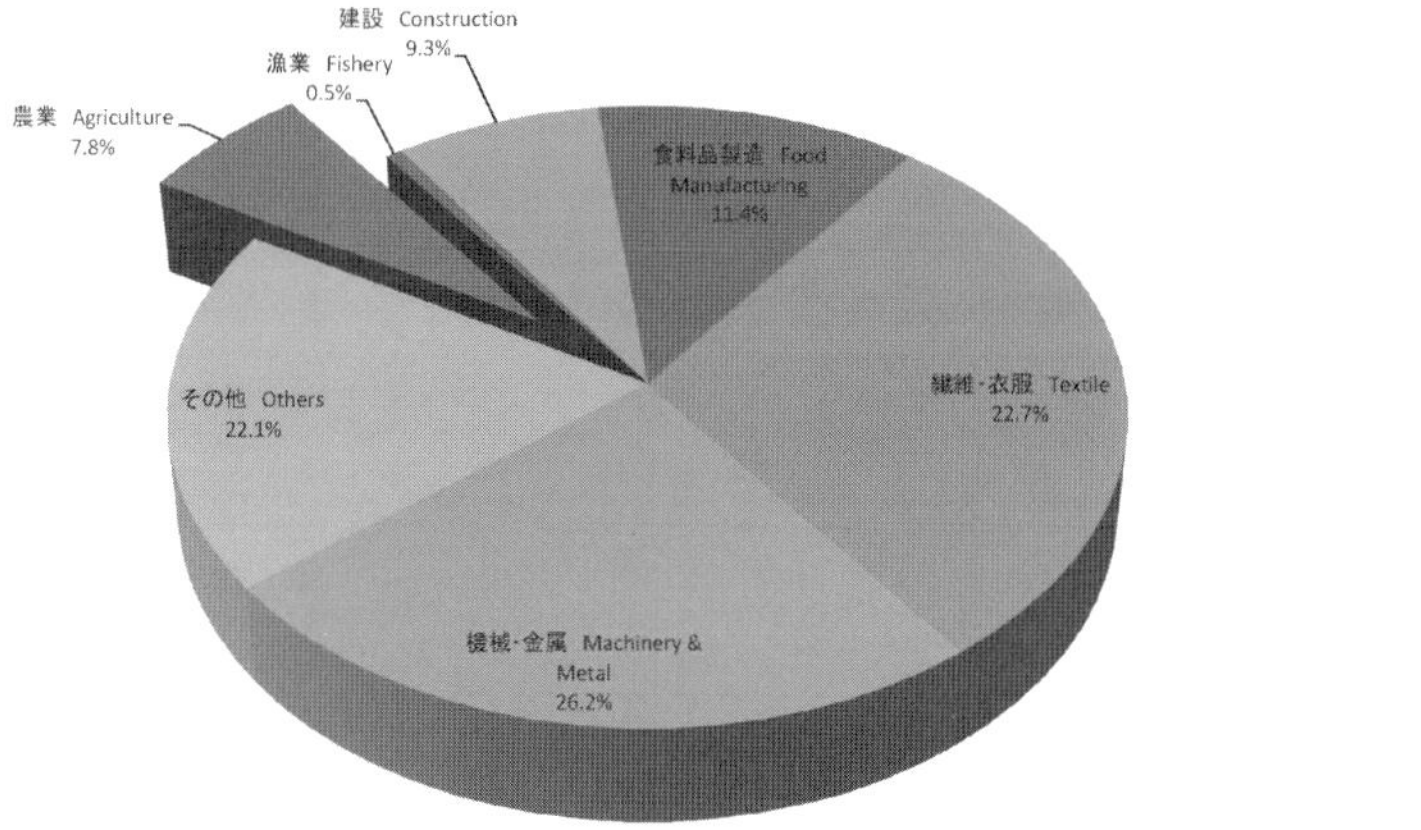

出典：国際研修協力機構編『JITCO白書』（2009年版）

図5

研修生の国籍（2008年）
The Nationalities of Trainees

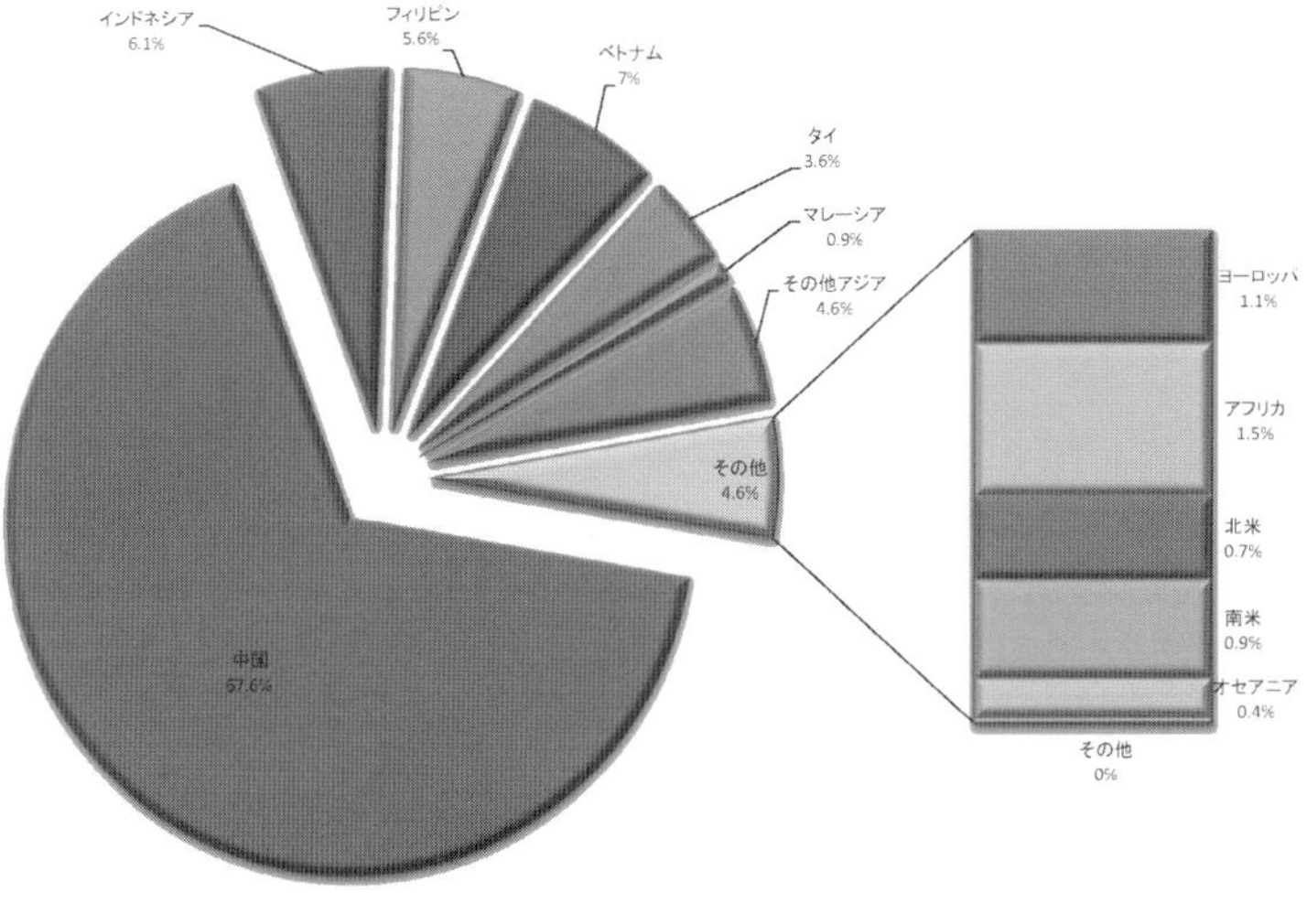

ここがそもそもおかしいところで、この国籍別から判断して、本来の研修生は一〇%にもいかないのではないかと見ておりました。

事業規模では（図６）、七六・七%が五〇人未満の企業です。これもいろいろなところで繰り返し申し上げていますが、中小零細企業に技術がないわけではないのです。私は中小零細企業の労働組合なのでよくわかりますが、台東区などでも五人ぐらいの会社で、こんなところで非破壊検査機を作っているのかというような事業所があったりします。すばらしい技術を持っております。しかしながら、研修制度では、企業は一切助成を受けられないのです。仕事を教えた上に、生活費を払わないといけない。零細企業にそんな経済的余裕はないわけです。それにもかかわらず、なぜ零細企業が受け入れているのか。それは労働力として使っているからということになります。

研修制度と技能実習制度

以上が全体の流れですが、送り出し国から国際研修協力機構*を通じて受け入れをしていくということになります。

旧制度は研修があって、研修は研修で終わるものもありま

図６

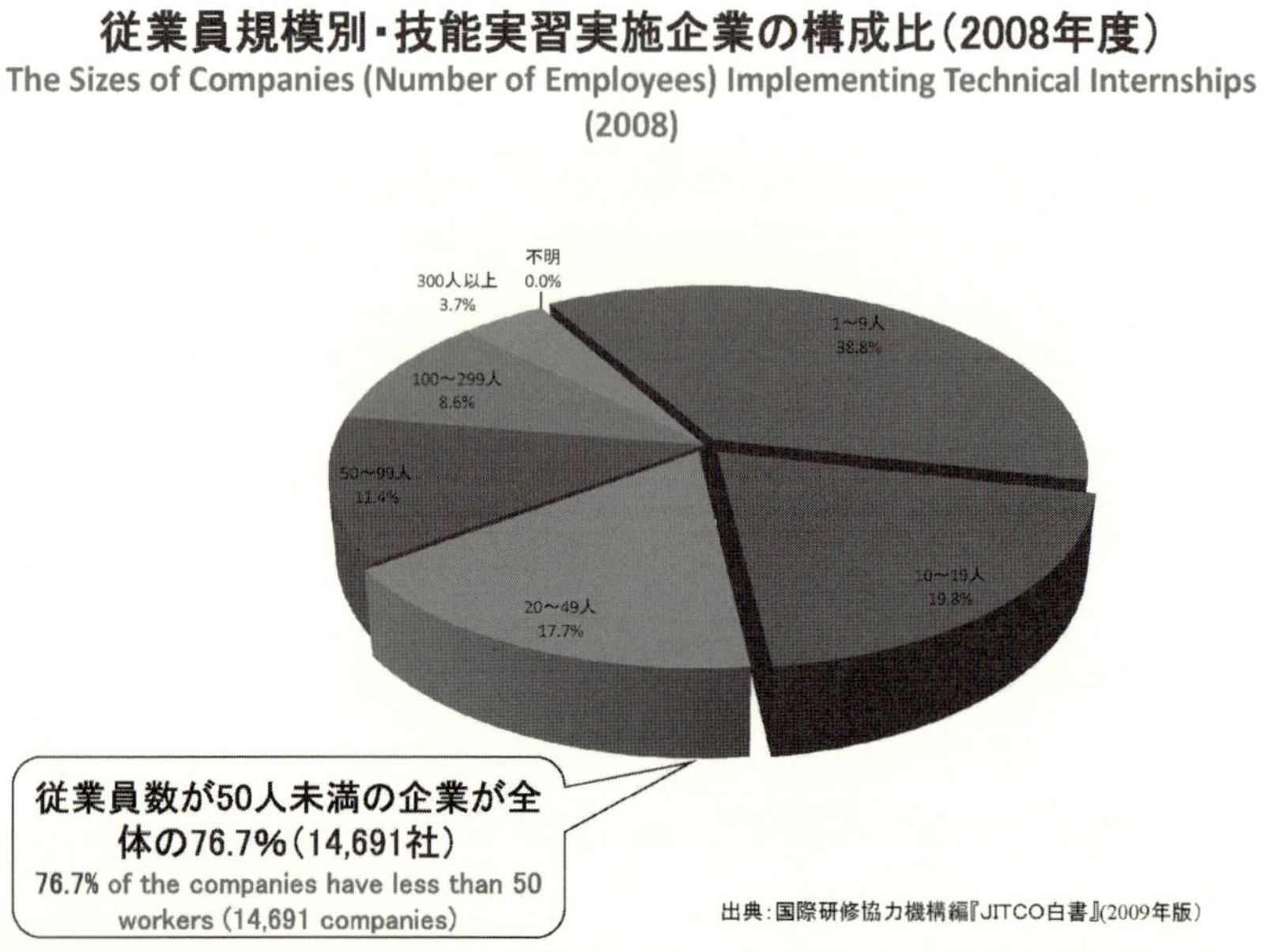

す。そして、もうひとつとして、研修を経て技能実習があったのですが、新制度は研修は研修で独立をしていて、以前は研修・技能実習制度と言いましたが、昨年七月以降実施されているのは、研修が完全に独立したということです（図7）。

ですから、これまでの言い方はちょっと正確ではありません。研修制度と技能実習制度は完全に独立しました。

そうすると、本来研修を拡充させる目的だった技能実習は一体どこへ行ってしまったのかということですが、厚生労働省は変わりましたということを言っています。変わってどうなったかということについては説明がないのですが、いずれにしても技能検定試験はあるわけですから、一般の労働者とは違うということです。労働法は適用されるけれども、これは違うと説明をしています。

そうなると、どうなったかというと、この国籍（図8）は、制度改定後四ヵ月ぐらいのデータなのですが、先ほどと大きく違ってきています（図9）。制度改定後になると、研修は国籍がばらついてきました。

そして、法務省が六月に驚くべきデータを発表してくれました。「在留資格別外国人登録者数の推移」（表1）の下から二段目に「研修」とあります。平成二三年六月の外国人登録者数は何と三三七八人です。

二〇〇九年は、六万五二〇九人。二〇〇八年は八万六八二六人です。つまり、本来の研修というのはこの程度の数字だったのです。私が従来

図7

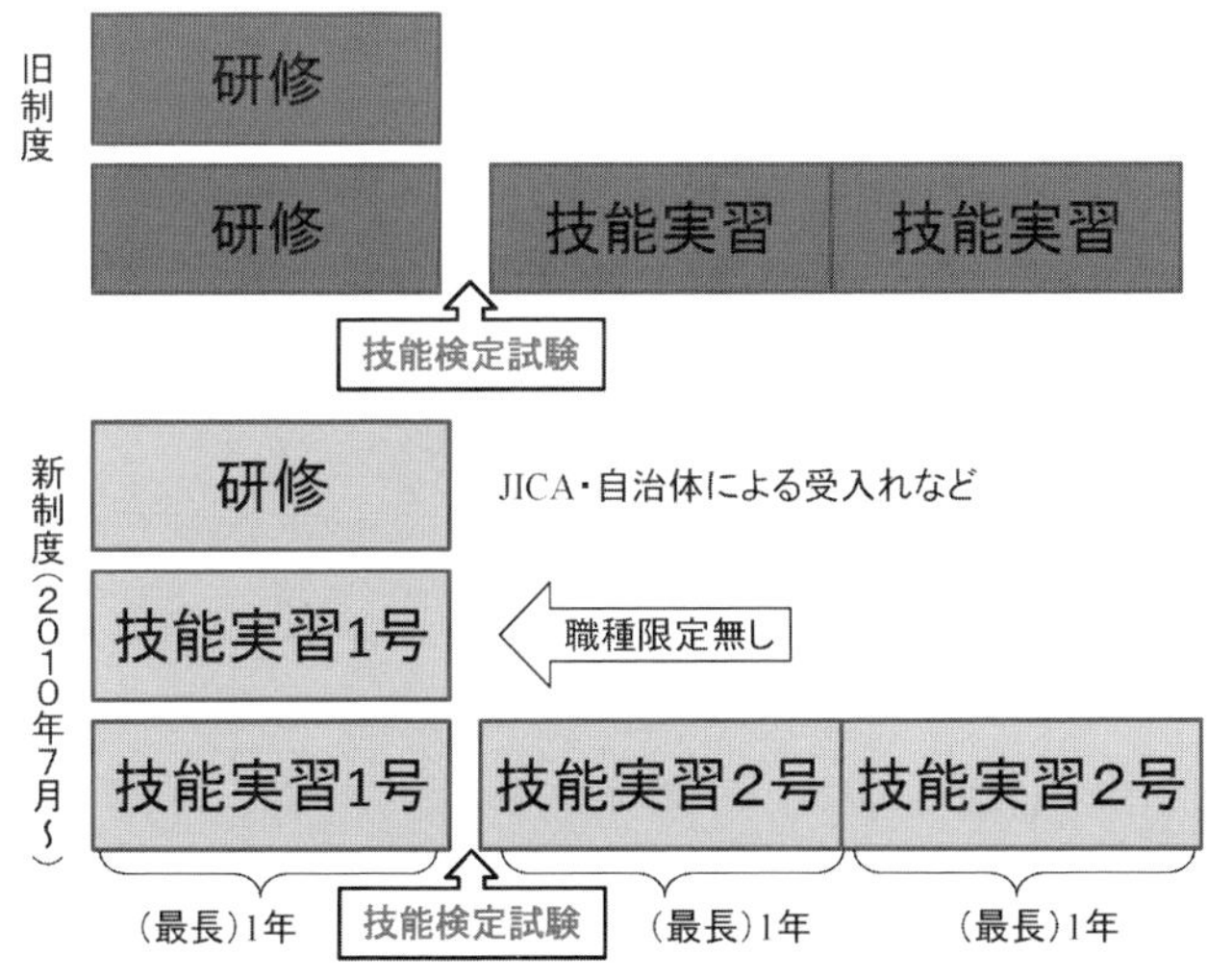

＊財団法人 国際研修協力機構（JITCO）は、法務、外務、厚生労働、経済産業、国土交通の五省共管により一九九一年に設立された財団法人で外国人技能実習制度・研修制度の適正かつ円滑な推進を行う。

図８

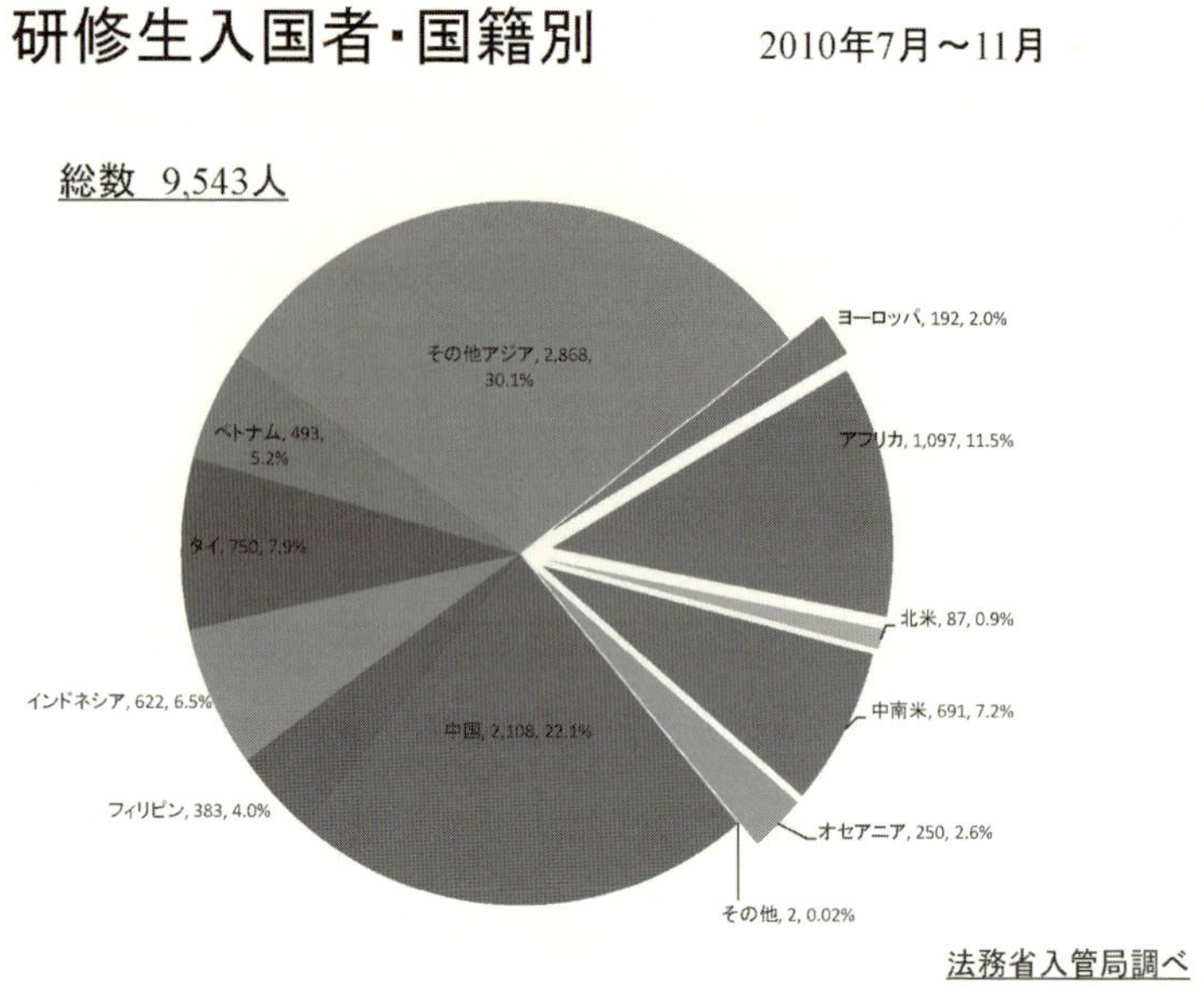
研修生入国者・国籍別
2010年7月～11月
総数 9,543人
その他アジア, 2,868, 30.1%
ヨーロッパ, 192, 2.0%
アフリカ, 1,097, 11.5%
ベトナム, 493, 5.2%
タイ, 750, 7.9%
北米, 87, 0.9%
インドネシア, 622, 6.5%
中国, 2,108, 22.1%
中南米, 691, 7.2%
フィリピン, 383, 4.0%
オセアニア, 250, 2.6%
その他, 2, 0.02%
法務省入管局調べ

図９

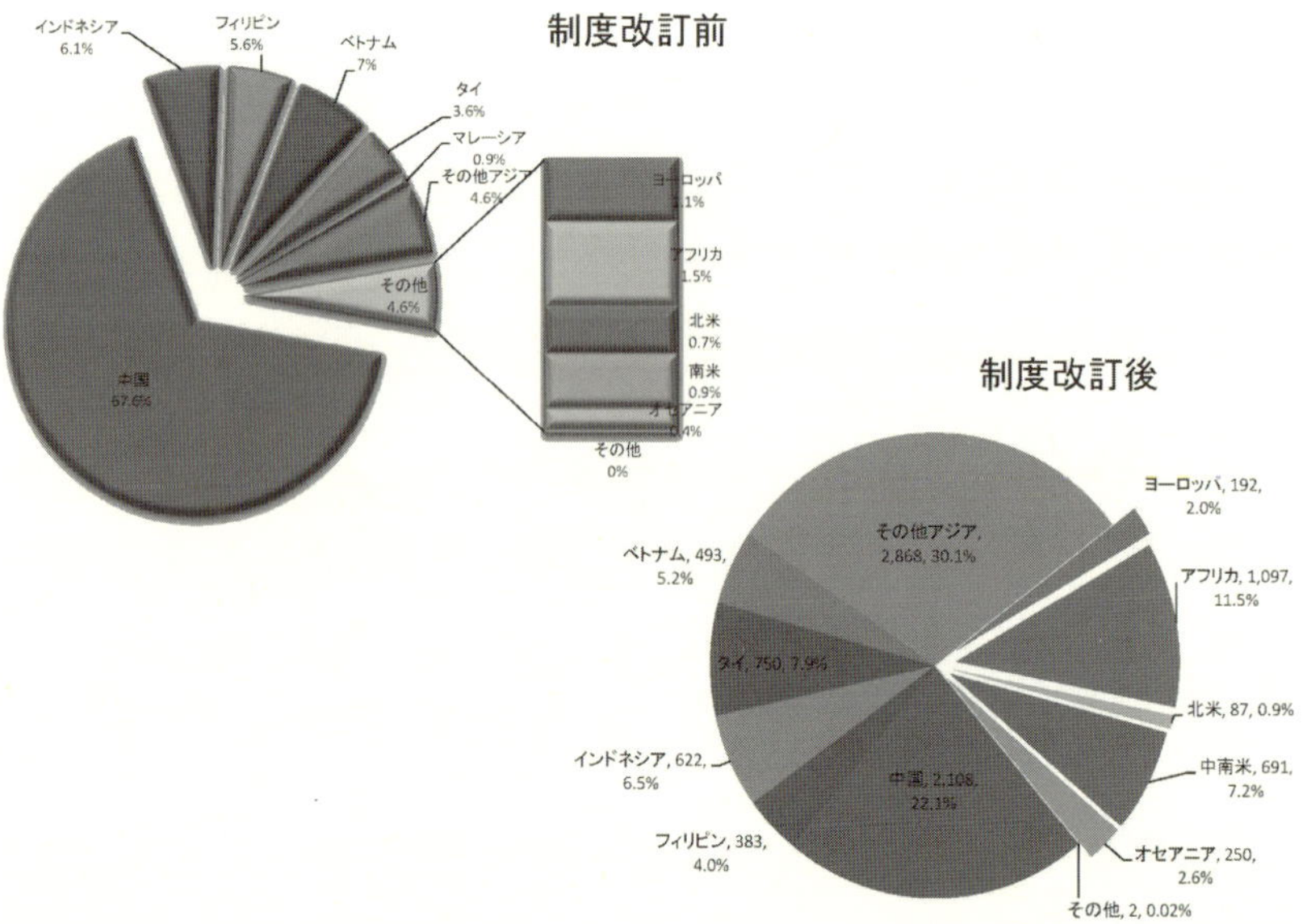
制度改訂前
インドネシア 6.1%
フィリピン 5.6%
ベトナム 7%
タイ 3.6%
マレーシア 0.9%
その他アジア 4.6%
その他 4.6%
中国 67.6%
ヨーロッパ 1.1%
アフリカ 1.5%
北米 0.7%
南米 0.9%
オセアニア 0.4%
その他 0%
制度改訂後
その他アジア, 2,868, 30.1%
ヨーロッパ, 192, 2.0%
ベトナム, 493, 5.2%
アフリカ, 1,097, 11.5%
タイ, 750, 7.9%
北米, 87, 0.9%
インドネシア, 622, 6.5%
中国, 2,108, 22.1%
中南米, 691, 7.2%
フィリピン, 383, 4.0%
オセアニア, 250, 2.6%
その他, 2, 0.02%

図10

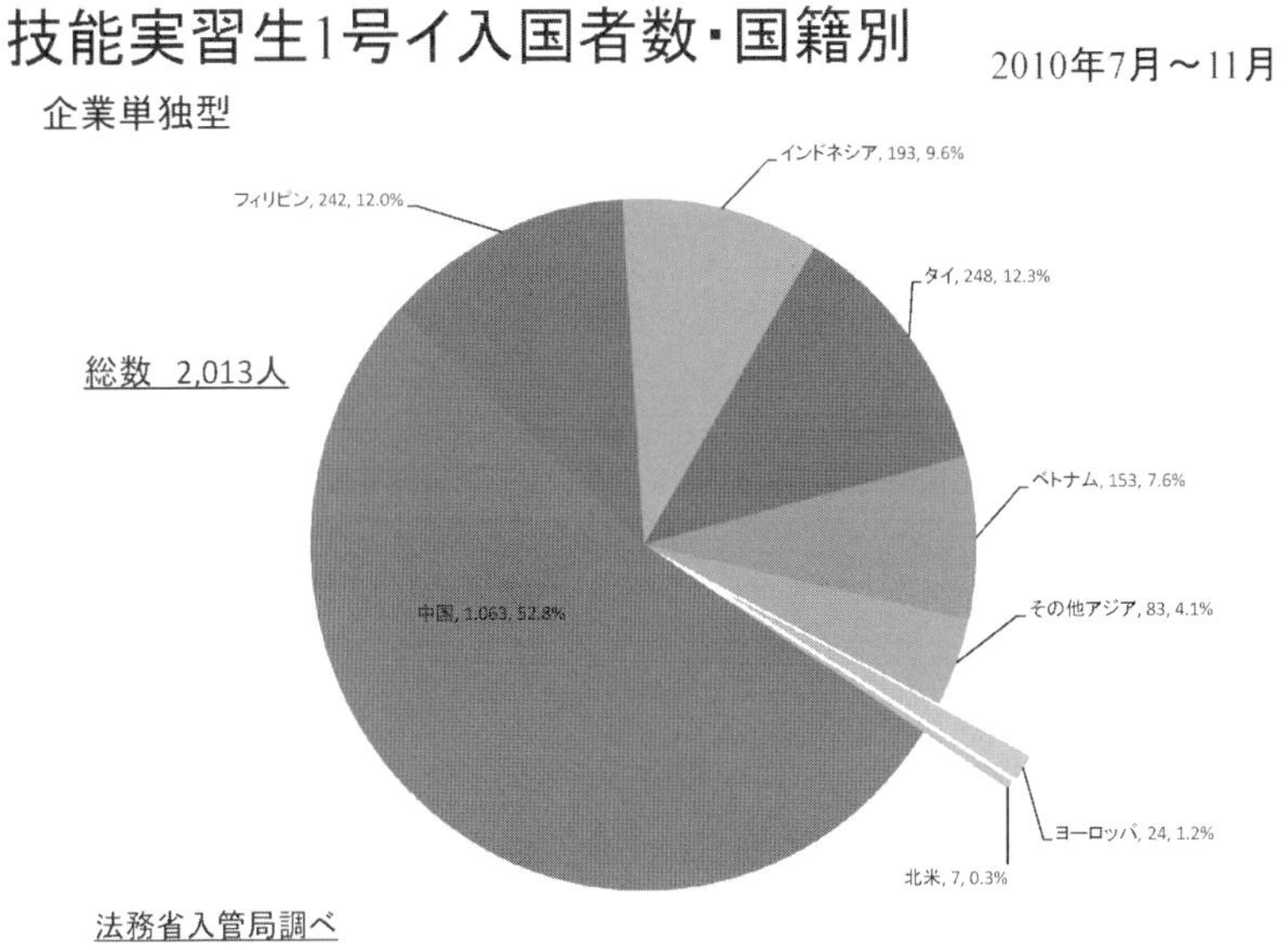
技能実習生1号イ入国者数・国籍別
2010年7月～11月
企業単独型
総数　2,013人
インドネシア, 193, 9.6%
フィリピン, 242, 12.0%
タイ, 248, 12.3%
ベトナム, 153, 7.6%
その他アジア, 83, 4.1%
中国, 1,063, 52.8%
ヨーロッパ, 24, 1.2%
北米, 7, 0.3%
法務省入管局調べ

図11

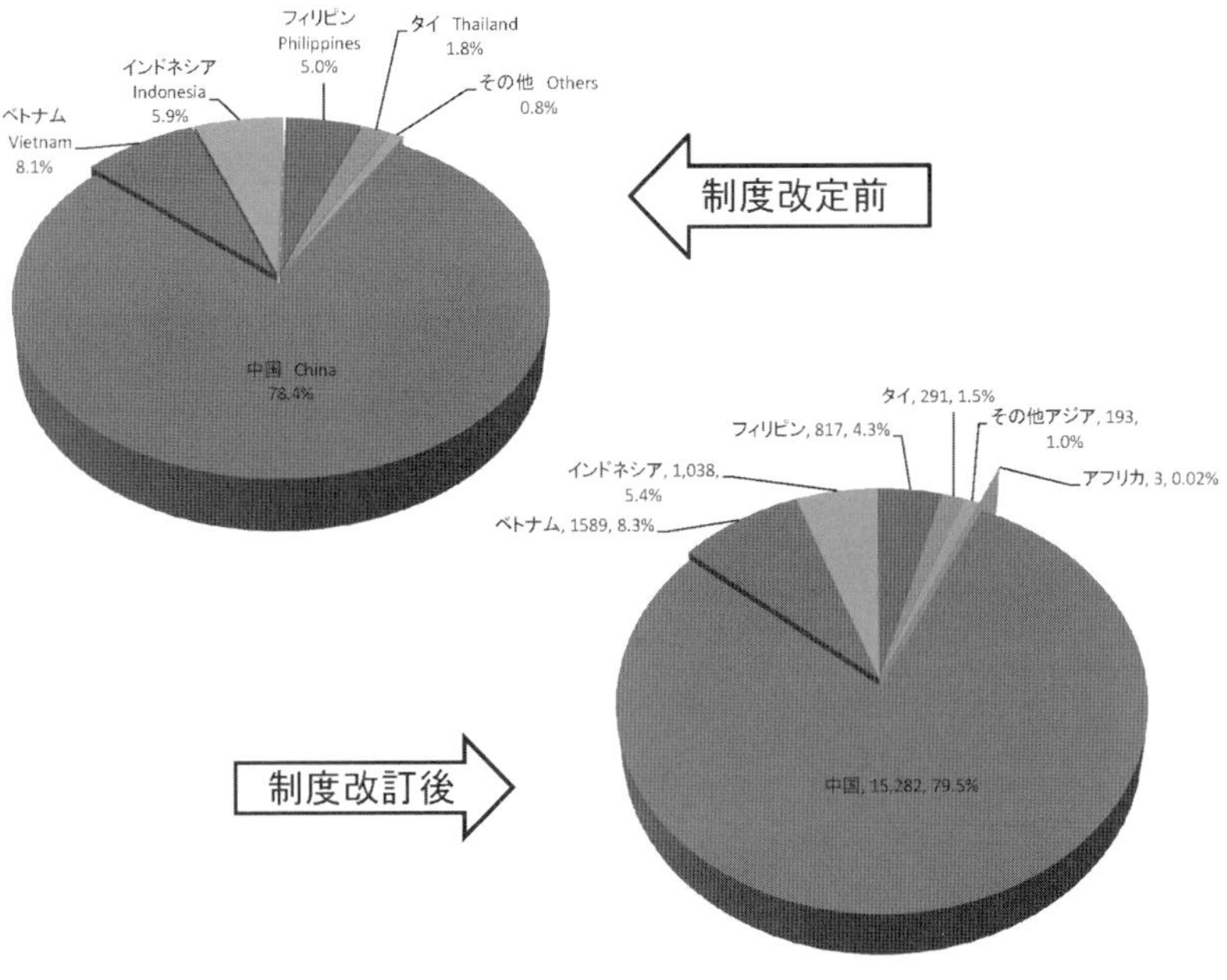
フィリピン
Philippines
5.0%
タイ Thailand
1.8%
インドネシア
Indonesia
5.9%
その他 Others
0.8%
ベトナム
Vietnam
8.1%
制度改定前
中国 China
78.4%
タイ, 291, 1.5%
フィリピン, 817, 4.3%
その他アジア, 193,
1.0%
インドネシア, 1,038,
5.4%
アフリカ, 3, 0.02%
ベトナム, 1589, 8.3%
制度改訂後
中国, 15,282, 79.5%

五％ぐらいだろうと言っていたのは、いみじくも数字として表れてきたかなと思っています。

技能実習はほとんど変わりません（図10）。これは制度改定前と制度改定後（図11）ですから、技能実習はほとんど国籍は変わっておりません。つまり、労働力として技能実習は機能しているということになります。

多民族・多文化共生時代に入った日本を象徴する救援活動

最後に、私は震災における外国人に対する処遇というか、情報の開示など非常に遅れている部分があると思います。いろいろな問題もありますが、阪神大震災との大きな違いは何かというと、多民族救援活動があったということです。

これはフィリピン人の人たちが炊き出しに行きたい、行かせてくれということで参加してアドボという鳥料理ですが、これを作って提供しています。この人たちは繰り返し行なっています。

私が三月二〇日に南三陸町に初めて行った時、驚いたのは救援物資が置いてあるところにフィリピン人の女性がいるので声をかけたら、結婚して南三陸町に二三年住んでいるということでした。当たり前のように、救援物資の割り振りをする責任者として、このフィリピン人の方が地域の一員としていらっしゃるわけです。神奈川のフィリピン人コミュニティの組織にその話を伝えたところ、ぜひ南三陸町に行きたいということにもなったわけです。

宮城から岩手にかけては、沿岸部分にフィリピン人の方が教会を中心にしたコミュニティを持っていて、自分たちが被災しながらも、お互いに助け合っていたのです。

また、バングラデシュ人の組合員――ほとんどはかつてオーバーステイだったのですが、現在は在留特別許可を持っている人たち――が、震災が起きた直後に私のところにすぐ電話をしてきました。一〇〇〇ドル片手に日本に来たが、この社会に恩返しをしたい、なんとかできないかと言うのです。なかなか段取りがとれなかったのですが、ようやく四月二四日に南三陸町に行けるようになると、彼らはタンドリー窯を四基もトラックに積み込んで、被災者の人に温かいナンを食べさせたいと言って出発していきました。

「ひとりじゃない」というのが私どもの組合のスローガンで、「名無しの震災救援団」の合言葉にもなっているのですが、この合言葉を胸に付けてみんなで炊き出しをしています。避難所でタンドリーチキンを焼いて提供をしています。

このバングラデシュのグループはこれ以降、毎月一回ずっと行っています。南三陸町では今「福興市」というのをやっており、このバングラデシュのカレーを提供しています。

地元の被災者の人たちは共同食堂を作って、ばらばらになったコミュニティをつなぐ場をつくろうとしていますが、私たちの共同食堂は多国籍料理にしたいということで、タンドリー窯が欲しいというような地域の意識の変化をもたらしています。

ある避難所のスタッフの方は、「鳥井さん、仏教のことを悪く言うわけじゃないが、今回ばかりはキリスト教とイスラム教を見直した。ものすごい早い時期から来て、救援物資を持ち込んで炊き出しをしてくれた。本当に見直した」という話をしてくれました。

四月四日付の「京都新聞」があるのですが、仙台にある朝鮮学校も被災直後に開放し、被災者に対して救援活動や炊き出しをしています。

情報の問題など、話し尽くせないほどいろいろな問題があるのですが、一方では、今回の東日本大震災は、現在の日本社会が多民族・多文化共生社会に既に入っているということを照ら

名無しの震災救援団活動一覧　　2011年3月20日～9月10日

３／１１（金）地震・津波発生　福島第一原発事故発生
２１（月）第１便南三陸町災害対策本部到着
５名＋中央梱包運転手
２６（土）相談会、名無しの震災救援団として再スタートを確認
２７（日）救援物資第２便・第２次現地支援活動
４名＋中央梱包　　マッサージ
４／　３（日）第３次現地支援活動
７名　　フィリピン人安否調査、マッサージ
１０（日）救援物資第３便・第４次現地支援活動
１９名＋中央梱包　　アスベスト環境測定、マッサージ
東京労働安全衛生センター、アスベストセンター、あうん
１７（日）第５次現地支援活動・炊き出し
１８名参加　主催：郵政ユニオン　　宿泊：４名
献立　昼食：豚汁　　夕食：カレー
２４（日）第２回炊き出し・第６次現地支援活動
４５名参加　主催：バングラデシュグループ　横浜中華街有志
名古屋労災職業病研究会
昼食：ベイサイドアリーナ　カレー、ナン、タンドリーチキン 1000食
夕食：志津川高校　同上 1000食

２９（金）第７次現地支援活動
４名参加　　現地調査、マッサージ活動
５／８（日）第３回炊き出し・第８次現地支援活動
２４名参加　主催：川崎市民グループ
献立　ティータイム　ケーキ　夕食：すき焼き皿
１５（日）第４回炊きだし（第９次現地支援活動）
２３名参加　主催：東京グループ
献立　昼食：天ぷらそば、いなり寿司　夕食：ハッシュドビーフ
２２（日）第５回炊きだし・第１０次現地支援活動
２７名参加　主催：神戸公務員グループ
２３（月）第６回炊きだし・第１１次現地支援活動　～２７（金）
２０名参加　主催：郵政ユニオン近畿地方本部
献立は別紙

25（水）物資補給・第12次現地支援活動
8名参加
29（日）第7次炊きだし・第13次現地支援活動
30名参加　主催：カラカサン
夕食：アドボ
福興市　コロッケ、アスベストマスク、Tシャツ
6／　5（日）第8次炊きだし・第14次現地支援活動
26名参加　　主催：川崎市民グループ
ドーナッツ　　　夕食：唐揚げ
12（日）第9次炊きだし・第15次現地支援活動
16名参加　　主催：郵政ユニオン
朝食：鯖塩焼き　　昼食：にゅうめん　　夕食：焼き肉弁当
19（日）第10次炊きだし・第16次現地支援活動・KFC
60名参加　　主催：神戸定住外国人支援センター（KFC）
昼食：デジカルビ　　夕食：韓国海苔巻き（キンパ）ベトナム風
26（日）第11次炊きだし・第17次現地支援活動
32名参加　　主催・バングラデシュグループ
夕食：カレー、ナン、タンドリーチキン
福興市　カレー、コロッケ、アスベストマスク
7／　3（日）第12次炊きだし・第18次現地支援活動
33名参加　　主催：学生グループ
昼食：冷やし中華　　夕食：オムライス
9（土）第13次炊きだし・第19次現地支援活動
5名参加　志津川中学給食弁当　　唐揚げ
10（日）第14次炊きだし・第20次現地支援活動
20名参加　　主催：全統一　　南労交
昼食：ジャージャー麺　　　夕食：ちらし寿司　　ハープ演奏

11（月）日本フィルハーモニーとの連携活動
・第21次現地支援活動
9名参加
16（土）第15次炊きだし・第22次現地支援活動
5名参加　志津川中学校給食弁当とんかつ
17（日）第16次炊きだし・第23次現地支援活動
16名参加　　主催：松戸地区労
昼食：焼きそば　　夕食：夏カレー

　　１８（月）第１７次炊きだし・第２４次現地支援活動　～２３（土）
　　　　　　１６名参加　　郵政ユニオン関係
　　　　　　献立別紙
　　２４（日）第１８次炊きだし・第２５次現地支援活動
　　　　　　１４名参加　　主催：全統一
　　　　　　昼食：そうめん　　　夕食　水餃子
　　３１（日）第１９次炊きだし・第２６次現地支援活動
　　　　　　２２名参加　　主催：バングラデシュグループ
　　　　　　福興市　　　アスベストマスク配布
　　　　　　夕食：カレー、ナン、タンドリーチキン、サモサ
８／　７（日）第２０次炊きだし・第２７次現地支援活動
　　　　　　４６名参加　　主催：カラカサン、フィリピンコミュニティ
　　　　　昼食：シニガンスープ、アジフライ、サゴジュース
　　　　　夕食：パンシット（ビーフン）、ルンピア・シャンハイ（揚げ春巻）
　　１４（日）第２１次炊きだし・第２８次現地支援活動
　　　　　　３３名参加　　主催：全統一グループ
　　　　　　昼食：ジャージャー麺　　夕食：カレー、サラダ
　　２１（日）第２２次炊きだし・第２９次現地支援活動
　　　　　　２６名参加　　主催：オーク学生グループ
　　　　　　昼食：ぶっかけうどん、チヂミ　　夕食：ハンバーグ、サラダ
　　２７（土）炊きだし機材整理整頓、避難所清掃
　　　　　　志津川高校避難所お別れ会
　　２８（日）第３０次現地支援活動・福興市
　　　　　　２４名参加　　　主催：バングラデシュグループ
　　　　　　カレー、ナン、タンドリーチキン　アスベストマスク配布
９／１０（土）第２３次炊きだし・第３１次現地支援活動・志津川中学校運動会
　　　　　　６名参加
　　　　　　昼食：カレー、サラダ

南三陸町現地支援活動　３１次　４１日間　延べ８３０人参加
　　　　　　＊炊きだし　２３次　３２日間
　　　　　　＊寺子屋活動

し出した――被災状況や救援活動の状況がそれを象徴しているのではないかと思っています。

李◉鳥井先生には時間が窮屈な中ご尽力くださりありがとうございます。三番目の報告者として辛淑玉先生お願いします。

震えていた宋神道《ソンシンド》さん

辛◉私は学者ではありませんし、きちんとした勉強をした経験もありませんので、学術的な発表はできません。なので、私が直接見てきた世界、私が感じてきた、私から半径三メートルぐらいの社会の話から、日本の社会を見ていきたいと思います。

NHKの「クールジャパン」*という非常に面白い番組を見ました。そこでは、日本にいるさまざまな外国人ジャーナリストが出演して、いかに3・11以降の日本の人たちの行動様式がすばらしかったのかを延々と語っていました。

それを見ていて、この程度でジャーナリストとして飯が食えてしまうんだから、いいなぁと思いました。

一例をあげましょう。中国のメディアで「日本の人たちはこんなにきちんと整列して並んでいて、略奪も起きていない」と褒めたたえているニュースが出た時、それを見ていた日本の若者たちは何と言っていたか。たとえばインターネットの中では、「そうだよ、俺たちはチャンコロとは違うんだよ！」といったコメントが飛び交っていたわけです。

この「ジャーナリスト」たちは、いったいどこを見ているのかな、と思いました。

三月一一日、私は八王子にいました。信号機が弓のようにしなって揺れる中でテレビを見ていたら、ものすごい津波の映像が出て、そのとき最初に頭に浮かんだのは、宋神道《ソンシンド》さんのこと

＊来日したばかりの外国人の目から、日本の衣食住の文化を紹介する番組。NHK BShi、BS2。

辛淑玉

でした。

宋さんは、在日の先輩です。多くの方はご存じないかもしれませんが、彼女は拉致監禁強制売春を強いられた、差別語で言うところの「従軍慰安婦」として、在日の中で唯一声を上げて裁判を起こした女性です。

彼女は一九二二年生まれで、もう九〇歳近いです。確か、宋さんは仙台に住んでいたな、と思ったのです。

最初の三日間は、本当に宋さんが死んでいたらどうしようと思い、私は日本の中では全国的にネットワークのあるほうですから、爆発的な勢いで探しましたが、見つかりませんでした。そして関係者一同、本当にみんなで、宋さんは、宋さんはと、電話が通じるようになってすぐに、宋さんは、宋さんはと探しました。

そのうちインターネットに、各避難所にいる人たちの名簿が出るようになりました。私は寝ないで何回も、何回もそれを検索し続けました。でも、探せませんでした。

それからしばらくして、一週間か二週間ぐらい経った時に、「在日の慰安婦裁判を支える会」の梁澄子《ヤンチンジャ》という友人から、「見つけた」と連絡が入りました。

生きていてくれました。彼女は避難所にいました。それなのに、どうして私たちは彼女を探せなかったのか。実は、宋さんは日本名で避難所に登録をしていたのです。

宋さんはとても強い女性です。裁判で負けて、みんながっくりきていると、軍歌を歌いながらみんなを勇気づけてくれたりするのです。

その宋さんが一回だけ、私の前でべそをかいたことがあります。どういうべそをかいたのかといったら、「おれ、ちゃぶとん欲しかった」と言うのです。「ちゃぶとん」というのは「座布

宋神道さん

団」のことです。

私たちは外国人登録証というものを持たされています。これは外国人を犯罪者予備軍と見なして管理するために持たされているものです。一般の日本の人たちは住民票です。そして、住民サービスというのはすべて住民票をベースにしてなされます。

ですから、よほど自治体職員の意識が高くなければ、たとえば私のところには成人式の案内も来なければ、そういったサービスはいっさい来ないのです。

宋さんは日本に向かって喧嘩を売っていたというふうに見られていたのでしょう。その軍用性奴隷裁判の頃、近所のおじさんたちからどういうふうに言われていたのかというと、「お前は売女《バイタ》のくせに、今度は日本の国から金を取るつもりなのか」と、これがまた定期的に、恒常的に嫌がらせをしてくるおじいちゃんがいました。彼女はそういう人たちの中で暮らしていました。

敬老の日、そのおじいちゃんのところには緑の座布団が配られて、九〇近く、もうあと何年も生きられないという宋さんのところには配られませんでした。

そのとき宋さんは、死ぬ間際になっても「お前はあっちだ」と言われたんだと思います。宋さんが「おれ、ちゃぶとん欲しかった」と言った時は、一〇〇枚でも二〇〇枚でも買ってあげたいと思いました。

その宋さんが、地震の時は裸足で逃げました。裸足で逃げて、やっとたどり着いたその避難所で、彼女は日本名を使いました。

怖かったんだと思います。危機的な、究極的なその状況の中で、もし自分が朝鮮人であるということがわかった時、この社会は助けてくれるだろうかと思ったのだと思います。

そして、宋さんを探しだした梁澄子によると、あの気の強い宋さんが借りてきた猫のようだったというのです。ぶるぶる、ぶるぶる震えていたそうです。

一〇〇億の「保険」

そんな中、ソフトバンクの孫正義会長が一〇〇億の寄付を申し出ました。彼は在日二世で、日本の国籍を取っています。その彼が何と言ったのかというと、「日本人として、この苦難を乗り越えるために当然のことをした」と言いました。そして、自分が会長職でいる間、その年俸の約二億円を毎年寄付すると言いました。

楽天の三木谷さんも寄付をしました。彼は一〇億でした。そして、ユニクロの柳井さんも一〇億の寄付をしました。

この三人は、経済界では御三家と言われています。その中で、孫正義だけが一〇〇億の寄付をした。他の二人の一〇倍です。

これに対して、在日二世の先輩たち――私は三人からしか聞いていませんので、これが在日社会全部の答えだとは思わないでください。でも、少なくとも私が聞いた三人の先輩たちは、この孫正義の一〇〇億に対して、同じことを言いました。

講演会で、この三人は何と言ったと思いますかと会場の日本の人に聞きました。その答えがおもしろいんですね。

「そんな金があるなら朝鮮人とか韓国人に使ってくれればいいじゃないか」とか、「日本人として認められたいから一〇〇億寄付したんじゃないか」と言ったんじゃないかという話が出てきました。

在日二世の先輩たちは何と言ったのか。「保険だ」と言いました。「孫正義は保険をかけてくれた」と言ったのです。

これがわかるか、わからないかで、おそらくその人と朝鮮人との距離が見えると思います。私には、先輩たちが言った「保険だ」という言葉の意味はすぐ飲み込めました。

私には祖母がおります。この写真は、祖母が繊維会社の女工だったときの写真です。おばあちゃんは死ぬまでこの写真を見ようとしませんでした。生きている間はけっして見たくないといった写真を、私はかっぱらってきました。

おばあちゃんは一九〇一年生まれです。在日の一世です。そして、口減らしのために女工として日本に送られてきました。

私は小さい頃、いろいろな家に預けられていて、少し経つとおばあちゃんのところに戻り、それからまた預かってくれる人のところに行き、また戻りという形で、親戚中をたらい回しになっていました。ですから、おばあちゃんと一緒に暮らしたのが一番長いのです。そのおばあちゃんは、夜寝ていると、いつも夢遊病のように起き上がりました。

夜中にがばっと起きて、「わーわーわーわー」と叫びながら、「ピッチャル、カジョワ、ピッチャル、カジョワ」と言うのです。「ピッチャル」というのは朝鮮語で「ほうき」のことです。「カジョワ」というのは「持ってこい」です。

住んでいたところは三畳ぐらいの台所に四畳半ぐらいの部屋が二つあるだけのところです。物のいっぱい置いてある狭い中を、おばあちゃんは夢遊病のように、そう言いながら鍋や釜をちゃんとよけて歩くのです。

おばあちゃんに、いったいどんな夢を見ているのかと聞きましたら、「追いかけてくるんだよ」

おばあちゃん

と言うのです。でも、わかりませんでした。日本人が追いかけてくるということの意味が、子どもの私にはわかりませんでした。

そのおばあちゃんが亡くなって、もう三〇年経ちます。今から一〇数年前に、私は在日の先輩たちの生活調査というのに少し参加しました。すると、えっ、あんたんちのおじいちゃんもそうなの、あなたのところのおばあちゃんもそうなの、あんたのところも、って、おかしなことをするじいちゃん、ばあちゃんが結構いたのです。

何だろうこれは、と思って、よくよく調べてみたら、実は共通点がありました。みんな、関東大震災の経験者でした。

関東大震災では朝鮮人が六〇〇〇人殺されたとも、七〇〇〇人とも言われています。未だに真相究明はなされず、だれが殺されたのかも、何人殺されたのかも、どこに埋めてあるかもわかりません。

関東大震災というのが、いったいどういう状況だったのか。三人の方の証言だけお話しします。

フクシマゼンタロウさんの証言です。「九月二日の昼下がり、後ろ手に数珠つなぎになった朝鮮人に、兵隊たちが銃剣を振りおろしていました。頭蓋骨が割れ、血が一面に飛び散りました。「ざまあみろ、不逞鮮人め*」、兵隊たちは口々にそう言いながら襲いかかっていきました」

シノハラリョウコさんの証言です。「美倉橋のたもとで下手な日本語でしきりに謝っている朝鮮人がいました。薪で起こした火の上に四、五人で引っ張っていかれ、下から燃やされているのです。焼かれている人は悲鳴をあげているのですが、もう弱々しい声でした」

ワダマサタカさんの証言です。「四ツ木橋では野次馬が中年の朝鮮人の女性をぐるぐる巻き

*植民地期における朝鮮人に対して日本人が使用した蔑称。

にして縛り、手足を押さえて仰向けにしてトラックで轢いていました。まだ手足が動いていると、もう一度と言って、轢き殺しました」

おばあちゃんはこの中を生き延びてきました。そして、私はおそらく、歴史的事実を目の前で見た一世がどのように壊れていったのか、人間が壊れていった結果を見た最後の世代です。

二世はそんな祖父母たちと一緒に生きてきました。ですから、在日二世の人たちが、孫正義の一〇〇億を、孫さんがどのような気持ちでそうしたのかはわからないけれど、それを見た二世の人たちの気持ちの中では、これは保険をかけてくれたんだ、殺されないための保険なんだ、と感じたのです。

「本当にやっていないのか」

実際、今回の震災でも被災地ではデマが横行しました。朝鮮人が自衛隊を殺している、中国人が警察官を殺している、そして、略奪をしていると。そんなデマが流されたとき、普通だったら首相あたりが出てきて、きっちりとそれを止めるのがまともな社会です。私は、在日の中では、今の政権与党の中に友人知人が多いほうだと思います。それで、何回も電話をしました。でもそこで言われた言葉は、「本当にやっていないのか」でした。

そして、被災地ではなんとか外国籍女性のための電話相談のホットラインを引きたいと思いました。なぜなら、私の身内も含め、外国籍住民の女性がドメスティックバイオレンスの被害を受ける比率はとても高いからです。

性暴力というのは、壊れた社会の中では必ず起きます。私が行ってきた、見てきた東北の被災地、仮設住宅や避難所の中では男の人が荒れています。無理もありません。家も、仕事も、すべてを失ったのですから。だから男の人たちは酒を飲んでいるか、寝ているか、喧嘩しているかです。その中では、必ず性暴力が出てきます。

政府にお願いして、なんとかホットラインをつくってくれないかと言いました。その時に言われた言葉が今も胸に刺さっています。「日本人より先に外国人を助けるのは、日本人の国民感情が許さない」と言われたのです。私は、先に助けてくれとは言わない、でも、同じにしてほしい、と言いました。

ずっと、一〇年も二〇年も一緒に人権で戦ってきた人たちが、いざ政権を取ったら、とたんにマジョリティの側に顔を向けました。政権を維持するためです。彼らは、自分たちが「いい人」と見られるためにだけ人権を口にして、でも自分たちが力を持ったらもうけっしてそこを振り向こうともしないのです。

パブリックエネミーとしての「朝鮮」

政府が引いた電話相談があります。それは今回の被災地のために引いたわけではなく、女性のためにもともとあったホットラインでした。そのホットラインに、震災直後から爆発的に電話がかかってきました。それは被災地からではありません。

かつての阪神淡路大震災、それから中越沖地震、その他の災害の時に強姦などさまざまな性被害を受けた女性たちから、悲鳴とも言える電話がかかってきました。PTSDです。一五年前の災害の傷が、今やっと表に出てきたのです。

あの時の災害と比べて、今回はまるで規模が違います。今現地で何が起きているのか、それは想像するしかありません。

たくさんの思いがあります。でも、自分が無力だということだけはよくわかりました。声を上げても届かない。そして、東京で話をしていると、今度は外国人が福島でかっぱらいをやっていると言われ、そうした一つひとつにどうやって対抗していけばいいかと思う。でも、この国は福島が、被災地が我慢していれば我慢しているほど、さっさと忘れていこうとします。そして、その中で抑圧された弱者はきっと押しつぶされていくのだと思いました。私にとっては、鳥井さんの活動が唯一の光でした。そして、申し訳ないが、そういう活動をしているのは、組織ができているのは、私の知る限り鳥井さんのところだけです。

朝鮮人が朝鮮人を救いに行くことはできませんでした。部落民が部落民を救いに行くこともできませんでした。まず最初に「日本人」を救うということを言わなければ、そこに入ることが許されませんでした。怖いからです。自分も怖いが、自分がいなくなった時、そこに残された人が排除されないかという怖さがあります。

そして、私がいま講演会に行きますと、プアホワイト*のような、仕事を失った日本の若者が、堂々と抗議をしに来ます。かつてのように名前を隠そうともせず、公然と朝鮮人には出ていってもらいたいと言う人たちと向き合います。

このエネルギーはたぶん広がると思います。パブリックエネミー*として、公的な憎しみの対象として、日本人が日本人であるために、日本人として固まるためには敵が必要で、叩く相手が必要で、それはたぶん朝鮮人なのだと思います。

そのようにして、政府はまた「朝鮮」を利用して、この国を統治していくのだろうと私は感じています。

＊アメリカ合衆国諸州の主に農業や肉体労働に従事する白人の低所得者層に対する蔑称たるプアホワイトトラッシュ（Poor White Trash）とほぼ同義の和製英語。特に、ウィリアム・フォークナーやアースキン・コールドウェルの作品に描かれるような、南部地域のしいたげられている白人について言われることが多い。

＊「社会の敵」を意味する英語。反社会を標榜する集団に用いられる。

内なる国際化

李◉昨年は韓国併合一〇〇年でした。内外の歴史研究者を三〇名ほど招いてその記念シンポジウムを行なった際、植民地主義の遺産というのは残り続けてしまっているのに、現実を改善できない現状を見てみると歴史学研究は無力であると申し上げて、歴史学研究の奮起を期待する趣旨の発言を促しました。辛先生のお話を伺って、学問や研究、とりわけアジア学が無力だと言ってしまったら最後だという思いを新たにしました。

このシンポジウムは、日本とアジアの諸問題をあぶり出して、この国の在り方を変える方策を考える「内なる国際化」ということをテーマにしております。村井先生にはこのようなシンポジウムの狙いを念頭に、コメントをいただきたいと思います。村井先生はアジアにおける人権問題、災害復興などにも深くかかわりながら、日本の対アジア関係の在り方について、数々の提言をしていらっしゃいます。

村井◉私の専門は狭い範囲で言うとインドネシア研究です。インドネシアにかかわって三〇数年経ちます。その中で日本社会がだんだん見えてくるというか、わかることがたくさんあります。

今、李成市先生から「内なる国際化」という言葉が出ました。これはたぶん三〇年以上使ってきた言葉のような気がします。それにもかかわらず、まだ使わざるを得ない。つまり、私たちは「国際化」、最近でいえば「グローバル化」、あるいは「多民族共生」とかいうことを言葉としてはずっと受け入れてきた。にもかかわらず、辛淑玉さんの報告にもあるように、少しもその内実が見られない、相変わらずだという感じがします。

村井吉敬

「がんばろう日本」の恥ずかしさ

私は八月の終わりごろに韓国に行きました。その時に韓国の友人からこんなことを言われました。

「韓国は日本の震災の時にずいぶんたくさん支援活動をした。これは、自慢で言っているわけではありません。にもかかわらず、ある国会議員が、我が国の島であるウルルン島*を訪問しようとした。空港で阻止されて帰ったらしいが、なぜこの時期にそのような人たちがこんなところに来なければいけないのですか」

この国会議員は竹島で拒否されて、その腹いせにウルルン島に行こうとしたということです。島の帰属の問題はともかくとして、ウルルン島は韓国領です。ただ刺激するためだけにその島へ行こうとする人がいたこと自体、私は恥ずかしかった。

恥ずかしさというのはずっと続いていて、それは教科書問題にもよく出るわけですが、日本の社会の一番根底に何かぬぐえない、先ほど辛さんがご指摘になったような、根源的な構造が巣くっていて、それがことあるごとに顔を出す。

三月の震災のあと、テレビを見るのが嫌になるぐらい「がんばれ日本」「がんばろう日本」と、「日本」の大合唱でした。

この日本というのは、先ほどの御指摘にあったように、在日の研修生がいないと農業も水産加工業も、あるいは中小の製造業も成り立たなくなっているのです。農業の研修生・技能実習生がいないと農家は生産すらできないような状況になっているにもかかわらず、「がんばれ日本」はないんじゃないのかなと、私は思っていて、いささかうんざりしたわけです。

＊韓国（大韓民国）、東方の海上（東海／日本海）にある直径一〇km程度の火山島。

震災後に私たちの社会は変わったか変わらないかということ、あるいはアジアの人たちだけではなくて世界中の人たちの共生、連帯に向けて、社会がその方向に歩み出したかどうか、そこをちょっと考えてみたいのです。

津波と瓦礫

一九九六年、阪神淡路大震災があった年の二月にインドネシア領パプアの北にあるビアク島というところで、マグニチュード八・二ぐらいのかなり大きな地震が起き、津波が発生しました。私はちょうど一週間前にその島にいたので、気になって電話をしたけれども、全然通じない。やっと通じて、私の知り合いに話を聞いたら、幸いにしてあまり犠牲にはなっていない。かなり大きな地震で、大きな津波が来たにもかかわらず、死者の数は百数十人と少なかったのです。

それはどういうことかと、今回の震災も含めて考えました。

二〇〇六年に今度はスマトラ島沖地震で二〇万人以上の人が亡くなりました。アチェ州というのは紛争地帯で、外国人の入域禁止地域だったのですが、私はその津波の起こる四ヵ月ほど前に無理をお願いして、その州に入れてもらいました。私が行きたかった地域というのは、特に「ゲリラ」がたくさんいるところで、警察はジープに武装警察官を一〇人つけたら行ってもいいよと言われ、さすがにそれは断りました。

そのあと津波が起きて、ここでも非常にたくさんの人が亡くなりました。今度の東北は二万人弱ですが、アチェだけで一七万人の人がいっぺんに亡くなって、これは本当に東北の津波と同じような規模の、あるいはもっと大きな津波が来たわけです。

パプアのビアク島の地震と、アチェの地震を比較して考えると、一つは瓦礫の問題です。瓦礫がいかに怪物かということです。アチェの都市部では瓦礫でものすごい数の人が犠牲になりました。

ところが、パプアでは、家はもちろんあるのですが、たいていはヤシの葉っぱでふいた、竹の柱の家ですから、潰れても大したことはありません。人もあまり亡くなっていない。

つまり、東北の地震もそうですが、近代のごみの問題と津波の被害は実は非常に関係があるという気がしました。

人災という問題

もう一つもっと大事な問題なのですが、インドネシア国軍がアチェにいたがゆえに救援がものすごく遅れました。最初は外国人を入れなかったのです。一週間以上経ってからやっと外国人が入れるようになりました。軍が阻んだわけです。

それから、ビルマで二〇〇九年五月にサイクロンの大被害があって、ここでも一〇万人が亡くなっています。その時にも外国はほとんど入ることができませんでした。

軍政という政治の在り方の問題があります。田中秀征さんのお話のように、人災だということです。軍政──政治の問題が非常にかかわっています。

それとつながった形で原発があります。原発というのは軍とのつながりで考えるべきです。原爆と原発はいずれも核の力です。これは「平和利用」というようなことでごまかしていい話ではないと思います。

福島の問題、東北の問題にしても、福島の事故がどれだけそこの人たちに大きな被害を与え、立ち直れなくしたか。自分たちが何百年にわたって住んできた土地に帰れない。「死の町」と言ってくびになった大臣がいますが、あれは本当に死の町になってしまったのです。帰ることができないのです。そのことをごまかして復興だのなんだと言っても本当に意味がありません。

そういう基本の問題を踏まえつつ、これだけグローバル化と言いながら、なぜと外国人と共生できないのか。

外国人なしでは成り立たない産業の構造

菅内閣によって出されていたTPPの問題が、震災によって一次頓挫しましたが、また復活しています。これがいいか、悪いかというのはいろいろな議論がもちろんあります。しかし、先ほどの東北の研修生・技能実習生の話を聞いていると、結局私たちの産業というのは、私たちの国籍人ではもはや成り立っていない。

外国人を排斥しては成り立たない産業というのが現に存在している。成り立たないから開放したらいいのか。そうしたら今度は研修生・技能実習生も失業するわけです。TPPを考える人には全く思いもよらないことかもしれませんが、その人たちだって、出稼ぎに来て、日本で稼いで帰るのです。ましてや、それを雇っている農家は完全に今度は息の根を止められてしまうという産業の在り方でいいのか。

それでいながら「日本がんばれ」みたいな、日本のことしか出てこないというような日本のつくられ方がある。それが日本のリアリティです。

孫さんが一〇〇億円出したのは保険だということから来る、ある辛さ、悲しさ。私たちはそこをわからなければいけないと思うのです。

このセッションのテーマは「震災と在日アジア人――『共生』への道筋は見えるか」という

ことですが、見えたいと私は思いますし、見えるような努力もしたいけれども、現実はまだ見えていないということです。

日本の中でも頭の下がる思いをされて努力をされている方もたくさんいます。今日の話の中で特に思ったのは、やはり現場で、顔の見える関係をつくっている人たちの強さです。そこには国籍もへったくれもないわけです。

ピーズボートの人はスリランカの人と友達だから受け入れたという話ですよね。それから、鳥井さんの場合は、普段つながっていた研修生を通じて、研修生・技能実習生に支援の手を伸ばそうとしてつながっている。

そこには国籍も民族もないわけで、私は常々思うのですが、日本人としてまとまることのある種のうそ寒さ…。日本人だから仲がいいわけでも何でもない。日本人だって、その辺でスリやかっぱらいをしているおやじもいれば、セクハラをしているおやじもいる。そんな人と私たちは連帯しようとしているわけではないです。近くにいる仲のよい人は外国人もへったくれもないと私は思っています。

そういう意味で、もちろんアジアだけが大事なわけではないのですが、とりわけ私たちの身近な在日のアジア人は、私たちに常に踏み絵を踏ませていると思うのです。そういうことを私は考えたいなと思います。

李◉では、可能な限り御質問を受けたいと思います。

質問1◉早稲田で講師を務めております。いろいろな地域の学生たちと仕事をしていますが、全員非常に知的で、協力をして勉強をすることができています。そういった意味では早稲田大学というのは共存というのが非常にうまくいっている場所だと思うのですが、私が気になっているのは辛さんのお話です。

日本の韓国あるいは中国の観光客に対する依存、また日本がこのような移民の労働者に対して依存するということ。これから先、出生率があまり上がらないということで、出稼ぎの労働者に頼るということになると思うのですが、それに関してはどう思われますか。

質問2◉安藤先生にお伺いします。農業研修生や技能実習生がいろいろ来ているわけですが、受け入れる側は技能を教えるというよりも、むしろ労働力として雇っているという感じで、来ている方も、技能を研修して帰って国でそれを農業に役立てる方もいると思いますが、ほとんどの方が賃金を稼ぐために来ているというような感じを持っております。このような制度が果たして双方の国にとっていいのかどうか、もっと見直しが必要ではないかと思いますが。

質問3◉辛さんのお話に衝撃を受けました。最初はこのシンポジウムとは無関係のお話をされているのではないかと思って聞いていたのですが、そうではなかった。日本の評論家は原発に対する安全性が失われたという一点を声高に言うだけで、自分はいっさい動かない。私もそういう一人なのですが、関東大震災のところまでさかのぼって物事を考えなければならないという発想をお聞きして、強く打ちのめされました。

東京大空襲*の時もそうだったのですが、自分たちが生き延びるために、自分たちより弱い人間を犠牲にすることについて全然恥じない。日本の国民は、戦前は天皇制で考える自由が失われたとか被害者意識でよく言うのですが、そうではなくて、江戸時代から続いた差別意識というものを頑なに持っていて、大事件の時など、本音を現わさなければならない行動をする時にそういうものが出てくる。だから、「グローバル」という言葉も上滑りに聞こえる。

国境、民族、ナショナリズムというものを打ち捨てて、人間対人間という姿勢で向き合えば、

＊一九四五年（昭和二〇）三月一〇日未明の東京下町に対する爆撃を中心とする、アメリカ軍の大量無差別の航空爆撃作戦。沖縄戦や広島・長崎への原爆投下と並ぶ太平洋戦争中の日本における大戦災となった。

考える前に体が動く。相手がどこの国の人であろうと関係ないのですよね。そういう動き方ができるのだということを教えられました。

質問4◉早稲田大学アジア太平洋研究科で大学院生を教えているのですが、村井先生に質問があります。TPPが通過すると研修生は仕事ができなくなるとおっしゃっていたような気がしたのですが、それはどういうことなのでしょうか。TPPが成立されたとしても、より多くの学生や労働者が日本に来て、いろいろな必要な仕事に就き、日本の社会に貢献するという仕組みはできないのでしょうか。

質問5◉私は福島市出身で、先日渋谷で福島に関するイベントをやっていたのですが、その時、関西のほうに避難をした福島市の方が、いじめられるとか、コミュニティとの共生というのができないということを、涙ながらに訴えていました。今回のテーマとちょっとずれるかもしれませんが、福島との共生という問題をどうお考えでしょうか。

意思があるところ道はひらける

安藤◉私の話は、お二人のご報告の前にかなり霞んでしまったと思っております。研修生・技能実習制度が、農家との間にウィンウィン関係となっているのではないかというご質問だったと思います。外国人を雇っている日本の農家の側からすると彼らは非常にありがたい存在であり、非常に助かっています。研修生・技能実習生制度があるので農業で働く人が来てくれるという面があります。もし仮に単純労働力として一律に受け入れてしまえば、農業というきつい産業に彼らは来てくれないでしょう。別のところに行ってしまう。この制度はある意味で、農業に労働力を直接送り込むパイプとなっているわけです。この制度があるおかげで農業は安価な労働力を調達することができていると私は思います。そして、その恩恵は、安全で安心な安価な国産農産物というかたちで私たち国民が広く享受しているわけです。皮肉な言い方になりますが。

繰り返しになりますが、この制度をやめて単純労働力を受け入れてしまうと、おそらく農業での人集めはかなり難航するのではないでしょうか。

しかし、農業については、世界各国を見ても常に労働力不足に悩まされるという歴史があります。自分の国よりも経済発展段階の低い国の低賃金労働力を不法に、時には合法的に、受け入れることによって生き延びてきたということも事実です。

マックス・ウェーバー*は「ドイツ東部国境を封鎖せよ」と演説しています（『国民国家と経済政策』）。ビートの収穫作業に、生活水準の低い、低賃金のポーランド人が入ってきている。彼らを雇うことで農業経営は成り立つのですが、ドイツ社会全体からすると問題があるという指摘です。ある意味でナショナリズムの表明です。こうした議論は昔からのものです。現在もアメリカ・カリフォルニアの園芸作を支えているのはメキシコからの不法移民です。農業をめぐるこうした問題の構図は歴史貫通的なもので、現在も続いていると思います。

私が辛さんの話を伺っていて考えたのは、やはり歴史は繰り返すということです。あの時も不況と、それがもたらす不満がさまざまな差別を生んでいきました。

関東大震災の時もそうでした。失業救済事業を実施しても、安い賃金でよく働く朝鮮からやってきた人たちに、日本の日雇い労働者が職を奪われていったという前史が（加瀬和俊『失業と救済の近代史』）、その後の悲劇を生んだのだと私は思います。

経済学では「下部構造が上部構造を規定する」と言いますが、やはり私たちの意識、「上部

＊一九世紀末から二〇世紀初めにかけて活躍したドイツの偉大な社会科学者。該博な知識と透徹した分析力によって、法学、政治学、経済学、社会学、宗教学、歴史学などの分野で傑出した業績を残し、また鋭い現実感覚によって当時のドイツの後れた社会と政治を批判して、その近代化に尽力した。

構造」は「下部構造」によって規定されてしまっているのでしょうか。「上部構造」が「下部構造」を規定することは本当あり得ないのかもしれませんが、人が持っている意思こそが本当に社会を変えていくと思いたい。つまり、経済に流されるがままではなく、社会というのは機能とか経済性とか効率性だけで組み立てられているわけではけっしてなくて、そうではない人が、それこそ半径三メートルのつながりの中で人間は生きています。

私が農業経済をやっているのも、農家の人たちの目から現実の世界はどのように見えているのかということを確かめたいがためでして、それで現場に行って話を伺っているのですが、そういう人たちが集まって社会はつくられているとすれば、きれいごとにしかならないかもしれませんが、私たちの意思で社会をつくることができるかどうかが、震災を契機としてもう一度問われている。

福島の方々に対する差別が起きないことを祈ります。しかし、日本には水俣の問題もありました。そうした歴史も含めて、私たちが意思をもって受け入れられるかどうかが問われているのだと思います。

私はクリスチャンではありませんが、Where there's a will, there's a way という聖書の言葉にありますように、「意思があるところに必ず道は開ける」と私は信じたいと思います。

研修制度はすべてを壊してしまう麻薬

鳥井◉研修制度は三年後に改定があるわけではなくて、既に改定は終わっています。二〇〇九年に法律が改正されて、二〇一〇年七月から新しい制度になっております。

おそらく、私の見たところでは、技能実習制度というのは、実態は従来の技能実習制度というのは終わってしまっているので、一〇年もかからないうちに看板の掛け替えをするかもしれません。しかし、それは何ら問題の本質の解決にはなっていないと思います。

それから、労働者としてということで言いますと、中国は既にこの制度は対外労務派遣と言い方をしています。ところが、日本では技能実習と言っているところに矛盾が深まっていく。つまり、この制度は、農家もそうですが、中小零細企業の事業主にとっても麻薬みたいなものです。どんどん壊していく。社会だけではなくて、農家もあるいは事業主のそこの人間関係もすべて壊してしまうような制度です。

一〇年の間に、私はたくさんの経営者の方、たくさんの農家の方とお会いしましたが、皆さん良い方です。その良い方がなぜこんなことをするのだろう。しかもレアケースではなくて、ほとんど経営者が、大小はありますが、そういう悪いことをしているのです。

会ってみますと、そういうことをする方ではないのですが、そういうことをさせてしまう制度だということをぜひ知ってほしいと思います。

外国人の被災状況

私たちは研修生を探しに行ったわけですが、研修生は全員無事でした。三月一一日の昼間に初めてその水産加工会社の社長と会ったら、社長が胸を張って、まず先に逃がしたからということでした。

南三陸町というのは津波の経験があるから、裏の崖に階段を作っていました。車で逃げようとしたり、走って逃げようとしたのを、とにかく階段を上がれ、駆け登れということで、逃がしたということです。そのあと避難所での生活を経て帰国をしたということでした。

実は、今わかっているところで、技能実習生は二名亡くなっています。宮城県の東松島市のカキの養殖です。亡くなった二名の方と、南三陸町のことを考えると、普段から研修生、技能実習生に対して緊急時の対応をどの程度教育されていたのかということも考える必要もあるかと思います。

それから、外国籍の人の死亡、行方不明者ですが、七三名と言われていますが、これも確かな数はわかりません。

私たちは外国人、日本人という考え方について、そろそろ考えないといけない。つまり、日本国籍を取っている人もいるわけです。結婚をした人、あるいは外国とつながりのある子どもで、子ども自身は日本国籍であるということもある。ところが、外国とつながりのある人がどの程度の被災状況にあっているかというデータを取る手立ては、今の日本にはないのです。

今私が持っているデータでは、韓国、朝鮮、中国、アメリカ、カナダ、パキスタン、フィリピン、この方々が亡くなっていることをつかんでおります。

デマはなぜ起きるのか

おもしろい新聞記事があります。一方は二〇一一年三月二六日付、震災が起きてすぐの朝日新聞で、「飛び交うデマ、惑わされないで」という記事が出ています。もう一つは一九九五年一月二七日の朝日新聞、つまり阪神大震災が起きてからやはり同じような期間が経ったころで、「外国人窃盗グループ。突き出された一〇人は日本人」という記事なのです。

警察もデマには気をつけてくれということを言っています。宮城県警が避難所を回って、外国人の窃盗団がいるというようなデマがあるけれども、そういう事件はない、デマに惑わされるなということを言っているわけです。

なぜこういうことが起きるのかということを考えていく必要があると思います。ゼノフォビア――「外国人嫌い」というところに流していくのは、まとめやすいことはまとめやすいのでしょうね。しかし、先ほど言いましたように、日本人と外国人と区別すること自体が既にナンセンスというか、全く実態にそぐわない。そういうことについてよく私たちは考える必要があります。

ちょうど震災直後の時期と重なったのですが、最近大相撲に新大関が出ました。あるテレビのコメンテーターが、「立派な横綱にも早く出てもらいたいね」と言ったら、ある女性タレントはわざわざ「日本人のね」と言ったのです。

白鵬の苦労を知らないのか、どれだけ苦労してこの日本の相撲界を支えて頑張っているのか。そういう考え方自体、事実を見ていないということに尽きると思います。

人を人として思いやる

最後に「共生」に歩み出しているのかどうかということですが、今チャンスはあると思います。この時に私はやはり、これまで以上に事実を見てほしい。事実を事実として見てもらいたい。この社会にどのような人が生きて、物ではなく、一人一人の人間としてどのように生きているのかということの事実をぜひとも見ていただきたい。

私は若い人に特に言いたいのですが、どういう人がどのように生きて、どういう社会をつくっているのか、この自動車一台のどのような部品をどのような人がつくっているのか、この事実についてよく見てもらいたい。

先ほど福島の話が出ましたが、福島は実は国内難民なのです。これまで日本は難民というのは人ごとのように考えていたのです。しかしながら、国境を超えた難民は問題ですが、国内における難民について考えなくていいのか。

国内においても、避難民として、難民として自分の故郷を奪われて移動をしている人がいる。この人たちを思いやる心というのは、実は私たちが出稼ぎに来ている移住労働者をどう見るのかということと、非常に重なるところがあるなと思います。

つまり、日本人か外国人かではなくて、この社会の一員として一人の人間として一緒にどうやって生きていくのかというところにどう転換するのか、既に始まっている多民族・多文化共生社会という事実をどのように見ていくのかということに尽きると思っております。

「差別」を超える

辛◉これから先、外国人を受け入れるような世の中に、少子化を含めてなっていくのかという御質問に対して、私は、そういう世の中にしなければいけないと思います。

いつも、いろいろなところで、来年はどうなると思いますか、といった質問を受けるのですが、そうではなくて、来年はどうするか、が大事です。

私自身は在日の三代目として生まれて、移住労働者の人たちに対してひどく責任を感じています。

それはなぜかと言いますと、自分たちがちょっと経済的に楽になってきたら、もう自分たちが経てきた歴史をそのまま残してきたことに対して振り向くことがないからです。

中国人研修生の問題にしてみても、これは国家による奴隷制度です。それを最初にわかっていたのは朝鮮人じゃないですか。

私たちは奴隷の子孫です。でも、自分たちが楽になってしまったら、その制度そのものは、そのまま温存してしまった。自分たちが生きることだけで精いっぱいで、声を上げることができなかった。だから、在日として生まれた責任を感じているのです。

福島のことを質問してくださったあなたに言いたい。私は、今回の件で、福島に対して責任を感じました。それは、いろんな人たちが言っているような、福島で作った電気を使っているからとかいう話ではありません。

故郷を根こそぎ奪われ、帰ることも許されず、そして私が取材した限りで言うならば、少なからぬ数の女性が中絶をし、そして旅館は福島の人の宿泊を拒否し、民間のがん保険には福島の人は入りにくくなり、荷物は福島には運ばないという話まで出た。よく風評被害とか言うけれども、バカ言っているんじゃない、と思います。

福島の人たちに対するこの差別は何なのか。一番その本質を表しているのは結婚差別です。これは既にもう出ています。そして、何らかの形で福島から戸籍を外した人を私は一人知っています。

これは何なのか。かつての朝鮮人差別、かつての部落差別、いや、今もある朝鮮人差別、今もある部落差別、そして今もある原爆二世、三世、四世に対する差別、そして水俣病*被害者への差別。

この社会が超えてこなかった差別の集大成が「福島差別」なのです。福島のものを食うか食わないかなんて問題じゃない。

私はちゃんと差別と闘ってきたのか、と自分で思うのです。ちょっと飯が食えるようになっ

＊熊本県下の水俣湾周辺地域と新潟県下の阿賀野（あがの）川下流地域とに再度にわたって発生をみた有機水銀中毒で、日本の代表的な公害病の一つである。

て、手を抜いたかもしれない。だから責任を感じています。超えていきたいと思います。

　あなたも一緒に超えてくれませんか。

ＴＰＰで研修生、技能実習生はどうなるのか

村井◉私はＴＰＰで研修生、技能実習生が失業するという、やや飛躍した言い方をしたのですが、その意味は、日本がネオリベラリズム*と言うか、アメリカ主導のグローバリズムの中に巻き込まれて、貿易も何もかも全部開放して「グローバル化」すると一体どうなるか。それは端的には農業、林業、水産業という、効率の悪い第一次産業はもう要らないという話になってしまって、実際に酪農農家はほとんど失業状態になってきているわけです。

　そういう中で、農業の部門で園芸作物をつくっている人たちも失業してしまう。外国の野菜のほうが安いというのは既に実現しているわけです。

　どんどんそれが増えていった場合、農業の株式会社化というのは進んでおり、大規模農家は残るかもしれませんが、たいていの零細農家は潰れて、そこに来て働いた研修生や技能実習生は来れなくなる。

　もちろん、ほかの分野でそういう雇用というのはあり得るかもしれませんが、今の制度自身、意味がなくなってしまうという意味です。

李◉震災後日本は変わったのか、共生、連帯へ歩み出しているのかという問いについては、震災後の日本のリアリティ、事実を直視することだということが話されたかと思います。
　震災後、ややもすると空虚な言葉がメディアにあふれ出しましたが、今日のシンポジウムでは大変魂のこもった言葉をたくさん耳にすることができたのではないかと思います。

＊新自由主義。国家によるサービスの縮小と大幅な規制緩和による市場経済重視の経済思想。

まだまだ復興への道筋は定かではありませんが、こういう信頼関係をつくることが着実な復興へ通じる道かと思います。

総合討論

3・11後の日本とアジア

――震災から見えてきたもの

◎小口彦太
◎天児慧
◎山田満
◎村井吉敬
◎李成市
◎坪井善明
◎松谷基和【司会】

►松谷基和（マツタニ・モトカズ）……………………………………………………………【司会】

◉早稲田大学アジア研究機構研究助手。

◉1998年国際基督教大学卒業。2002年東京大学総合文化研究科博士前期課程（韓国地域研究）修了。2003年ハーバード大学東アジア文明・言語学科博士課程入学、2006年博士候補資格取得（Ph.D. Candidate）。2009年より現職。

◉［専攻］韓国近現代史、植民地研究、キリスト教史。

◉"An Attempt to Integrate the Korean Family with the Japanese — A New Perspective on the "Name-Changing Policy" in Colonial Korea, *Gender and Law in the Japanese Imperium*（University of Hawai'i Press, Forthcoming)、「韓国近代史とキリスト教受容史研究の一断面」『ワセダアジアレビュー』Vol.7, (2010年2月)、「韓国におけるキリスト教民族主義の再検討——1910年代を中心として」『次世代アジア論集』Vol.3 (2010年3月)、「南朝鮮における米占領軍の神道政策——GHQ/SCAPの神道政策との比較の視点から」『現代韓国朝鮮研究』第3号、(2003年11月) など。

小口◉先般、我々は「3・11後の日本とアジア」と題して、アジア研究機構としてシンポジウムを開催しました。そこでは、第1セッションにおいて「アジアからの支援」、第2セッションで「アジアにおける原発問題」、第3セッションで「震災と在日アジア人」をテーマに議論がなされました。しかし、当日のシンポジウムでは必ずしも十分にすべての問題点について議論し尽くすことはできず、未練が残りました。そこで、本日はシンポジウムで発言された先生方に集まっていただき、シンポジウムでの議論を通して見えてきた諸問題をさらに多面的に考察し、議論する場を設けました。当日言い残したこととか、あるいは当日に十分に議論し尽くされなかった事柄につきまして、この場で議論が展開できたら、それが読者に対しても有益ではないかと考えます。ぜひ、活発な議論をお願いします。

第1セッション　アジアからの支援――「連帯」を拒むもの

松谷◉私が本日、司会を務めさせていただきます。早速ですが、まず、第1セッションにおける問題点をいくつか提起いたします。第1セッションの副題には、「連帯を拒むもの」と付けました。こうしたタイトルを付けた狙いの一つは、今回の震災で日本がアジア諸国から支援を十分に受け入れなかったことを踏まえて、その背景にある問題を照射することにありました。しかし、シンポジウムでの議論を振り返ると、支援を仲介するためのコーディネイターが足りないとか、物流網の混乱だとか、自治体と政府の連携が足りないといった、どちらかというと物理的な問題に終始した感があります。

確かにこうした物理的な問題はあったと思いますが、今回のシンポの趣旨である震災を通し

松谷基和

て見えてきた日本とアジアの関係に焦点を当てて考える場合、やはり日本がアジア諸国からの支援を受け入れなかった背景には、日本の対アジア関係やアジア観が影響していたという点はもう少し議論されるべきだったように思われます。

それと、もう一つの問題は、シンポジウムの議論の中では、支援する側とされる側の人々を考える際に、「国民」「国籍」を自明の単位として考えており、その問題性が看過されていた観があります。そういう私もパネリストを選ぶ時点では、どうしても「中国」あるいは「韓国」の代表を呼ぼうといった発想で、「国民・国籍」を前提とした発想と無縁ではありませんでした。

しかし、今日、アジアの中でも人の行き来が活発となり、そもそも何人《なにじん》かという定義やアイデンティティが複雑になっています。また、後の第3セッションで取り上げられる在日韓国・朝鮮人の方の存在を考えますと、そもそも「日本」に住んでいるけど「日本人」ではない人々も多数おられるわけです。また台湾のように国際関係上、国家としての地位が曖昧な事例もあります。そう考えますと、アジアからの支援受け入れの問題を考える時に、我々が、中国、韓国、日本といった国家間の次元における支援の問題ばかりを考えて、こうした枠に入らない人々を忘れて議論していたというのは全体像を把えそこなっているような気がしました。もちろん、さまざまな物理的・時間的な制約もあったとはいえ、台湾の人々からの支援や在日の人々の支援などを扱えなかったというのは、こうした「国民・国家」を前提とした我々の発想の限界とも関わっていた気がしてなりません。

この点に関して言えば、第1セッションの張麗玲さんのお話は、中国の方が日中友好のために日本の被災者のためにご尽力くださったという点で、日本にとってはありがたいお話でしたが、ただ、それを感謝するだけで終わっていいのかという疑問が残りました。この点について、先生方が、どのようにお感じになったのかをご意見等いただければと思います。

国家の支援と非国家の支援

天児◉今の質問の答えにはなっていないと思うけれど、おそらくアジアとの関わりという問題を考える時には、あまり一般的な議論をするよりも、具体的事例に即して、その中で起きている問題の中で考える必要があると思う。

張麗玲さんは、中国人だから、中国が日本と関わっているところに支援を送りたくて、自分たちがどうしたらその支援の中に本当に効果的に入っていけるのか試みた結果をお話しされた。結局、赤十字も動けなくて、もう直接持っていくしかないということで、非常に手さぐり的に動いたわけです。危機という事態が起こった時に、それに対応するメカニズムというものが、ほとんどなかったことの問題は非常に大きいなと思いました。

それから、もう一つの印象としては、やはりアメリカの「トモダチ作戦」が表に出てしまった結果、アジアからの支援というのが後ろに退くような形に見えたと思います。でも、本当にそうだったのかは、もう少しきちっと見ていく必要がある。メディアの視点からいくと、やっぱり頼りになるのはアメリカだというようなイメージが何となく作られてしまったような感じがする。その点では、アジアとの関わり方の実態をもう少し細かく伝えていくことが必要だったかなと思いますね。最近信頼ある筋から聞いた話で、台湾の義援金は公式ルートでは二〇〇億円と言われていますが、仏教財団など民間レベルではなんと四〇〇〇億円の規模であったそうです。

松谷◉ちょっと質問の趣旨とずれがあるようなので、論を戻します。確かにアジアからの支援があったことは事実ですし、中にはうまくいったものもありました。しかし、それとは別に、我々が支援を受ける、与えると言った場合に、あまりにも「国民」や「国籍」という枠にこだわり過ぎているという感じはありませんか？　たとえば、具体例を挙げますと、先生はシンポジウムのコメントの中で、震災の経験を踏まえて、緊急時に広く世界に派遣できる「海援隊」と称する病院船を作るべきだとおっしゃっていました。先生の構想では、こうした国際的な緊急援助隊も、「日本」の病院船であり、日本がお金を出して、日本が作るべきとお考えなのでしょうか？　国際的な災害支援の時にも、国民国家という枠は前提であり、この枠に則った対策が有効であるというお考えでしょうか？

天児●いや、必ずしもそうじゃないですよ。

医療船というのは、私のところに話を持ってきた人が、そういう医療船をつくるという議員連盟を発足させて、それを動かしたいということだったんです。これは早稲田の理工にいる人で、この人が医療船団をつくりたいという提案をしたわけです。他方で、ピースボートはピースボートで積極的にやりたいと言っている。ピースボートは船を持っているし、それができる人材もある、ぜひやりましょうと。

ただ、ピースボートと自民党を中心とする議員団との距離というのは、ものすごくあるわけで、一方は日の丸がついた医療船団であるし、一方は国籍を持たない医療船団なわけですよ。ぼくはきっかけとしてはどちらでもいいと思うんです。

しかし、流れとしては、やはりそれが収斂していくような形になっていくべきだろうと思います。我々が最終的にどういう仕組みをつくったらいいかというところに関しては、アプローチから、その先の目的を具体的にどのようにイメージするかであって、それは国が主導するものであるか、あるいはNGOが主導するものであるかというのは、私個人はそんなにこだわらないのです。

ただ、国が主導した場合にはまさに国益という議論になっていくし、その問題をどうするのかというようになると、難しいことは難しい。しかし、私はアジアにおいて、国という単位を蔑ろにして、災害、環境、感染症といったような問題は簡単には解決できないと思います。ですから、私はあまり国ということにアレルギーも持たないし、あるいは国がすべてをやってくれると思わない。ある程度、突き放した形で見ていかなければいけないという立場です。

村井さんはちょっと違うの?

根底にある日本のアジア軽視

村井◉いや、違うのでありませんが、アジアからたくさんボランティアないし、国単位で救援に駆けつけようと思っていたところはとても多かったのです。ところが、結果としてはほとんど受け入れがなかった。

それは、受け入れる仕組みがなかったのかどうかはよくわからないのですが、仕組みがあろうがなかろうが、来るもの拒まずという風土が日本にはないのではないかと思うのです。

アメリカの「トモダチ作戦」は別にしても、吉岡さんが言っていたスリランカの軍隊をピースボートが受け入れて、世話をしたという話ですが、これだって政府レベルで断ったわけで、受け入れ団体があったからようやく来ることができた。

実は、スマトラ沖地震の時、アチェに行ってみたのですが、すごく多くの国が軍隊を派遣したり、政府の救援隊を派遣したりして来ていました。たとえば、遠くから言えば、トルコから軍隊が来ていました。アチェはイスラムですから、トルコの軍隊はすごく歓迎されるわけです。

ＮＧＯでも大手の「オックスファム」*とか、「国境なき医師団」とか、たいていの団体が入ってきている。日本のＮＧＯも幾つか行っていましたが、まさにＮＧＯの展示会みたいな救援活動が繰り広げられていました。私は、東北の大震災の後も、そのようになるのかなと思っていたら、全然ならなかったのです。

六月一八日に早稲田で「復興を阻むもの、援助を阻むもの」というシンポジウムをやろうとして、救援活動をやっているＪＶＣ（日本国際ボランティアセンター）に聞いたのです。「アジアからＮＧＯがいっぱい来て、活動していると思うけれども、その団体のことを少し話してほしい」と言ったら、「全然来ていない」っていうわけです。

何でこんなに来ないのか非常に不思議でした。今回のシンポジウムでは、そういうものを受け入れる日本の行政の不整備の問題やロジスティックの問題とか、いろいろ指摘されていましたが、そもそも受け入れたいと思っていない風土があるのではないか。日本は自己完結的に復旧、復興すればいいや、くらいに思っていた気がしてなりません。だから、支援の仕組みをつくる場合には、かなり本気で考えないとつくれないような気がしています。受け入れないから本当に悪いのかどうかもちょっとわかりませんが、ともかく日本は苦手なのではないですか？

松谷◉つまり、村井先生は、日本がアジア諸国からの支援を十分に受け入れなかったのは、単に物理的な問題ではなく、日本の対アジア観とか、外交関係が非常に影響したというお立場ですね。

体制側の論理

小口◉村井先生の意見に対して、私もかなり同感です。ただ、日本社会にそういう雰囲気や風

＊オックスファム・インターナショナル（Oxfam International）。貧困と不正を根絶するための持続的な支援・活動を一〇〇ヵ国以上で展開している団体。

土がないという問題より、アメリカの「トモダチ作戦」に現れたように、体制の論理として、日本とアメリカの同盟関係をしっかり築くという問題が優先された結果であったと捉えるべきだと思います。

そう考えると、なぜ外務省が殊更ほかの国の支援を断ったのかということも解けてくるし、「トモダチ作戦」で外務省と防衛省が率先して働いたかということも見えてきます。さらに、その問題を解こうと思ったら、沖縄の問題も視点に入れないと解けないのではないか思います。沖縄の問題を視野に入れることで、初めて「トモダチ作戦」というものがどういう意味を持つのかということも見えてくるでしょう。

体制の側は、その点をきちんと認識してやっているのに対して、受け手の国民の側はその認識が薄く、今回の外務省の世論調査でアメリカに対する好意度が八〇%を超えており、それには「トモダチ作戦」が非常に影響が大きかったとコメントされているわけです。つまり、体制の思ったとおり動いたのだなという感じがしています。

私たちは、この外国からの支援の問題を東北や福島の問題という枠ではなく、冷徹なパワーポリティクスの中で捉える必要があり、そこに沖縄の問題も視野に入れる必要も生じてきます。こういう視点からのマスメディアの報道がないというところには、マスメディア自身も体制の論理で動いていると言えます。そう考えてくると、現在の日本を差配しているのは国会などではなくて、もっと別のところにあるのかなという感じがしてきて、薄ら寒いという感じさえするのです。

天児●一つの仮説なのですが、あの尖閣列島事件がなかったら、今回の地震で日本はもっと中国の支援を受け入れた可能性があったのではないかと思います。

つまり、前原さんが尖閣列島は「内政問題だから、国内法で処理する」*と余りにもはっきり言ったために、中国側としては引くことはできないということになった。少なくとも、小泉靖国参拝事件*以降から日中関係というのはいろんな意味で改善されてきていたんですよ。経済だけでなくて、心理的な部分も。その日中関係にあそこまで亀裂を作りだして、中国の脅威という問題が前面に出ると、中国が支援すると言っても、日本に中国の影響力が浸透してしまうという警戒感が生じる。それを阻止する意味でもアメリカのバックアップというのは必要だということになる。そういう解釈もできると思います。

小口◉私は、尖閣問題がなくても、おそらく日本政府としては、差別的な対応でアメリカ以外の国々からの支援、とりわけ中国からの支援は断ったのではないか、それが外務省なり行政サイドの論理ではないかなという気がしているんですけどね。

だから、吉岡さんが外務省は非常に対応がまずかった、ネガティブだったと言っておられますが、あれは体制の論理からすれば当たり前のことをやったのだろうという気がします。

システムの不備

坪井◉私は今年、ベトナムで寄付金を募る時に現場に立ち会い、いかにベトナムが一生懸命津波や原発のために動いているか日本国民に知らせなくてはいけないと、大使と一緒に動いた経験があるのです。

その経験から言うと、今の小口先生と天児先生のたぶん中間ぐらいだと思います。というのは、「トモダチ作戦」でアメリカが表に出て、アジアの分でそれだけ低かったという面もありますが、大震災は戦場と同じで、ロジスティックス面では非常に軍事的なものが入ってくるの

*二〇一〇年（平成二二年）九月八日の尖閣諸島漁船衝突事件に関し中国から抗議を受けていることについて、前原誠司外務大臣は「（尖閣諸島に）領土問題はない」と強調し、中国人船長の処遇について「日本の国内法に基づき粛々と対応する。それに尽きる」と述べ、中国側が求める中国人船長の早期釈放には応じないとした。

*二〇〇一年四月に内閣総理大臣に就任した小泉純一郎は総裁選時から参拝を明言し、就任以降中韓の反発にもその姿勢を崩さなかった。二〇〇一年八月一五日が近づくにつれて両国は姿勢を硬化させたため、最悪事態を回避すべく、小泉元総理は八月一三日に前倒しして参拝した。結局、在任中、二〇〇二年四月二一日、二〇〇三年一月一四日、二〇〇四年一月一日、二〇〇五年一〇月一七日、二〇〇六年八月一五日にも参拝している。

で、同盟関係以外の潜在的な敵国から軍事的な形で人が入ってきては困るという論理が前に出てきたと思うのです。

もう一つ、実際に見ていて、外務省がどうして否定的だったかというと、やはり外務省に人がいなくて、アジアから来る人は言葉も違う、具体的にお金も足りないから被災地までどのように人を運べばいいかという話もすぐに対応できなかったのです。善意はわかっていても、物や人ではなくて、お金のほうが楽だというのもありました。しかも、そのお金も財務処理の問題から、直接現金で持っていかずに、赤十字を通してほしいという画一的なものであり、アジアからだけではなくて、ラテンアメリカやアフリカやさまざまな途上国から来るものをほとんど一律に拒否していたと言われています。それはアジア蔑視があったからとか、途上国に対する蔑視があったからというよりも、システムとして全く自分たちが援助を受けるという体制づくりも心構えもなかったという事実があったからと思います。

逆に言うと、JICA（国際協力機構）は喜んでいます。つまり、途上国一三〇数ヵ国から援助なり、同情なり、温かい言葉や行動があったのは、今までのODA（政府開発援助）でやっていた分を、ある部分評価してくれたのだと思います。今までの目線がすごく高くて、俺たちがしてやっているのだと非常に傲慢だったところに、今度は同情を受け取る側になった。そして、日本が今までいろいろよくしてくれたから、その分だけお返しを今しなくてはと言って、スリランカから来たり、いろんなところから来たりして下さったことについては、JICA自身はすごく喜んでいます。

ところが、それを受け取る体制が全然できていなかったというのは、単なる心理的な問題を含めて、対アジアや、対アフリカの蔑視の裏返しだということも言えるかもしれません。だが、実質上、それはある部分想定外でしたね。受け取るような仕組みも、人もいなかったのは、別に外務省が体質的にそうだというよりも、それぞれの任地に行っている外務省がそうした日本の思いを、メディアも含めて国民に知らせたいという思いがあったけれど、それが届かなかった。私は、今回のシンポジウムでは、こうした観点を打ち出したかったのです。

もう一つ、相馬市長の立谷さんは、被災地の人だからものすごく忙しいわけです。最初はずっと来られないと言われていたのを無理矢理来ていただきました。彼はお医者さんの市長で、今回のような事態を予測して三回も四回もシミュレーションをやっていたそうです。被災地の中でも非常に優秀な首長ですから、それだけの受け入れ態勢をつくっていた稀有な例です。それでも、外国人の受け入れに関しては情報も来なかったし、具体的な立ち遅れがあったということを、今回報告してもらうために来ていただいたという経緯があります。その点、立谷さんの発言というのは非常によかったとは思いますが、それがうまくつながらなかったというところの検証をもう少し密にやらなくてはならないと思います。

天児◉小口先生の言われたことは、確かに説明としてはできるんです。私も全面ではないけど、かなり納得はできます。

ただ、やはり外務省なり、あるいは経産省にしてもそうだけれど、政府の中でもみんなアメリカ一辺倒で行くのがいいと思っているわけではない。やはり日本の外交的なスタンスから言えば、いかにバランスを取っていくか――もちろんアメリカとの日米同盟が軸だとはいいながらも、アジアとの関係を強めなければいけないという人はたくさんいます。その人たちが去年から今年にかけて、普天間の問題と、それから尖閣の問題で、大きな声を出せない雰囲気ができてきているのです。だから、動きが取りにくい。そういう中で今回の事態は起きたと思います。

それから、さっきも村井さんがおっしゃったとおり、要するに国のレベルでは確かに受け入れ態勢ができていません。でも考えてみれば、日本というのは国と社会で成り立っているわけで、国が機能しない時には社会がいろんな形でそれを補っていくという仕組みが自生的に生まれてきている部分もあるわけです。私はそれをトータルで考えていけばいいのではないかと思うのです。

だから、日本の国の対応は悪かったが、日本の社会はいろんな意味で頑張っているじゃないかという声が、国際社会にもずいぶんあったわけです。

ただ、そこのところをもう少し効果的に機能する仕組みをこれから考えていかないといけないし、そういうものができていけば今後応用できるということだと思います。

差別意識はあった

李◉坪井先生のおっしゃった点も一理あると思います。外務省側に特段そういった差別的な意識はなく、システム上の問題が事実としてあったのだと。しかし、日本の状況を把握するために韓国政府と日本政府の間を取り持った在日韓国人の民団*という組織の関係者から直接話を聞きましたが、やはり韓国の政府を取り次ぐ時、日本の政府関係者は非常に迷惑そうであった、自分たちの申し出は必ずしも歓迎されていなかったと言っていました。そういうことを韓国の大統領が来る前後の話として聞いて、どうしてそうなるのかという素朴な疑問が私にはありました。支援を申し出た時にあまり歓迎されないということはどうして起こるのか、事実としてその面も見る必要があるのではないかと思うのです。

天児◉その面というのは、戦前からの差別意識の問題？

*在日本大韓民国民団の略称。日本に定住する在日韓国人の法的地位確立、民生安定、文化向上、国際親善と祖国の発展などのために運動・事業を展開する団体。構成員数は二〇〇六年一二月現在、約一〇万三〇〇〇世帯、三八万三〇〇〇人。

李◉日本が「アジア共同体」だとか、「アジアとの連携」を言いながらも、実際にこうした危機の時に露わになった現実を見れば、果たしてどこまで積極的にそういうことに取り組んでいるかということについての懐疑が生まれる。やはり、差別的なものはあったのではないか。

それから、松谷さんが、国を単位とした援助の在り方から漏れてしまうものもあるのではないかと言われましたが、シンポジウムの中でも、国としての支援ではなくて、この日本の中での定住外国人たちの支援のありようについて何人かの報告者の人たちの言及がありました。国ではなくて、キリスト教とイスラム教の人たちが支援をしてくれた、など。それから、三週間前に民団という組織が六五周年を祝った時に、宮城県知事が、民団は宮城県にいち早く支援してくれたことについて大変感謝するというメッセージを寄せています。

やはり、こういった支援があったことを報道することは、アジア諸国と信頼関係を築くチャンスでもあると思うのです。でも、私の見る限り、そのような報道はほとんどなかった。つまり、そのような支援を軽視するところに意識される差別意識があったということを言わざるを得ないと思います。

松谷◉今、李先生がおっしゃったことは、第3セッションでの議論と繋がってくるので、そちらの方で議論を進めて頂ければと思います。ただ、私からも補足したいのは、坪井先生や天児先生のおっしゃるように、外務省の立場がどうであったにせよ、ピースボートの吉岡さんが報告の中で強調されていたのは、たとえば、スリランカが軍隊で、自分たちで全部やる、食料もできるし、他にも迷惑をかけないようにやるからと、そこまで具体的に提案したのに全く拒否された。ほかの小国に関しては、提案したのに返事すらもなかった。吉岡さんもおっしゃっていましたが、仮に物理的な理由で受け入れられないなら、その事情を懇切丁寧に説明した上で、

「本当に有難いけど、別の時にお願いします」とか、逆に「代わりにこれをやってもらえないか」とか、そういうコミュニケーションぐらいはできたと思えるのです。しかし、実際には、そういうコミュニケーションがなされなかったとすれば、やはりそれは相当の問題でしょう。

物理的な混乱できちんと対応できなかったけど、感謝する気持ちは受け取った、あるいは途上国からの支援の申し出を拒否しておきながら、そうした申し出があったことだけで今までの日本の支援が報われたと喜ぶＪＩＣＡの反応というのは、日本国の自己満足であって、やはり対アジア関係にはプラスには働かなかったし、こうした態度や反応の裏側には単に物理的な問題に還元できない、もう少し根深い問題があったと思います。

山田◉私が思うのは、そこには二つの問題があったのではないかということです。一つは、今言った軍隊派遣の問題。ある種、国を代表して来るわけですよね。もう一つは、アジアのＮＧＯとか、いろいろな人々が入れなかった、つまり一般のアジアの方々が被災地に入れなかった問題です。

それらのことを外務省はどのように説明できるのかということです。たとえば、伝え聞くところ、人口一〇〇万の東ティモールなんかでも、やっぱり支援のために軍隊を送りたいと申し出たらしいです。しかし外務省は他国にも送らせないので、やめてくれということを言ったそうです。アメリカ軍以外はみんな拒絶しているというのはある意味で共通しています。それでは次に、一般の人たちが被災地支援に行きたいと申し出たのに、なぜ現地入りを断ったのか。この点に関する説明ができていないのではないでしょうか。したがって、その二つの問題を分けて見ると、何か不可解な問題点が浮き彫りにされるように思います。

最後に、メディアが米国の「トモダチ作戦」を再三取り上げ、対中国作戦としてのイメージを作り上げるのに加担していたように感じます。その報道が、どのような背景から出てくるのかが気掛かりです。つまり、メディアが客観的報道としてニュースを流しているのか、それとも、外務省辺りが国策的に流しているのかという問題です。それはよく検証してみる必要があるのではないでしょうか。

日米同盟機軸論

小口◉私が何で沖縄にこだわるのかというと、鳩山首相の時にあれだけ普天間基地は沖縄以外のところに移転と言っていたのに、日本の行政側はそれに全く耳を傾けなかったわけです。首相の意向といえども、絶対に受け入れないという強固な意志が外務省なり、防衛省にはあったと思うのです。

そういう、本当の意味で日本を動かしている体制というのはどこにあるのだろうということを考えた時、国会は憲法上は国権の最高機関と言われているのだけれど、そこで本当の権力が動いているわけではなくて、もっと深い深い見えないどこかに本当の体制というのがあって、そこの機軸は日米同盟でやっていくとなっている。そういう視点から沖縄の問題も、今回の支援の問題も捉えていかないと駄目なような気がしてしようがないのです。ちょっと、情緒的な言い方で申しわけないのだけども。

李◉菅直人氏が首相を辞めざるを得なくなったことや、彼が浜岡原発をなぜ中止にさせたかという背景の説明として、あれは横須賀基地問題*があるからアメリカがねじ込んだのだという話がまことしやかに流されて、本当か嘘かわからない。

ただ、今、小口先生が言われたように、沖縄の辺野古の問題にせよ、原発の問題にせよ、たぶん尖閣諸島も入ってくると思うのですが、日米同盟がいつの場合も足かせになって、自由な、

＊ここでは在日アメリカ海軍の横須賀海軍施設を指す。一般には横須賀基地と呼ばれることが多い。原子力空母ジョージ・ワシントンが事実上の母港とする。

フリーハンドなことができないというのは、私はかなり事実ではないかと思います。
もちろん、坪井さんの解釈のように「いや、そこまで外務省は一枚岩じゃないし、中にいろんな意見がある」と言われれば、そうかもしれない。でも、やっぱり外務省の主流で政策決定をして、特に今度の場合は経産省と外務省の連係プレイの中でこの震災対応というというのが出てきたような気がするのです。
これからも、そういう形で政策決定がなされているというようなことがあれば、日米同盟説というのを本気で考えなくてはいけない。そのことは実は言われ続けているし、メディアも知っていながら、日米同盟に加担するわけです。それは陰謀説ではなくて、やはり検討する必要はあるなと思いますけれども。

天児●まあ、全面的に反対というわけではないのですが、今の状況を考えると、確かに日米同盟機軸論というのが何か本当に変わらず一貫したもののように見えるけれども、今の状況は変わってきている。一番大きな問題は日本の力が弱くなった。で、アメリカも弱くなってきている。それに対して中国は台頭しているという、このアジア太平洋地域における大きなバランスの変化というか、パワーのトランジッション*というものが、今、現実に起こっているわけです。その中で中国側はある種のイニシアチブを持って、アジア太平洋に影響力を発揮しようとするので、それを阻止しようと、日米同盟、日米同盟と言うわけです。
たとえば、一九七〇年代の頃を見ていくと、むしろ日米同盟とある程度距離を置きながら、アジアとアメリカとのバランスを取った外交政策を進めていこうという動きがありました。もちろん日米同盟の否定ではないですよ。否定ではないのだけれども、それは割と強かった。ＡＳＥＡＮ重視論などもその辺を象徴していたわけです。

*勢力交代。

私はやはり、今の状況というのは、日本の外交的な余裕がなくなってきている状況を表しているのではないかなと思う。やはりもう少し、中国との関係も対決的なものではないものにしていく、あるいはそういうアプローチをしていく日本の外交戦略が問われていると思います。それはもちろん、日米同盟か日中同盟かという二者択一ではないのです。それは、もう戦前から日本の外交を見てもそうじゃないですか。

松谷◉すみません。日米同盟論まで行くと、第1セッションの趣旨から離れすぎるので、その議論はこの辺までにしたいと思います。

小口◉ただ、アジア支援を阻んだ要因として、日米関係の要素はきちんと認識しなければならないことは重ねて申し上げたいと思います。

松谷◉その点はおっしゃる通りだと思います。今回の第1セッションで論じられなかった問題として、日米同盟の問題に加えて、山田先生が指摘されていたメディアの問題もあったと思います。メディアの問題というのは、実はどのセッションにも極めて重要な問題であったと思いますが、いずれのセッションでも言及されることがあまりありませんでした。もし次の機会があれば、メディアと日米同盟を入れて、もうひとつシンポジウムができそうな感じがします。

第2セッション　アジアにおける原発問題――「協力」の背後にあるもの

松谷◉次に第2セッションですが、これは原発問題ひとつに焦点を絞ったセッションでした。このセッションで特に議論の余地が多く残ったのは、原発輸出の問題です。この点について、坪井先生にぜひお伺いしたいのが、先生はベトナムの専門家として、日本のベトナムに対するベトナムとの経済交流の橋渡し役に尽力されており、原発輸出にも関係していらっしゃる。他方で、シンポジウムの中では個人的には原子力技術や核施設というものに対しては、人間が責任を持って管理できない「無責任なもの」と発言されていました。この辺りの議論の整合性はどうなっているのでしょうか？

反原発はもっと理性的に

坪井◉私の立場というのは、この原発、反原発、脱原発というのは、今、感情的になり過ぎているので、もっと理性的に考えなければいけない。それも日本一国だけではなくて、少なくともアジアを中心とする国際的な文脈で考えなければいけないというものです。

具体的な例を挙げれば、日本国内にあって、たとえば原子力協定が、ようやく参議院が本日批准して通過しました。しかし、ベトナムとの原子力協定を結ぶことに賛成すると、それが原発の推進派とみなされる。反原発はとにかくなくそうという話になっていますが、事はそう簡単ではないのです。

私がこの問題提起をした時から今も変わらない一貫した考えは、次のようなものです。理念的には反原発、脱原発です。核廃棄物の最終処理が決まっていないのは論理的に破綻しているからです。「反原発、脱原発」であるべきだと個人的にも思いますし、一貫して昔から私はそうだったのです。けれども、福島第一の原発事故があった時に、「では、『反原発、脱原発に政策を変更します』と言うけれども、廃炉にして処理をするのに三〇年四〇年かかるわけですよね。それは誰がやるのか」と自問自答しました。「反原発や脱原発の政策に転換し、技術者を含めて原子力関連の研究も止めて、すべてをなくすとすると、誰が責任を持って廃炉まで持っていくのか。脱原発や反原発かを主張するのは簡単だけれど、福島第一原発の事故が起こった以上、具体的な、目の前の除染を含めた脱原発に向かうプロセスは思っている以上に時間がかかるわけです。「それに責任を持って取り組む体制を作ることをしっかり考えていくことが必要なのだ」と考え直したのです。

他方、たとえば、フランスの原発に対する態度を少しは知っています。実際3・11に私はフランスにいて、フランスの反応を直接知ることになりました。フランスは「現在製作される原発は、福島第一原発のように一九七〇年代に作られた原発ではなくて、もう三世代半まで来ている最新式なものだ。あのような事故は、今作る原発では絶対に起こらない」と言って、原発の安全管理を含めて非常に自信を持っています。フランスは原発推進堅持を言っているわけです。

ですから、たとえば立花隆も言っているけれども、今作るさまざまなところの原発を技術的に見たら、安全性は相当高く保証されているから、福島第一原発を根拠に原発の安全性を言うのはおかしいという説もいっぱいあります。村上さんはそこら辺をものすごく楽観論的におっしゃいました。そうでなくて、より中・長期で見た時に、本当に原発を処理する最終処理はどのように考えられるかも考えなければいけない。一万年とか、二万年とかという、ものすごい長期的な展望で考えなければいけない問題だと思います。結局、原発の廃棄物処理の最終過程のことを考えると、だれも考えていないというところが非常に無責任なわけです。

今まで、地球上のどこでも、最終処理場というのはないわけです。そうしたら、月に打てばいいのかとか、宇宙外に持っていけばそれが解決になるかというのは、単に地球外から外れるだけの話ですし、本当に安全に打ち上げるロケット技術があるわけでもない。その点を考えると、原発政策を一〇〇年とか二〇〇年の単位ではなくて、一万年くらいの大きな長い単位で根本的に考えた場合には、原発政策そのものが非常に無責任だという側面はあると思う。

ただし、五〇年、一〇〇年のレベルで言うと、CO_2の排出が大きい火力発電所だけで電力を作って良いのかという地球環境問題も含めて、多面的に検討する余地がある。それでは、原発を作らずに、電力供給を途上国が止めざるを得ないかというと、途上国は反発するわけです。新興国の中国もインドも原発開発はやると言っている。そういう現実のリアルな部分で、日本は原発、反原発、原発推進、原発輸出という問題をもっと深く考えてほしいと思っています。この意味で、矛盾に満ちたことを言っているわけです。

つまり、今、反原発政策に転換して、原発をなくしていこうと考えている人々の中には、たとえば、早稲田大学の理工学部の原子力学科は廃止しろという説がある。これから先、東京電力を含めて、だれが原発についての三〇年四〇年の責任を取るのか。具体的にその人たちにどういうモチベーションを与えて働いてもらうのか。「もう、おれ知らないよ」と言って、三〇年先四〇年先のことだけでなく、一〇〇年から一万年二万年までの範囲で原発事故や原子力のことを考えずに、放射能を放置する方がより無責任な話だと思います。これから先に反原発や脱原発政策に変更するのなら、そのプロセスを含めて、どういう人材を使って、どういう人を置いて、どうすればいいかということを考えない限り、やっぱり私は逆に無責任だと思います。そういう意味で、たとえば、ベトナムが、より安全な原子力発電所を、日本の技術で作りたいということについては、逆に脱原発の方向で行くことも含めて、それに責任を取るということは、論理的にはそんなに矛盾する問題ではないと思っています。

ベトナムへの原発輸出は是か非か

松谷◉確かに現在の原発の事故処理をするためには、核関連の技術や知識が必要ですし、いきなり明日からすべて核施設や技術をゼロにするのが無理というのはわかります。しかし、これからベトナムに原発プラントを輸出し、二〇年、三〇年かけて作っていくべきという話とは、多少乖離があるような気がします。

しかも、今、坪井先生がおっしゃったように、日本では核廃棄物処理場は住民の反対で作られないものであり、核のサイクルは破綻しているわけです。実際、先生のシンポジウムの報告にありましたように、ベトナムも核廃棄物は日本に持ち帰ってくれと言っているそうですね。こういった点から考えても、日本は今回の事故の体験を踏まえた上で、仮にベトナムが原発を欲しいといっても、原発の持つ様々な問題を明確に教えてあげた上で、輸出を断る方が、責任のある行動の取り方と言えるのではないでしょうか？　今の先生の発言は、とりあえずベトナムに原発を売った上で、「お前たちも俺たちと同じ苦労を共にして行こうじゃないか」と言っているように聞こえてしまうのです。

坪井◉ベトナムの原発の問題は、ベトナム政府と国民が主体的に決める問題です。日本はあくまでも要請を受ける側です。ですから、すべての情報を公開して、ベトナムの国民を含めて、政府も含めて、日本の現状のこの悲惨さを伝える必要があります。具体的にこういう技術的な問題もある、それらを含めて、ある部分ここまでは安全だよ、ここは危険だよ、とすべて開示する。火力発電によるCO^{2}の大量排出が原因で起こる大気汚染の問題を考えれば、確かに原発にもいいところがある。だが、一度事故が起こると、これだけ甚大で取り返しのつかない被害もあるということを伝えるべきです。その情報を我々日本人だって知らなかったわけですよね、ある部分。この事故を含めて、原発の設置を最後に決めるのはベトナムが決めればいいと思っているわけです。だけど、情報は完全に出すべきだと思います。

ただし、日本がこれから五〇年くらいかかる原発の廃棄に向かう筋道として、本気でその問題と闘うモチベーションを与えるような技術的、あるいは人的な再生産過程というのは、ベトナム等の地で、より技術的に安全なものを作っていくという過程の中以外に、だれがどういう形で保証するのか、私にはよく代案はよくわからないですけれどね。

ベトナムの体制と情報管理

松谷◉でも、ベトナムに関しては、本書の特別寄稿で田辺さんが指摘されていましたが、仮にその情報を全部出すといった場合に、ベトナムはそもそも、そういう情報を出したり、行き渡らせたり、教育できたりしている体制の国なのでしょうか。官僚腐敗の問題や環境対策がなおざりにされている点も田辺さんが指摘していますが、この背景にはやはり体制の問題があるのではないでしょうか。建前上民主的な日本国ですら、原発に関して言えば、今回の事故が起きて初めて、ようやく隠しきれずに情報が出てくるようになったばかりです。そう考えると、ベトナムのような体制で、まだ原発事故も経験していない国で、原発に関するあらゆる情報が自由に出るとは到底思えないのですが。

この点は、まさにベトナム専門家である坪井先生が一番ご存じだと思うので、ぜひその点についてお尋ねしたいと思います。本当にベトナムが日本と同じような情報を共有して、人々が自由に原発の輸出や設置について意思表示をするという状況が、現実的にあり得るのですか。

坪井◉ベトナムの政治体制を不信の眼で見るのは、田辺さんを含めて、日本では一般的ですが、目線が高いところが気になります。ただ、社会的政治的な変容のスピードには凄まじいものがあります。私もびっくりするのですが、二〇一一年一月のチュニジアの政変から始まる「アラブの春」以降のベトナム自身の変わりようは日本の常識を超えています。これからどこまで行くか、本当のところはわかりません。

たとえば今、憲法改正論というのがあります。第四条の「共産党の指導」というところをカットする、から始まって、デモを届出制にして認めるとかが本気で議論されています。早晩国会で正式な議論も開始されるはずです。また、フェイスブックを来年の二〇一二年には認める方向で議論が進んでいます。今、三割の若者がスマートフォンを使っています。来年度中にはデジタル化も進み、いくら規制してもフェイスブックを含めて情報管理が当局ではできないと匙を投げた形で規制緩和を進める予定です。そして、教科書もデジタル化していくという話も含めて、ラディカルな変換を、今、予定しています。これで果たして共産党政権が持つのかというくらい、「アラブの春」を見ていて、ものすごくラディカルな変更をしようという中で情報公開という話があります。

シンポジウムでも紹介しましたけれども、ダラットの原子力発電所の研究所の所長が、今年の八月に菅総理に公開質問状を出しました。日本の原発「輸出を一〇年位延期してほしい。その前に信頼に足る原発関連の技術者を一〇〇〇名位日本が養成してほしい」という内容です。そのような声が出ているくらい、原子力についてもやはりベトナム国民の多くが関心を持っています。ベトナム国民の多くが福島第一の原発事故に対して同情して下さっていると共に、具体的に自分たちが原発を導入するので、原発に関する関心も高まってきています。

科学技術省の大臣となったグエン・クアンさんから聞いたところ、毎日、日本のJINEDO（国際原子力開発）の人たちに科学技術省に行ってもらい、福島第一の事故状況や放射能濃度を説明してもらっているし、ベトナム独自の情報を取って、今、具体的に何が起こっているかということを調査して、それもベトナム国民に情報として出している、とおっしゃっていました。

確かに、ベトナムは途上国で共産党の一党支配が続いている国です。そこら辺で、色々な汚職がある、環境問題もある。途上国だからもちろん足りないものが幾らでもあります。しかし、やはり一番大事な国際的なところでは、それなりの判断力がある知識人も出ていますし、政府当局者もそれなりに有能です。私は日本で思っているよりも情報格差も知識格差もないと思います。

ただ、彼らにとって一番問題なのは、中国がこれから六〇基以上の原発を作るという計画です。特に中越国境に原子力発電所を作るという現実の中で、「やはり我々自身もその原子力発電所の技術や知識を持っていない限り、原子力発電や核技術を隣の巨大な中国がアグレッシブな形で開発を進める時、国家の安全保障上ベトナムを守るためにも対抗できなくなる。それで原発は絶対に作らなくてはいけない」と言っています。親しい友人の一人は、「嫌でもやらなくてはいけないのです」と言っています。

中国の宇宙開発に対抗するために、ミサイルをこれから打ち上げるということも、今、ベトナムは考えています。日本はそれをOKしました。ことほどさように我々が思っている途上国のイメージより上にベトナムは来ています。今、ベトナムは一人当たりの所得が一〇〇〇ドルを超えた中進国まで来て、次の段階を考えているという状況なのです。田辺さんたちが言っているのは、現状よりちょっと遅れている一面的な判断だと思います。

原発はなくてもやっていけるのに

村井◉坪井先生の言われるように、原子力発電をなくすためにも、原子力工学なり、あるいは知識の集積なりをいっぺんに全部なくすわけにはいかない。それは必要なことだと思うのです。ただ、途上国で、情報公開がなくて、技術的にも劣っているようなところに原子力を輸出することの是非ということを、少し考えてみたいのです。

実はインドネシアにも、原子力発電所を作りたいという希望は昔からあって、研究炉は二つぐらいがもう何十年も稼動してきているのです。そして、十数年前、日本政府にODAを使って原発を輸入したいという申し入れがあった。その候補地になったのはジャワ島中部で、まさに地震地帯でもあるのですが、そこを見に行ったこともあります。それに対し、日本の中で、インドネシアに原子力発電所を輸出する計画に反対するという市民の動きが出てきたのですが、そうしたある集会で原子力の専門家の人が「インドネシアみたいに技術の劣ったところに原発を輸出するのは非常に危険だ」という言い方をしたのです。私はインドネシアびいきですから、その言い方にものすごく反発して、「インドネシアのように技術が劣っていようが、アメリカのように進んでいようが、日本のように進んでいようが、事故は起きるときは起きるんだ。偏見に基づいて、そういう言い方をするのはおかしい」ということを言ったのです。

確かにベトナムもインドネシアも、その後経済発展して、インドネシアの場合、今や中進国に近いという水準になってきているわけですが、にもかかわらず、私はそういう国を含めて、世界中に日本が今原発を輸出するというのは、やはり無責任だと思う。これだけの事故を起こして、処理もまだできていない。そういう中で輸出するというのは。

将来的にそれが輸出できるような状況が来るかどうかはわからない。ただ、私は何万年にもわたって廃棄物を処理できないような技術のものを続けることはおかしいと思う。日本では震災以降、節電だ何だと確かに多少不便はあるけれども、大抵のものが動いているわけですよね。若干世の中が暗くなったかもしれないけれど、要するに原発はなくてもやっていける。

なぜなくてもやっていけるものが、これだけ必要とされるようになっているのか。それはやはり、曖昧な言葉かもしれないですけれど、「原子力村」利権と言うか、非常に巨大な利権に支えられた原子力産業というのがあるからで、日本でだめなら輸出したいというのは、当然の帰結なわけです。

具体的にだれがそれを支えているかというのは、もっとはっきりさせるべきで、東京電力だけではないだろうし、東大の原子力工学科だけでもないだろう。そこに日米同盟が成り立つかどうかは知りませんが。

ただ、アメリカは自分のところで原発を作らないけれども、よそで作ることには非常に積極的なことをやっている。で、おそらく何兆円という金が日本の中でも動いてきたわけで、そこに学者が動員されて、その人たちは中身も知らずに、原発は良いことだ、CO_2が削減されることだと、宣伝に努めてきた。

これはやはり無責任で、原発輸出自体はとりあえず、今のところ、協定も何も結ぶべきではないと思っています。

松谷◉その点に関連して、ベトナムに限らず、途上国への支援一般に係る問題として、お尋ねしたいのですが、明らかに問題のある施設——原発はその最たる例ですが——であっても、相手国が望んだら何でも支援するというのが、日本の途上国支援の基本の姿勢であって良いのでしょうか。その辺についてお考えをお聞かせください。

より安全な原発を

坪井◉日本には核兵器に関する三原則があります。途上国支援について何でも支援するという訳ではないでしょう。原発も現在まで一基も輸出していません。ベトナムがたぶん最初のケースです。

原発は先ほど紹介したように、単に技術的な問題だけでなく国際政治の力関係も含むさまざまな要素を含んでいます。ただ、今、原発建設をやるとしても、今から色々な調査をして、具体的に道を作って、送電施設を作って、人材を養成して、せいぜい一〇年後に稼動できる話ですよね。

だから、原理的に言えば、私は村井先生の言っていることのほうが正論だと思います。だが、福島第一原発事故の収束過程と廃棄過程が現実に対処すべき問題としてあって、事故を収束させ原発を安全に廃棄することを責任を持って、今後三〇年四〇年の歳月を送らなければならないのです。そこで、具体的に働く人たちの技術とかモチベーションを含めて、どのような形で責任を取るのが一番素直なのかということを考えているつもりです。

こんな重大な原発事故を起こした日本をまだ信頼してくれているベトナムの要請に応える形で、原発の安全性や技術の維持を共同で開発するというチョイスも残されているのではないか。共同研究の過程で、やはり原発は危険すぎて駄目だし、代替する技術も確立されたから止めるという判断が将来的になされてもいいし、それがベストかもしれません。反対をしていることは原理的に正しいけれど、反対が具体的に力を持たないのは、そこら辺のプロセスをすべて考えてない部分があるのではないかと思います。

ベトナムのことだけでなく、中国の原発に関して言っても、日本の原発技術を活用するということは考えても良いと思います。日本が原発の開発を中止して、その技術も廃れる中、中国だけが「おれたちはもう技術を持っているから」と、独自で原発を大量に増加させていくと、新幹線と同じような事故が起こる可能性は高いと思われます。事故が原発で起こったら、新幹線どころではない大規模な環境破壊をもたらします。したがって、日本は中国と仲良くして、中国が原発を作るのなら、より安全な日本の技術を提携して原発を作ったほうが日本の安全保障にも私はいいと思います。

松谷◉そんなこと言えるでしょうか？

坪井◉より安全な原発はあるのです、基本的には。

地震と原発

天児◉やはり、原子力発電そのものが安全性をどこまで担保できるか――技術の進歩と経験の蓄積でどこまで追求できるか――という問題だと思うのです。

現実に世界の中で、韓国も東日本大震災には全く影響なしに原発推進政策は続けるだろうという話ですよね。フランスもそうするし、おそらく世界の趨勢は原子力発電を堅持するという方向に変わらないという議論があるわけです。

そこのところで、やはり原子力発電の安全性という問題がどれだけ進歩していくものかと冷静に見ていく必要がある。

それから、日本のような地震国において、原子力発電をあえて進めていくことの問題をどう考えるかという問題もあると思います。日本の原子力発電を進めてきたグループは、津波を含めて地震がこれほど大きく影響するということを、そこまで読み切れてなかったと私は思うのです。それは、想定外であるけれども、もうこれは既に想定内の話になっているわけで、深刻な問題ですよ。そこでエネルギーの中心を原子力発電に置くことがいいのかと。私はこれに関してはやはり、疑問がある。日本における原子力エネルギー中心のエネルギー開発には非常に疑問がわいています。

実はこの前、このシンポジウムのあと、小泉純一郎さんの講演を聞く機会がありました。彼は、「日本の歩むべき道」という講演をして、そこでやはり「原発発言の依存度を下げることは、どの政党が政権を把握しても、断固進めるべきだ。原発依存は大胆に下げるべきだ」と言っていました。さっきの坪井さんの話ではないけれども、「原発の放射能の汚染処理や除去の問題というのは、これはもう何十年の話です。しかもそれに膨大な資金を投入してやらなければいけない。そういったことをする前に日本はもっともっと再生エネルギーを中心として、要するに自然エネルギーでエネルギー開発をやるべきだ。そこにお金を投入すべきだ」と、はっきりと言っていました。小泉さんとは「靖国問題」では対決しましたが、今回は傾聴に値すると素直に思いました。やはり日本のエネルギー政策は、省エネと、それから代替エネルギーと、その他諸々のいろんな組み合わせに力を入れるべきで、仮にその方向でうまく行けば日本は国際社会でモデルになると思うのです。

ともあれ、私は地震の問題というのが大きいと思う。今回地震がなかったら、東京電力はそんなに反省はしていない。地震の問題というのは、これは日本では普遍的に起こるものと考えられなければいけない。

小口◉今の議論は、日本は地震国だから危険で、やめたらいいという論理ですよね。

天児◉まあ、そこら辺は私は専門家じゃないですから。

小口◉しかし、東海村の原発の事故は地震のせいではないですよね。それから、チェルノブイリもそうだし、スリーマイルも関係ない。人為的なミスとか、それ以外の原因で起きている。だから、地震だけの問題ではなくて、やはり普遍的に原発の危険性はあるのだと思います。

天児◉やっぱり、それはありますよ。

小口◉しかも、核廃棄物の処理方法はまだ見つかっていないわけであって、三〇年四〇年先というのは、それは本当の処理ではなくて、一時的にどこかへ置くだけの話です。一万年、二万年までずっと放射能は残るわけです。こんなとんでもないことを人類は発明してしまったわけですよね。で、それを続けていくということが倫理的に許されるかというのは、大きな問題だと思います。

原発を売ることの倫理性と経済性

松谷◉原発を売るということの倫理性について言うのであれば、今回、日本からベトナムに売り込もうとしている企業連合体の中に東京電力が入っていますよね。ということは、東京電力は原発をベトナムに売った利益を、他方では原発事故の被害にあった福島の人々の賠償にあてることにもなるのです。日本政府や東京電力は、目下の原発事故に対する解決策もなければ、被害者への賠償、汚染地域の除染も十分に行なえていない状況にあるわけで、その一方で、一原発という問題の明確な施設を、向こうが欲しいと言うからといって他国に輸出しようとしている。単なる経済合理性だけで考えたら、それはあり得る選択肢かもしれませんが、日本の現状や将来を考える上で、その行為はやはり道義的な問題を問われて然るべきなのではないかと思います。

坪井◉はい。それはもちろんあると思います。私は基本的に人類がやったこういう長期的には無責任な原子力発電というのは、将来的に可及的速やかに、当然、なくしていくべきだと思います。

ただし、今言ったように、これからやろうとしている中国やインドがエネルギー事情を埋めるものとして原発建設を手っ取り早く作っていこうと具体的に動き始めている。その現状に対して、「では、日本は撤退します。その部分を韓国や中国やフランスでもいいけれど、どこかの国が補ってください」と放棄してしまう――他国も同じような原発施設を作ろうとしている現実を踏まえて、それが本当にリアルな選択だろうか。道義的にも、倫理的にも、それだけで済むのかという問題はあると思います。

小口◉経済合理性から見てもやはり問題があると思う。原発は他の発電所と比べたら安くつくという経済合理性があって、それが原発を推進してきた側の論理だったわけだけれど、実際にはそうでもなくて、原発は相当コストがかかるということがわかってきたわけです。

そうすると、危険もあって、経済的な効率性もないとわかったわけで、その上であえてその原発を推進したい国が今後も増えていくとは、私には思えないのです。アメリカも撤退の方向ですよね。全体的に撤退の方向があって、その中でもアジアの中国、韓国、インドあたりがやろうとしているわけですが、経済的にもそんなに割が合わないとわかってきた時に引き続きやっていけるのでしょうか。やっていくのでしょうかねえ。

村井◉このシンポジウムでの李泌烈さんの発言は問題提起されたものだったと思うのですけれど、韓国内部は非常に分裂していて、かなり激しい反対論者もいます。二〇一三年には大統領選挙があって、もし今の政権が変わると政策もガラッと変わり得る。今はものすごい原発輸出――これから六〇基輸出するとか言っていますが、どうも韓国の政策というのは、日本を見ながら変えていく可能性があると思う。

あの狭いところにもう既に原発がいっぱいあって、対岸の火事ではないが、日本で汚染が進んでいるわけです。私、八月に韓国に行って漁業関係者に会ったら、いつ放射能が来るかすごく心配していました。けれども、どうやら来そうもないというので、今は安心している。韓国は対岸の原発の問題を非常に注視していると思います。

今は、チャンスだと思っているのです。日本が脱落したと思っていますから、すごいチャンスだと思っている。だけど、日韓の関係はまた非常に競争的で、韓国はすぐ張り切っちゃうところがあるので、日本はむしろ肩をほぐすぐらいの役割をしていくべきじゃないかという気がします。

一つ一つ問題を洗い出してから

松谷◉ベトナムの話に戻ります。ベトナムが、自国のエネルギー安全保障上の観点から原発を必要とするのはわかりました。ただ、それだけ切実に必要であれば、日本から供給されないとなれば、ベトナム自分で判断して、フランスでも中国でも他の国に支援を求めるでしょう。そうであれば、なぜ日本が輸出国である必要があるのか。そこまで日本にこだわらなければいけないのか。日本の原発は中国製よりは安全というような話がありましたが、実際そう言われていて、事故を起こしたのがまさに日本なわけで、その日本が出て行って…。

坪井◉でも、技術的に言えば、事故を起こした福島第一原発はジェネラル・エレクトリック社が作ったもので、日本製ではありません。日本はまだ原発を日本独自の技術では作れないのです、完全にはね。

ただし、原子炉本体は日本の会社が作っているわけです。世界中すべての原子炉は日本が作っていると聞いています。技術的なレベルの細かいことを言うと、そのウエスティングハウスも東芝が企業買収しています。ある部分アメリカの技術が日本に内製化されたという問題があって、日本の技術が今、世界の中ではトップだということです。それは事実だと聞いています。原子炉本体に関しては。

だから、シンポジウムで報告したように、事故を起こしているところから買うのが一番安全だし、交渉力も強いから、買いたいというのは、それはベトナムの立場からいうとある意味、非常にリアルポリティクスです。だから、それに応じるかどうかというのは、それは日本の態度如何にかかっています。

私が言っているのは、そこら辺をもっと情緒的に、反原発で全部やめにしたほうがいいという、村井さんの論理のほうがずっと強いのですよ。ところが、それで問題が必ずしも解決されるというものではない。もっと具体的な問題は何かということの論点整理をしたい。問題をすべて洗い出して精査して、最後はベトナムがそれはやめると言ったら止めればいいし、日本もそれでやめればいい。まだこれから五年、一〇年かかる話ですし、原子力協定を作ったところで、最後まで行くかというのは、また別の問題ですから。

小口◉そうそう、協定の結び方にも問題があると思うのです。というのは、日本側の原発を作った時には、ジェネラル・エレクトリック社は「免責条項を入れろ」と言ったわけです。事故が起きた時の免責条項を。同じことを日本がベトナムに言えるだろうかということがあって、技術の低いベトナムで原発を運転していく中で事故が発生した時に、日本は作りはしました、メンテも協力しましたが、事故については責任は負いませんと言えますか。そこがまず一つの疑問です。

坪井◉ベトナムは実際それを入れろと言っています。

小口◉でしょ？　で、もし入れてしまった場合に事故が発生したら、日本自身が損害賠償責任を法的には負うわけですよ。

坪井◉だから、それはできないということになりますよね、ある意味で。

小口◉そこまで考えていかないと、単純な倫理の問題だけでもなく、経済合理性の問題から言っても、非常に危険があるわけですよ。後進国に送れば送るほど、免責され得ないという、そういう問題が生じますので、当然事故が発生したら製造物責任問題もありますし、損害賠償ということになると、ベトナム政府だけでは、まして、ベトナムの一原発企業では負担できるはずもない。そうなってくると、連帯責任の形で日本政府なりが被らざるを得ない、ということは想定しておかないとね。

坪井◉前にも言ったように、一基四〇〇〇億かかりますが、ODAは原発融資に使えません。だから、一般融資でやるしかありません。その時、国際協力銀行が二基の原発建設のために、八〇〇〇億を融資することに理論的にはなりますが、実際のところは国際協力銀行の資本金は一兆二〇〇〇億しかありません。したがって、八〇〇〇億円の融資は簡単にはできないのです。資金面でもそうだし、ベトナム政府は廃棄物を日本が持ち返ってくることを含めて、製造者責任も要求してくるようです。したがって、日本からベトナムへの原発輸出と一概に言っても、そう簡単な話ではないのです、具体的に。それは非常にリスクが大きくて、果たして日本がそれをやれるかどうかという問題は当然あるのです。

だからそれは、原子力協定を結んで原子力推進をやると言ったって、できっこないかもしれない。だけど、それも含めて具体的な中で、何が問題かということをもっと明確にみんな知らなくてはだめですよね。

村井◉坪井先生の言われるように、ただ反原発、脱原発と、声だけ大きくしていればいいという話ではない、それはそのとおりなのです。

ただ、今、声が大きくなっている感じがちょっとあるけれど、実は、そんなに私は楽観していない。もう一年したら元に戻って、やっぱり原発は必要だという声のほうが強くなるかもしれない。事実、そうやって産業界が動き、官僚も動き、民主党までそうやって乗っかって動いていますから、実は脱原発というのは、日本でもそんなに簡単ではない。

坪井◉福島で放射能がこれだけ漏れて具体的に被害者がいます。これから二五年後に子供たちの中からチェルノブイリと同じような甲状腺がんに苦しむ人が出るかもしれない、という現実の前に我々はいるわけです。それだからこそ、具体的な話として、どこまで何が問題で、今言ったような話をもっとみんなで公開の場でしなければいけないと思います。

ですから、責任を取るというのは、東大なり、早稲田大学の原子力工学科はどうするのですかということから、一つずつ討論して判断していかなければならない。原子力というものを平和利用するというのは一種の人類の挑戦であったかもしれない。また逆に、確かに馬鹿なことをやったかもしれない。原子力の最後の最終処理場を考えていないのは、まさにトイレがないマンションを作ったのかもしれない。だけど、その責任を取るという意味は、若い人にもそれをある程度続けていってほしいし、私は福島の佐藤知事にも直接進言しましたが、福島が除染も含めて、脱原発の筋道をつける世界で一番の最先端の技術を持つセンターになってほしい。そういう新たな方向転換の中で、「脱原発」産業として残していくということではないかと考えているのです。

すごくアイロニーですが、私はベトナムの立場から物事を見て言っているので、ベトナムが欲しい技術が日本にあるのなら、必ずしも現実的にクリアできるかわからなくても、私は、それは、受けていいことだろうと基本的に考えています。そういう立場に立っての発言だということをご理解願います。

道義の問題として

松谷◉原発輸出に関するさまざまな論点を考えるべきだ、視野を広げるべきだというのはわかります。ただ、こうした知的な議論とは別に、道義的な問題を追及することは必要だと思います。たとえば、過去において、日本の知識人はベトナムにおける枯葉剤*の被害の問題を告発してきました。坪井先生自身もこの問題に長く取り組まれ、ご著書の中でもその被害のことにしばしば言及されています。枯葉剤の問題を追及する際には、この問題は複雑だし、いろんな論点があるから、それをまず整理してから事の是非を判断しようとはならなかったわけです。これはもう明らかに人体に害があるし、非人道的だなということで、この問題を取り上げることが、ベトナムの人々のためになると考えて多くの日本の知識人は行動したのだろうと思いますし、坪井先生もそうしたお考えであったろうと推察します。

＊ベトナム戦争中の一九六七年以降、米軍が森林を枯死させるために使用した化学兵器の一種。2、4、5－T（トリクロロフェノキシ酢酸）と2、4－Tを混合してつくった除草剤〈エージェント・オレンジ〉の通称。

それと原発の問題もちょっと似ている面があると思うのです。確かにいろんな論点があるわけですし、誰しもが専門家ではありませんし、当然、冷静に細部の技術的なことまでわかって議論できているわけでもありません。でも、この問題性のある施設を輸出するということが、相手の国の人々との信頼関係に影響を与えうる道義的な問題を孕んでいる以上、それに対して疑問や反対の声を上げるのに、さほどの熟議は必要ないのではないかと思います。

山田◉今回の事故というのは、私たちが考える以上に大きかったわけで、アジアの人たちにとってもかなりの衝撃を持ったはずです。特に若い世代は事故に対して敏感に反応しました。大勢の留学生が帰国し、新規の留学生も激減したことからも推察できます。原発事故の処理に関して、今までの議論の中にもずっと出ていますように、数十年、数百年あるいは一万年規模の時間がかかるわけです。したがって、アジア諸国間ではもちろん、世界規模で原発処理に対する協力体制が求められますが、同時に原発そのものに対する監視体制を強化していかなければならないかと思います。

先ほど村井先生は原発問題もすぐ忘れる可能性が高いというふうに指摘されましたが、今回の原発事故の影響力の大きさは想像以上に大きく、人々の恐怖心は長く続くだろうし、当然「福島問題」は世代を超えて語り継がれると思います。

そう考えれば、今の経済第一主義の中国においても、原発問題の深刻さは何らかの形で伝わっていくはずです。もちろん原発事故など起きて欲しくはないですが、残念ながら現実にはソ連でも起きたし、アメリカでも起き、遂に日本でも起きたわけです。これらいずれも深刻な原発事故が、次に中国で起きるかもしれないという恐怖心は当然中国人にも絶対あると思います。特に若い世代は強く疑念を抱いているはずです。

原発事故は現実的な問題として、絶対起きる可能性のほうが高いという前提で考えたときに、やはり代替エネルギー、再生エネルギーの問題は、もう焦眉の課題になっていくはずです。原発に代わる代替エネルギーの問題は、国境を越えた世代間の、特に若い世代にとっての共通した議論のテーマになっていくという気がします。

坪井●来年、フランスの大統領選挙も核の問題が一つの中心論点になると言われています。今まで、フランスは左の共産党や社会党、右の保守派も原発に関しては推進一枚岩だったけれど、これからはやっぱりだいぶばらけてくるという意味で、この福島の問題というのは物すごく大きい影響をフランス政界に与えています。

一つだけ最後に付け加えておきます。原発の問題で、日本だけが特殊な位置にあるのは、これまで核兵器を持たずに原発を進めてきた国は日本だけなのですね。先進的にやっている国というのは、ロシアにしても、フランスにしても、アメリカにしても、イギリスにしても、みんな核兵器を持っていて、プルトニウムの二次利用も含めた意味で、原子力発電というのは、平和利用と言いながら、実は軍事利用と物すごく密接に関係をしているというところがありました。日本は、まさに核を持たないで原発を推進してきました。すごくアイロニーなのですが、広島、長崎がありながら原子力を平然と使ってきたのです。逆に平和利用だからいいのだという議論にみんなが納得した部分があったのです。それで結局、三度目の核爆発のような原発事故が起きてしまい、「ノーモア・フクシマ」になってしまった。この何と言うか、アイロニーの悲劇みたいなというところを我々世代は倫理的・道義的な面からも徹底的に突き詰める必要はあります。それをどう生かせるか生かせないかも考える責務がある。

どこの国にでも頼めばいいんだからという松谷さんのさっきの話とはちょっと違う。日本は核を持っていない。だから原子力発電所をやめるということは、もっと突き詰めれば核兵器の廃絶まで行かないと、本当は論理としては、核の問題というのは消えないはずなのだと思います。だから、原発を全部やめて、みんな代替エネルギーにすればいいだけの話ではすみません。軍事的に言えば、核爆弾というものは人間が作ったモンスターみたいなものですが、その軍事利用も含めて、日本がノーモア・ヒロシマとノーモア・フクシマを一緒に言うのなら、その両方の廃絶を言っていかなくてはいけないという問題もあると思います。

第3セッション　震災と在日アジア人――「共生」への道筋は見えるか

浮かび上がってきた差別の連続性

松谷◉ありがとうございました。まだまだここは続けたいところですが、残り時間も少なくなってきましたので、第3セッションに移りたいと思います。

第3セッションでは、大震災を通して見えてきた日本社会の問題点として、在日外国人の方々の権利や安全に対する対応に焦点を当てました。そこでは、鳥井さん、辛淑玉さんから、震災の中で外国人という立場のために、非常な困難や苦痛を覚えられた方がいたことが報告され、他方で日本は外国人に十分な権利を与えない一方で、外国人労働に頼っているという産業の現状について安藤先生から報告がなされました。

そこで私からの問題提起ですが、これらの外国人差別、過去に日本が植民地宗主国として、アジアの被植民地の人たちに対して行なってきた差別との連続性があるように思われます。また、こうした弱者に対する差別は震災を経てむしろ強化されたり、新たに作られたりする可能性があり、実際、シンポジウムの質疑応答では、福島県出身の方から、日本社会の差別的視線は、外国人のみならず福島県人にも向けられつつあるという指摘がありました。こうした新たな問題を生み出した背景も、やはり日本社会に残る植民地主義的な発想と直接の関連があると思うのですが、こうした問題の捉え方について先生方はどのようにお考えでしょうか。

植民地主義の視点から

李◉既に松谷さんがご指摘のとおりなのですが、それと同じようなことを、開沼博さんという方が、3・11が起こる前に東大の情報学環学際情報学府の修士論文として出した『フクシマ論』*という本の中でも言っています。彼は、福島県に原発を誘致する問題というのは、その大きな構造から見ると、一九世紀末の外へのコロナイゼーションが一九四五年、内へのコロナイゼーションに転化したその姿が、あの保守的な地盤である福島にああいうものを誘致してしまったという、構造的な問題を明らかにしています。その後で、やはりその福島のマイノリティを生み出しつつある構造を、植民地主義とのアナロジーを援用して、『すばる』とか、さまざまな雑誌でノンフィクションライターが書いている。

辛淑玉さんの「関東大震災を想起した」というのは、そういう議論の上に乗せてみると、大げさでもなんでもない。関東大震災の時にどうしてああいうような問題が起きたのかというと、そこには、労働者不足で植民地から関東圏に連れてこられた人々と低賃金労働者との間の葛藤があったことが歴史研究で明らかにされている。そういうことを考えると、構造的な類似点をそこに見るというのはそんなに飛躍ではない。

*開沼博『フクシマ論——原子力村はなぜ生まれたのか』(青土社、二〇一一年六月)。

今回、外国人労働者、実習生、研修生の名の下に東北地方で働いている人々がどういう状況にあったのか――植民地主義の延長の中で、その問題をもすくい取ることができるのではないかと思います。

村井●ちょっと脇の話になるのですが、あのセッションで私は、TPPで日本の農業とかが壊滅していった場合には外国人実習生も技能研修生も要らなくなってしまうという話をしたのですが、震災と外国人実習生、研修生という問題は、ほとんどメディアでも論じられないままに来ていて、あのシンポジウムで初めて、その実態がある程度示されたと思うのです。

日本の農業は、水産業もそうかもしれないですけれど、非常に脆弱で、外国人研修生、実習生、あるいはいろんな意味のブルーカラーの労働者たちがいない限り、成り立たなくなっている。それが震災によって結構はっきりした。にもかかわらず、そこをあぶり出せないと言うか、日本人はいまだにそこがわかっていないということがあるような気がする。

こういう人たちの存在というのは、確かに戦前の構造と似通った側面があり、それが戦後の社会の中で新しく構造化されたと言えます。今や朝鮮ではなくて、中国だったり、ベトナムだったり、あるいはインドネシアだったり、そういう人たちがどんどん入ってくる構造がある。

天児●ただ、それは日本だけの問題ではないという気がします。韓国でも今、外国人労働力を安い労賃で大量に受け入れている。台湾もそうだ。つまり、ある程度、先進国化した地域においいて、そういうものは現実にあるわけです。

中国は人口が多いから外から人を雇う必要はないので、その代わり、国内において本当に貧しい人たちが滞留している。もう大量に何億という人が滞留している。だから、私は、この問題というのは、日本だけの問題と言っていいのかなと思います。

李◉日本の問題として特殊化するのではなくて、植民地主義の問題から見たらどうでしょうか。というのは、天児先生がおっしゃったとおりで、たとえば韓国でも、実習生、研修生というのはあるわけです。韓国の研究者は、これは韓国が植民地期にあった方式を内面化させたものだと言うんです。だから、これは植民地主義の遺産としてどこでもあるものだと。

日本での外国人差別の問題も、根をたどっていくと、日本帝国の中で内面化させた側面がある。

天児◉そうすると、それは日本植民地主義ということになるわけですね。

李◉いや、そんなことはないと思います。日本の植民地主義のバリエーションかもしれないけれど。

小口◉コロナイゼーションとグローバリゼーションというのは、実は同じで、コロナイゼーションの進化したものとしてのグローバリゼーションという捉え方は必要だと思う。

天児◉それはそうですね。

李◉だから私は、植民地主義の視点から見えてくるものがあるのではないかと思う。日本に特殊化しようという視点ではなくて、韓国が日本の植民地主義を知らず知らずに内面化させてしまったことが生み出したという自己分析があるわけですよ。

天児◉ただ、微妙に違うのが、日本の植民地主義を内面化したという意味では、日本植民地主義だけれど…。

李◉でも、植民地主義というのは、普遍的なものもありますからね。

植民地主義を超えたところで

天児◉私の言いたいのは、たとえば、イギリス帝国が植民地をつくり、フランスがつくり、アメリカがつくりというそこの中で、ある構造化されたものがあるじゃないですか。それは、まさに弱肉強食の論理ですね。それは非常にミニマムな世界にもあるわけです。私は沖縄に住んでいたが、沖縄の中にも実際にはそういう構造がある。もちろん、韓国にもあると思います。だから、今の内面化した議論――今回地震が起こって、確かに日本がアジアに対して警戒感と不信感を持ち、冷たい対応をしたという議論はわかるのですよ。わかるのだけど、そういう対応だけではない面もあるわけじゃないですか。

たとえば、植民地主義といっても、台湾の人との間には「ありがとう日本」とか「ありがとう台湾」とかいうつながりができている。植民地化されたところでも、違う一つの構造というか、関係が生まれてしまっている。

韓国と日本の間だって、植民地主義の議論だけでは説明できない人々のつながりというのは、私はあると思う。もう今、生まれてきていると思うのですよ。そこも見て議論していかないと、やっぱり出口がなくなってしまうような気がするな。

村井◉鳥井さんの移住労働者のネットワークは日本の中で結構組織化されていて、今回もそういうのが動いたわけですが、韓国でも、三年ぐらい前かな、ソウルの駅前で集会をやっているのを見ていたら、移住労働者と連帯する市民運動の集会なのです。

おそらく、植民地遺制そのもので労働者を受け入れているのではなくて、韓国の民主化運動が移住労働者と市民連帯するような動きが新しく出ている。そこはある意味プラスに評価すべきところは随分あると思います。

松谷◉植民地主義の問題が絡むと多少議論が嚙み合わなくなるのは、歴史認識の問題と絡んでくるからではないでしょうか。植民地主義の国ごとの歴史も違うし、それをどう捉えてくるかという立場の違いの問題もあるので、たぶんその辺が議論のずれにつながっていると思います。

天児◉中国を研究して感じますが、今の権力者たちは環境汚染、ＨＩＶの拡散、土地の強制たちのきなど、本当に弱者を人間扱いしないですよ。ただ、私は日本の植民地時代というのを生きていないから、日本の植民地主義者が朝鮮の人とか、中国の人を人間扱いしなかったのは文書でしか知らないけれど、日本の支配者は同じように日本人に対しても人間扱いしなかった。

つまり、人間というのは、非常に残念だけれども、やっぱり強者という人間の持つ一つのビヘイビアみたいなものというのは、共通した部分を感じざるを得ない。問題は、その強者が自由に振る舞える社会ではなく、強者はいるけれど自らをコントロールせざるを得ない、そういう社会をどうやってつくるかということ。この二つは非常に意味が違う。

その完璧な社会というのはあり得ないと私は思っているから、その中で何が生まれてきているのかという、そこのところを見たいのです。

李◉やっぱり辛さんの声というのは、人間扱いされずに虫けらのように殺された植民地の構造というものを引きずっているというところを言われたと思うんですよ。

天児◉それは、非常によくわかります。

李◉そこで、私が思うのは、そのような残酷性というのは、日本人とか、朝鮮人とか、中国人といった民族の問題ではない。たとえば韓国の外国人労働者がどういう扱いを受けているか、実際にボランティアをしている人たちに聞くと、もう大変だそうです。精神的にも傷ついているし、肉体的にも傷ついている。精神科医の人たちも、彼らは長期滞在したって、まともな言葉をしゃべれないと言うんですよ。つまり、奴隷の言葉、親方に言われる言葉しかしゃべれない。満足に普通の会話の言葉がしゃべれない。日常、そういう言葉の世界の中で生きているからです。

つまり、かつて人間扱いされなかった人々が、人間扱いされない人間を再生産するという、コロニアリズムの再生産の構造というのを、韓国の矛盾の中に見て取ることができるのです。

辛さんの話をどのように聞くかということなんだけれども、大げさだと思う人もあるかもしれない。しかし、言いにくいけれども、日本だって不当にも人間扱いされない人々っているわけでしょ。

福島に向けられた差別

坪井◉今、福島県が一番恐れているのは、放射能が出ているから、りんごだって売れないとか、漁業のいろんなものはもうだめだといって、今度は福島ということだけでもう、広島の原爆と同じように差別されることです。福島のやつがそばにいるのも怖いから向こうへ行けみたいに。そういう構造がもう今出てきている。

原発事故があって九ヵ月で今は同情などもあるけど、今度はそれが反転した形で、まさに意識・無意識の中で、放射能で汚染された地域から来たやつは危険だからと、阻害して差別化するみたいな…。

李先生がおっしゃったような、まさに新しいコロニアリズムみたいな意味の内製化された形が、今度は福島県民に向かっていくという構造をどういうふうに断ち切るか。辛さんの話を聞いた時に我々が得た教訓として、それをどういうふうに断ち切るような動きができるかというのが、一番大事なことの一つだと思うのです。

李◉私は、そういう導入部としてしゃべったつもりです。辛さんは福島のある女性が「堕胎せざるを得ない」と周囲から迫られたとか、籍を移さなければ今後生きていけないと思って、そうしているとか、福島で自分の見聞きしたことと関東大震災の体験を結び付けて、そこに植民地主義との関連を見出したのだと思うのです。そこに問題の解決を考える時の根深さみたいなものがあると思う。

坪井◉日本社会はやっぱり関東大震災の時よりも、ある程度民主化されている部分があって、女川町の中国人を助けた美談だけではなくて、国境を越えて見た人間の連帯みたいな面もある。だから、「辛さんが言っているのは少しきつすぎませんか」と私が話したら、「いや、残念ながら、先生が言うようなことよりも、私は逆に日本の戦前と戦後の連続性みたいなことを実感しますす」というふうに言われたのです。

私としてはやっぱり、そういうふうに彼女が考えているのだったら、それを生かすには、福島県の人たちを差別化しないような運動みたいなものをこれから、在日の人とか外国人のことを視野に入れながら、考えなくてはいけないなと思いましたね。

今、本当に福島にいる人たちはみんな県外に出るとか、福島県だから結婚できないとか、福島ナンバーは入れてくれないとか、いろんな差別というのが具体的に現実味を持ってきている。また、お金はいっぱい来ているけれど、仕事がなくて、やけ酒飲んでだめになってくる人間もいっぱいいるとかね、さまざまな後遺症というか、副作用が現実化していますからね。

李◉福島だけではないですが、辛さんが東北地方に行ったら、男が酒飲んで、けんかして荒れている、と。私はそれを聞いて、映画『血と骨』で北野武が演じたように在日朝鮮人の男というのは、戦後、やっぱり酒飲んでけんかして働かないと言われていたのを思い浮かべた。あれは朝鮮人の属性のように考えていた人々がいるけれども、そうではなく、ある環境の中に置かれると、弱い男が陥る行動であるというようなことを話しながら、彼女と意気投合したのです。やはり、そういう見方をしなければ、辛さんのお話も救いがない話だと思います。

差別はある、しかし……

松谷◉差別の問題の背景に、植民地主義とどう繋がるかという議論は別として、我々の社会で、人を分類する際の基本の属性が、「国民」か、ちょっとレベルが下がって「県民」とかになるわけです。実際、その人がどういう人かとか、どこでどういう経験をしたことがあるかなんてほとんど問われない。

おそらく、植民地主義国家であろうとなかろうと、人を分類する際に何らかのレッテルが必要で、それが「民族」であったり、「国籍」であったりして、それが違っている人に対してはある程度の抑圧が許されるような社会があり、まさしく日本はそういう社会です。だから「国民」ではなくても、「県民」という次元で差別が起きてくるのは、我々の社会における人の分類方法が、あまりにもラベル重視で、人を人として見ていないというところにあるのだろうと思います。それを植民地主義的と言うかどうかは別として、今回の震災が照らし出した在日外国人の方の問題は、そうした日本社会の風土と深くつながっていたと思います。にもかかわらず、こうした問題は震災後もまじめに議論されることがなく、すぐに「がんばれ日本」とか「震災復興」とかいう方向に世間の関心は流れていった。

小口◉私は、今の松谷さんの意見が非常に示唆的だと思ったのですが、実はたまたま最近同僚と話をする機会がありまして、その時の話題が民法の話なのです。日本は現在、民法改正が始まっているんですよ。しかし、そのとき民法学者三人が三人とも異口同音に言ったのは、民法改正の動きというのは、全く国民にとっては関心外だということです。民法という最も基本的な市民の権利と義務を律するルールが、なぜ日本では全く関心を持たれないのか。日本国民であり、あるいは何々県民であるという意識はあったとしても、一人一人の市民としての権利、市民というレベルでの人間の捉え方が出てこないと、絶えずそういう差別というものは再生産されるのかもしれません。

だから、なぜ日本の民法改正の動きが国民の関心に入り込めないのかという問題と、この問題はつながっているのかなと感じたのです。国家とか県とかではなくて、個々の人間としての市民のレベルからものを捉えていく、人間を見る時にもそのレベルで見ていくという、そういうことです。

しかも、民法というのは連帯ですね、弱者のために立ち上がるとか、本当はそういうものにつながっていくはずなのです。本当は。市民の権利を守るというのは。日本の社会ではなぜこれまでそういうことをよそ事として、日本国民の中に入り込めないのか、という問題ですね。

李◉松谷さんが植民地主義と呼ぶか呼ばないかは別にしておっしゃったけれども、たとえば、そのうち福島の人は福島県出身だということで、家も部屋も借りられなくなるのではないかと私は思います。

ソウル大学の先生から大田区の国文学資料館というところで半年間滞在するから、近くで家を借りてほしいと言われまして、私、三日間、大田区の不動産屋を歩いたけど、一軒も貸してくれないのです。ソウル大学の教授だというのは立派な人だとわかるけど、大家さんが韓国人と中国人は勘弁してくれと言うから、と。やっぱり人じゃないのですよ。

天児◉それ、いつごろの話？

李◉一九九九年のことです。それより以前には、一九七六年に、私は早稲田大学一〇〇年史の中国人、朝鮮人留学生の資料の収集というのをアルバイトでやったのですけど、韓国の早稲田大学卒業生にインタビューしていたら、植民地期に早稲田界隈に来てショックを受けたのは、「朝鮮人、琉球人お断り」の看板が下宿に下がっていたということだったと話されていました。自分たちは人間扱いされていないということを初めて知ったというわけですよ。

日本は変わりました、そんな単純じゃありませんよと言うけれども、私の一〇〇年史編集の時の資料収集と、ソウル大学の教授の家を借りる時の体験は見事に一致するわけでしょ。

それから、たとえば、石原慎太郎氏は参政権問題で福島瑞穂氏を帰化人であるかのように発言したところ、福島瑞穂氏が「自分はちがう」と否定したら、ならば、「戸籍抄本を証した方がよい」と言いました。

そういうことは、福島の籍を変えようと福島の人間は変わらないというような言い方と全然変わらないと思う。そこに刻印されている、人を人と見ないような体験というのは、植民地主義とつながると私は思うけど、私にもし飛躍があるとしたら、どこに飛躍があるのでしょうか。

天児◉いや、飛躍ではなくて、つまりそれは、歴史の一つの流れの中でずっと脈々とつながっていくある種のロジックだと思いますよ。ずっと貫徹している。

でも、私が言いたいのは、たとえば、単一民族社会ということを誇りに思っていた時代にそういう考え方はあったけれど、現在の日本の社会で日本を単一民族だというふうに本当に思う人というのはどこまでいるのか。一方でその変化というものがあるわけですよ。

特に東京都のような地域では、もう本当に外国人の人がどんどん入ってきて、八〇年代、九〇年代に「外国人との共存共生」とかいう言葉が物すごく話題になって、横浜市でも国際交流協会ができて、どうやって外国人在住者と共生するかとかなんかの議論をやっていた。

いまや、この早稲田みたいなこのナショナリストの大学ですら、留学生が圧倒的に入ってきて、そこでみんなで一緒にやることが実に自然な状況が生まれているわけですよ、一方で。これも否定できないわけです。

だから、私は今の李さんが言われたことは、事実として、それは我々は受け止めなければいけない。でもそればかりじゃないでしょうという部分も、一方では言わなければいけないのですよ。そう言わない限り、進歩なんてないじゃないですか。

李●そういう外国人に対する変化はあるとしても、福島の人々が不当な「フクシマ」というレッテルを貼られたがゆえに、そこから抜け出すことができないような抑圧が加わる構造というのは、やはりある。

天児●でも、それだけではなくて、積極的に福島の被害者を救おうといって、受け入れている地方団体だっていっぱいありますよ。私のすぐ近くの武蔵野市だって、都営住宅のところにずうっと「いわき」ナンバーの車がある。私はそれを見ていて、ほっとしています。「ああ、積極的に受け入れてくれたんだな」と思って。

だから、そういう面も言わないと。福島がこれから新たな差別される、被差別社会になるというふうに言い切れるかどうかですよ。もちろんそういう人はいますよ、絶対に。それは、別に差別意識がなくたって、自己防衛のために放射能に対する過剰な反応をする人が、「放射能

ど。

的な感情からいくと割と自然かもしれないですよ。私は鈍いからそういうふうに思わないけれ

を受けた人と一緒にいたくない」と、たとえばそういうふうに思ってしまうのは、人間の生理

村井◉いや、鈍いかどうかではなくて。私は福島差別というのは、実は余り体感していないというか、よくわかっていないところがあるのですが、今朝、山形の友だちと電話で話していたら、これから「福島」という名前はもうやめになるのではないかというわけ。使わなくなる。道州制でも何でも、福島の名前をもう廃止してしまうと。それだけやっぱり酷いということです。

天児◉それは現実としてあることは確かですよ。

李◉だから、かなりすさまじい差別、新たな差別という形で生まれているような気はしますね。

天児◉でも、実際にそうではない部分で動いているものがどれだけあるのかということです。いや差別というのはあるよ。あることは否定しないけれど、それだけで展開していくことが本当に我々にとっていいことか。日本が植民地化をして、今の話で言えば韓国自身に内面化していくという構造と同じ線で結んでいく部分と、そうではない部分と、両方の中で拮抗しているという現実がある。それを否定しちゃいけないのかな。

松谷◉私は福島人ですから、福島からも被災者が差別された話も、温かく受け入れられた話も聞いています。ただ、個人的に良い話を聞いた、悪い話を聞いたという次元の話ではなくて、我々がこういった大学という公の場所で議論をする時に、「日本社会にもいいところあるんだよ」なんて話をわざわざ言う必要はないじゃないですか。逆に悪い点、つまり日本社会の暗部を明確に問題化して打ち出す人がどれだけいるかといったら、その数の差は明らかです。素晴らしい日本に対して、醜い日本というのはほとんど出そうとしていない、あえて出そうとしな

い。

その現実を踏まえるならば、「いい話」を言うなとは言いませんが、より良い社会にしたいと願えばこそ「こんな問題点ありますよ。なるほどこんな問題点があるのか」という方を、むしろ積極的に知らせて、警鐘を鳴らしていくのが大学の役割であり、知識人の役割であるかなと私は思うのですけれど。せっかくの問題提起をする人に「でも、やっぱり日本にもいいところある」というのは、問題解決にはならないと思います。

天児◉皆さんが余りにも否定的現象ばかり言うから、私は敢えてそれに対して…。

松谷◉だから、その「否定的である」というのは、知識人の大事な役割だと思いますよ。特にこういう場とか、大学では、良いことは放っておいても、みんな良いって言ってくれるじゃないですか、メディアでもどこでも。だからやっぱり「良い話」をあえてそんなに言う必要はないのではないでしょうか。むしろ普通の人はなかなか気がつかない問題に光を当てて、「震災に関してはこんな問題点があるよ、アジアとの関係ではこういう問題が見えてくるよ」といった問題提起をしていくことこそが、アジア研究機構のあるべき姿なのではないかと思いますが。

福島自身の声を

坪井◉内閣審議官で具体的に福島との間を行き来している人がいるのですが、彼は、福島の問題は二つあると言っています。一つは、福島自身が金漬けにされ、逆に労働意欲を失って、結局外に依存するような体質にさせたくない、本当の意味の自立ということを考えなくてはいけないということ。二つ目は、除染を含めて、どういう形で福島に人を戻すかということ。それをしない限り、本当の意味で福島というのはなくなる、と。

彼は今、浜通り、中通り、会津で全然状況が違う中で、被害をしっかり見て、それに個々に対応しながら、イメージの部分で福島というのがすごく差別化されているところに、どういう形で反撃の拠点をつくるかということで、奮闘しているのです。

そういうのを見ると、李先生のおっしゃった差別の構造を福島の事故の教訓の一つとして引き出して、天児先生の言うバランス感覚で、すべて否定するのではなく、そこら辺をどれだけ自覚化して、生かしていくか——在日のことを含めて、日本人を含めたアジアの問題として、植民地的な差別構造みたいなものの残滓を反撃するような一つの手がかりとして、福島をもう一回見直すということが、現実として成り立っていると思いますけれどね。

松谷◉もちろん先生に同感する部分はあるのですが、他方でいつも違和感があるのは、いつも福島の問題を論じる場に、ほとんど福島の人の声は入っていないということです。政府の対策委員会などを見ても現地の人はお飾り程度にごくわずか入っていますけれど、自治体の代表みたいな人で、被災者の人はまず入っていません。

こういう場で話す時だって、ほとんど誰も入っていません。こういう状況を見ると、やはり福島は植民地に似たような状況があるのかなと思ってしまいます。同情されるにしても、差別されるにしても、当事者の意志は関係ないわけですよ。同情されるのは、向こう側の人の琴線に触れる時だけ、差別されるときも、向こう側の持つ情報によって作られた結果ですよね。

私自身は、そこまで差別を経験していないし、福島が既に差別の対象として確立したかのように一般化されること自体に非常に抵抗があります。福島に住んでいる人の中でも、差別をそこまで実感しているかというと、私の住んでいた福島市のまわりの人でも温度差はありますが、メディアで福島が差別されているのだという情報を得て、そういう意識を持つようになる面もあります。ここには中央のメディアの問題があるわけですが。いずれにせよ、福島と外国人差別問題には繋がりが深いと見ています。

山田◉その点が重要です。結局、「福島問題」は「フクシマ問題」にされちゃったわけです。私たちは「フクシマ問題」という箱の中身に一体何が入っているのかを知らないわけです。いろいろな危険に関する情報がメディアなどからたくさん出てきますので、もちろん「大変ですね」とは言うものの、その言葉にはリアリティがなく、実際は中身の無い発言になってしまっています。

ですから、ぜひ今後は、福島の人がいろいろな機会を通じて発言を増やしていくことが重要かと思います。「フクシマ問題」とは何かを、福島の人たち自身から発していただかないと、中身が空疎な議論になってしまいます。私たちにとっても中身のわからない問題は議論できないし、何よりもわからないものはやっぱり怖いわけです。「フクシマ問題」は今後とも重要な問題であり続けるわけですから、ぜひ時間をかけて議論する必要があると思います。

私たちのように大学の教員をしていると、当然ながら福島出身の学生と接点がたくさんあるわけです。そういう環境の中で、さっき天児先生が発言されていたように、福島出身の学生には「大変だね」と声をかけるものの、それは被災に対する同情の発言です。そこには別に放射能に起因する差別の意識はないわけです。

逆に直接間接の被害者から現状を聞くことによって、「え、そうなの?」となるわけです。ですから正確な情報を明らかにしていかなければいけないし、メディアはその点を真剣に考えて報道していくことが必要になります。

あるメディアに勤める友人が言っていましたが、被災地の「正確な情報」を伝えようとしても、特に微妙な問題に関してはなかなかメディアでは扱えないそうです。もちろん恐怖やパニックを引き起こすような内容の情報開示には慎重さが求められるものの、やはりメディアの商業主義的な問題点は出てきています。

先ほど李先生が言及された「朝鮮人、琉球人お断りの看板」というような差別の問題は、依然として形は変わっても存在しているだろうと思います。しかし、次元が違う事例ですが、学生がアパートを自身で借りられるのかというと、当然親などが保証人でなければ、貸してくれないわけです。日本の社会構造の問題を含めて差別はたくさんあります。私は大学教員の前は中高の教員でしたが、生徒間の「いじめ」なんかにも似たような構造があります。私は横浜の高校に勤めていましたから、在日の子も通っていました。しかし、在日の子がいじめの対象になるかといいますと、そういうわけではありません。

やはり「いじめる」「いじめられる」の関係の中には、何か構造的な問題があるわけです。それはクラスの問題、学校の問題、社会の問題などです。

「フクシマの問題」もそうですが、さまざまな問題をみんなで理解を示すような道筋を立てていくことが重要ではないかと思います。

東京が1で、東北と九州と沖縄が9という構造

天児◉私は解決の道というのはないと思うけれど、社会が成熟するという、そこの問題が非常に大事なポイントだと思います。我々、政府を批判はしている。しかし、政府には政府の括弧付き国益という問題が常にある、国家戦略とかいうものはどこの国にだってあるわけです。だから、私はむしろ社会の中でそれを規制したり、それを越えられるような仕組みができること

が、実は問題の解決に繋がっていくのではないかという気がする。

だから、必ず国というものが出てくるとか、今度は県というものが出てくるとかいうのは、現実にそういうものがあるわけだから。それは我々がこれから課題とすべき点であって、原発の問題でもそうであって、国が悪いとか何とかだという議論ではなくて、社会がこれをどういうふうに受け止めるのかという問題になってくると思う。

差別の問題は、競争原理がある限り、弱者と強者は生まれると思います。その中で弱者がどういうふうに存在性を認識されていくかということ。それは弱者自身の問題でもあるし、その弱者をサポートする社会の問題でもあるわけで、そういうふうに考えていかないし私は救われない。


小口●私はね、東京電力の発電所がなぜ東京近辺にないのかというところが引っかかりますし、沖縄に基地が集中していて、それの痛みを感じないという日本人の意識というのは、突き詰めていくと、差別の問題で、日本固有の問題もそこにあるのではないかという気がします。

長谷川公一さんの『脱原子力社会へ』*を読んでいたら、郵便番号の話が出てきまして、原発がある地域は全部郵便番号が9で始まるというんですよ。では、郵便番号はどうやって決めたかというと、皇居から始まっていて、東京都が1、千葉が2。で、9というのは、東北と九州と沖縄。そういう構造というのはほかの国にはないんですって、郵便番号の付け方として。

その問題というのは、やっぱり端なくも日本社会というものの在り様をよく示しているなという気がする。だから東京の人が沖縄基地に痛みを感じないし、東京に原発があって、それで事故が起きたということもない。そういう構造というのはなかなか抜きがたい構造で、ここを変えないとだめなんだと思いますね。


*長谷川公一『脱原子力社会へ――電力をグリーン化する』(岩波新書 二〇一一年)

坪井◉いわば、天皇からの距離ですよ。その問題なんですよ、実は。
天児◉すごいねえ。
小口◉天皇から始まっている。皇居から始まっているんですよ、郵便番号は。
松谷◉となると、やっぱり戦前からの流れというものがつながっていて、植民地の流れとも繋がりますね。
小口◉もっともっと根が深いですよ。これは、そうなってくると、二〇〇〇年の歴史ですよ、この構造は。
李◉松谷さんは同じ福島県人として、内容の一部に対し余り気分がよくなかったと伺ったことがあるけど、先ほどご紹介した開沼さんは著書の中で、何で原発が福島に来てしまったのかという構造について説得力のある説明をされている。それは、日本が戦前外に向かったものが、戦後日本国内の中に中央と地方との力関係の中で生まれてしまったということです。外に向かった植民地主義が内に向かうとこういうものを生み出す点についての問題です。
　私は福島まで取材に行ったわけでもないし、福島の被害を受けた人から直接聞いたわけではないけれども、辛さんの取材に基づく話や彼女の体験の中で言われることは、現実とそうかけ離れたことではないという気がします。
　天児先生がおっしゃったように、こういう話をすると、救いがなくなるのかもしれないけど、こういうものを抱え込んでしまった日本というのも、厳然としてあるわけでしょ。もうどん詰まりになってしまった、矛盾を抱えた日本が。
　端なくも、こういう危機的状況の中で、日本が抱え込んでいる問題が露見するということはあるし、それが亢進しているという問題だってある。そういうことを目に見える形でもう少し議論の俎上に乗せることは重要なことだと私は思うのです。

松谷◉ご参加の皆様、ありがとうございました。まだまだ続けたいのですが、既に予定を大幅に超過しています。本日は本当に長い時間ありがとうございました。

編集後記に代えて

あの二〇一一年三月一一日から、早くも一年が過ぎようとしている。最近では被災地の困難な暮らしや原発事故の深刻さに関する報道もめっきりと減り、既に震災に対する社会の関心と記憶が薄れつつあることを感じる。一歴史学徒として、この国の歴史健忘症には以前から警戒してきたが、それが日々進行する様を目撃しながら焦燥の観念に駆られる。そこで自戒の意味も込めて、私の個人的な「3・11体験」と、それが本書で提起した問題とどのような繋がりを持つかを記し、編集後記に代えたい。

私はあの日、交通網の麻痺した東京から神奈川県にある自宅まで自転車で五時間かけて帰った。その夜、電話の通信網が回復するや、いち早く「松谷さん、福島の家族大丈夫ですか？」と電話がかかってきた。彼は中国出身の朝鮮族の友人である。彼は私が福島出身であることを覚えていて、誰よりも早く連絡をくれたのである。次いで、京都に住む別な友人からも連絡があった。「福島の第一原発が危ないようだが、何かあったらいつでも京都に避難して来い」との申し出である。誠に有難かった。彼は大阪育ちの在日の友人である。

眠れぬ夜を過ごし、朝からテレビの前に釘付けになっていた翌日の午後、福島原発の一号機の建屋が消滅している映像がＮＨＫで放映された。しかし、これが何を意味するのか政府からは一切説明がない。私は不安に耐え切れず、妻と子供を車に乗せて京都に向かった。ようやく官房長官が記者会見で、一号機で起きた事象は原子炉自体の爆発ではなく、水素爆発による建屋喪失であると発表した頃、私の車は既に浜松インターチェンジに差し掛かっていた。
京都に向けて走る中、私の心は二つに割れていた。私は昔から人一倍故郷に愛着を持ち、現在の職場でも福島県人を集めては定期的に飲み会を催すほど福島が好きであった。それだけに、福島の原発事故が最悪の事態を招くことを想定し、いち早く自分の家族を安全な場所に移動させようとする行為が、他方では福島に残された多くの知人や親戚を見捨てる行為のように思えてならず、大きな葛藤に苛まれたのである。

夜半過ぎに到着した京都では、例の在日の友人が温かく迎えてくれた。「おお、チャル、ワッソ（よく来たな）」。彼の奥さんは韓国の出身である。温かい家庭で休ませてもらい、地震発生以来、不眠不休で疲労していた体にも少し活力が戻った気がした。翌朝、携帯に国際電話がかかってきた。「もと、ケンチャナ（大丈夫）？」と安否を問うてくれたのもまた韓国の友人であった。さらに、私のPCのメールボックスにはモンゴル、デンマーク、アメリカなど海外の友人から「避難するなら、いつでも家を空けて待ってるよ」と有難い申し出が続々と届いた。彼らの国境なき情けが身に染みた。

しかし、こうした友人の温かい善意に励まされる一方、東京や福島に残る他の家族や友人を残し、自分だけが安全地帯に身を委ねる行為は果たして正しいのかと自問は続いた。その迷いは、やがて「福島を思うなら、東京に戻って福島から避難してくる人々に備えるべきではないか」という長兄からメールでようやく整理がつき、私は「何日でも泊まっていって構へんぞ」と引き留めてくれる友人の厚意を辞して、その日の夜に再び家族とともに東京に戻った。ちょうど福島原発三号機が爆発し放射能汚染が福島の空に広がっていた頃のことである。

東京に戻って福島の友人らと連絡をとる一方、私は気になっていた一人の友人に電話をした。彼は当時、東京に一時滞在していた台湾人の研究者である。電話に出た彼は言った。「松谷さん、福島の家族大丈夫ですか？　実は、私は明日、台湾に帰る飛行機のチケットを取ったところです。こんな時、台湾に帰るなんて日本の友人を見捨てて行くみたいで本当に申し訳ない」。彼はこの危機の最中にあって、落ち着いた声で、私や日本の友人のことを気遣ってくれた。その温かい気持ちに心から感謝した。しかし、続いて彼の口から、衝撃的な話を聞いた。地震の翌日、東京が大混乱の中にある時、外国人である彼はどのように対応してよいかわからず混乱と不安の中にあった。その時、彼が世話になっている日本のある組織から電話があった。彼は当然、安否確認の電話と思ったそうだ。しかし、電話の向こうの担当者の口から出た言葉は意外であった。「本日、予定されている所長との面談には来ますよね。多少、電車が大変かもしれませんが必ず来てください」。彼の身辺の安否や台湾への帰国の可能性を気遣う様子は全くなかったという。

この電話を切った後、私は深い嫌悪の念にとらわれた。ひとつは、日本の組織の非人間的な対応に対する嫌悪。自分たちが世話している外国人は、自分たちの意思に従って当然だという姿勢は、あまりにも傲慢で醜く、同じ日本社会で育った人間として恥ずかしかった。しかし、それ以上に嫌悪の念を抱いたのは、他ならぬ私自身に対してであった。というのも、かくいう私もこの台湾の友人に電話をしたのは地震直後ではなく、自分が京都から戻って落ち着いた後のことであった。地震発生から既に数日が過ぎていたのである。日本という異国に寄留する友人の不安には想像が及ばず、自分の身辺や故郷の福島のことだけを優先的に考えていた点では、自分も日本の某組織の担当者と五十歩百歩ではなかったか。しかも、その間、逆に私は日本にいる中国人や在日といったいわゆる「日本人」以外の友人から、多くの励ましや慰めを受けていたにもかかわらず、どうして自分の方から「日本人」以外の友人の安否を問うことに思いが及ばなかったのか。

数ヵ月後、アジア研究機構の小口機構長から、震災とアジアをテーマにシンポジウムを開催したいとのお話があった時、私の中には「震災から見えてきたもの」というテーマが浮かんできた。三・一一以来、日本の社会的関心は、被災地の現状把握と支援に注がれ、やがては「がんばれニッポン」のスローガンの下、「日本人」の団結による「日本」の復興へと一極集中的に流れつつあった。しかし、「日本」や「日本人」だけがクローズアップされ、それ以外の国や異なる属性を持つ人々が全く忘れられる社会の風潮に、私はかつての地震直後の自分の姿を見るようで大きな違和感を覚えた。そこで、私はこれまで日本とアジアの関係について様々な問題提起を行なってきた本研究機構においては、「震災」それ自体ではなく、むしろこの未曾有の災害を通して見えてきた、現在の日本の対アジア関係に潜む諸問題を浮き彫りにする企画が重要ではないかと考えたのである。

幸いこの提案は、小口機構長はじめ諸先生方のご賛同とご支援を受け、本書に収録されたシンポジウムとして実現を見た。もちろん、「震災から見えてきたもの」に対する本研究機構メンバーの見解は、各人各様ではあり、けっして共通見解があったわけではない。しかし、いずれの先生方もこのシンポジウムの実現に熱心であり、特に小口彦太、李成市の両先生は、シンポジウム当日には議論しきれなかった問題について、後日、機構内部での討論会を催し、さらに議論を深める機会を設けることにもご尽力された。その討論会の中身が、本書の後半に収録された「総合討論」である。

読者の中には、本書で展開された議論を追いながら、しばしば、議論の焦点がずれたり、嚙み合わなかったりする点に、隔靴掻痒の感を抱かれる方もおられるであろう。しかし、我々は編集の過程で、敢えて大幅な加筆訂正を行なわず、出来る限り、各人の発言を忠実に掲載するように努めた。なぜならば、こうした議論の中に現れた「震災から見えてきたもの」に対する我々の視角、認識、感覚のずれは、目下の日本社会の現状の反映でもあり、それをありのままに広く一般に公開することが、むしろ読者の皆様に対しても問題提起と成り得ると判断したためである。どうか読者の皆様が、こうした我々の真意を諒とし、本書を通じて「震災から見えてきたもの」に対してさらなる関心を寄せ、それぞれの場にあって議論を深めていただければ幸いである。

最後に本書の刊行にあたり、シンポジウムの企画の段階から出版に至るまで一貫して多大なるご支援を賜ったアジア研究機構スタッフの皆様、特に長谷川友彦、吉岡邦子の両氏、そして株式会社めこんの桑原晨様に深甚なる御礼を申し上げたい。

「3・11」から一年を前に

松谷基和

早稲田大学アジア研究機構（OAS）

2006年4月設立。早稲田大学内のアジア研究者を糾合し、国内外のアジア研究の拠点創出を目指す研究機関。研究事業、教育事業、ネットワーク事業、出版事業を柱に、アジアと世界の平和と発展に向けた研究活動を展開している。機関誌『ワセダアジアレビュー』は年2回（春・夏）発刊。
http://www.kikou.waseda.ac.jp/asia/

「3・11後の日本とアジア」編集委員会

小口 彦太（委員長）
李 成市
松谷 基和
長谷川 友彦
吉岡 邦子

＊文責は早稲田大学アジア研究機構「3・11後の日本とアジア」編集委員会にあります。

3・11後の日本とアジア
——震災から見えてきたもの

初版第一刷発行……二〇一二年三月一九日
定価……一九〇〇円＋税
編……早稲田大学アジア研究機構
発行者……桑原 晨
発行……株式会社めこん
〒一一三-〇〇三三
東京都文京区本郷三-七-一
電話——〇三-三八一五-一六八八
ファックス——〇三-三八一五-一八一〇
ホームページ——http://www.mekong-publishing.com
ブックデザイン……臼井新太郎装釘室［臼井新太郎＋佐野路子］
印刷・製本……太平印刷社
ISBN978-4-8396-0257-4 C0030 ¥1900E
0030-1205257-8347